0세~10세

# 영어 원서
# 필독서 100

**그림책부터 뉴베리상까지**

아이의 수준과 취향에 맞는 영어책 100권을 한 권에!

# 0세~10세

# 영어 원서
# 필독서 100

고은영(렁돌맘) 지음

센시오

# 세계를 무대로 꿈을 펼치게 하는 '영어 원서 읽기'의 힘

## 영어 자립을 위한 가장 손쉬운 방법, 영어 원서 읽기

저희는 첫째와 둘째 아들 그리고 터울이 큰 막내딸, 이렇게 아이 셋이 있습니다. 아이들을 키우면서 어떻게 영어를 터득하게 할지 고민이 많았습니다. 무엇보다 제가 '영알못' 엄마였기에 더욱 그랬습니다. 다른 아이들처럼 학원에 보내거나 해서는 저처럼 제대로 영어를 익히기 어렵다는 판단이 들었습니다. 영어를 제2외국어로 접하기보다는 언제 어디서든 꾸준하게 노출할 수 있는 환경을 만들어주는 게 필수라고 생각했어요. 혹여 이 책을 읽는 독자 여러분도 아이를 학원에 보내는 등 외부 기간에 맡겨 영어를 접하게 하더라도, 반드시 가정에서 '영어 원서 읽기' 환경을 만들어 주시기를 권합니다. 이유는 다음과 같습니다.

학원이나 기관은 파닉스, 리딩, 독해, 문법 등 교재를 이용해 가르칩니다. 단기간에 효과가 나야 하니, 어느 정도 주입식일 수밖에 없어요. 그런데 언어는 그렇게 쪼개서 배울 수 있는 게 아닙니다. 우리가 한국어를 배울 때 한글 낱글자, 읽기 연습, 독해, 문법 이렇게 잘라서 배우나요? 아닙니다. 아이가 태어나자마자 노래 불러주고 그림책 읽어주고 이해하고 받아들일 때까지 기다려주고 도와주잖아요. 영어도 마찬가지입니다.

영어를 소리로 접하게 하고 이해하는 소리가 많아지면 그에 맞는 책을 읽어주면서 그림과 단어를 연결 짓게 하고, 짧은 문장으로 소리 내말하게 하고, 조금씩 긴 문장으로 문법 규칙을 맛보게 하고…. 이렇게 긴 시간에 걸쳐 인내심을 갖고 배우는 게 언어입니다. 그런데 학원에서 한두 시간 하는 걸로 될 리가 없어요. 반드시 가정에서 책 읽는 환경을 만들어줘야 합니다.

그러니 혹시 학원 보낼까 말까, 엄마표 원서 읽기 할까 말까 고민하는 분이 있다면, 그만하시기를 바랍니다. 좋다는 교재를 사서 안겨주거나 방문 교사가 마법처럼 아이의 영어 실력을 높여줄 거라는 상상은 그저 착각입니다. 유튜브를 틀어 주고 전자펜을 쥐여주니 아이 혼자 곧잘 따라 한다고, 그걸로 영어를 익힐 수 있다고 안심하셔도 곤란합니다. 무조건 영어 원서 읽어주세요. 속는 셈 치고, 무조건 영어 원서 읽기 하세요. 그만큼 값지기 때문에 강조합니다. 감히 말하는데 저 역시 아이가 영어를 잘했으면 하고 시작한 영어 원서 읽기였지만, 영어보다 값진 걸 정말 많이 얻었습니다. 오히려 영어 실력은 덤으로 따라왔다는 생각이 들 정도입니다.

영어 원서 읽기의 장점은 무엇보다 가성비가 뛰어나다는 점이에요. 처음에는 기관에 맡기기 전 우선 내가 할 수 있는 만큼 해보자고 시작했어요. 첫째와 둘째와 시작할 때는 제가 전업주부였기 때문에, 월별 지출 예산을 정해두고 시작했어요. 요즘에는 도서관이나 영어 도서관을 적극 활용하면 거의 돈 들이지 않고도 가능합니다. 게다가 구매한 원서는 고스란히 우리집 자산이 되니, 비싼 학원비나 교재비보다 훨씬 덜 아까웠고요.

아이가 진짜 좋아할 책을 골라 읽어주고 반응을 살피면서, 아이의 수준과 흥미를 직접 알아갈 수 있다는 것도 큰 장점입니다. 기관에만 맡겼다면 아이가 제대로 하는지 확인하기 어려웠을 거예요. 게다가 열심히 하다 보면 반드시 영어 권태기가 오는데, 집에서 원서 읽기를 했기 때문에 그걸 잘 포착할 수 있었어요. 아이가 영어를 숙제처럼 느끼지 않게 재밌는 책을 골라 다시 흥미를 붙이도록 유도할 수 있었습니다.

영어 원서 읽기의 효과는 엄청났어요. 무엇보다 아이와 대화하는 시간이 많아져, 뭘 좋아하고 무엇에 관심 있는지 잘 알게 됩니다. 원서를 읽어주고 엄마표 독후활동을 하면서, 아이와 유대감도 강해지고 그것이 아이의 정서 발달에도 긍정적인 영향을 준 것 같습니다. 우리 아이들도 사춘기가 심하게 왔지만, 무탈하게 지났던 것은 어렸을 때 엄마와 얘기하고 놀며 재밌게 책을 읽었던 덕이 아닌가 싶습니다.

## 미국 공립 고등학교 가서 미국 대학 진학한 둘째 이야기

제가 처음 영어 원서 읽기를 시작한 게 첫째 여섯 살, 둘째 네 살 때였어요. 아직 막내는 태어나지도 않았죠. 어느 날 신문에서 잠자리 동화로 영어 원서를 읽어주는 엄마들 얘기를 읽었어요. 호기심이 일어 무작정 시작했습니다. 당시는 정보도 많지 않고 유튜브도 없었을 때라, 엄마표 영어 커뮤니티 사이트에서 선배 엄마들 얘기를 들으며 하나하나 배워야 했어요. 제가 세 아이와 겪은 영어 원서 읽기 체험담을 간략히 먼저 소개할게요. 아이마다 다른 특징에 맞춰 어떻게 하면 좋을지 힌트를 얻으실 수 있을 거예요.

첫째 아들은 이미 완전히 한글 독립이 되었고 한글책을 재밌게 보던 터라, 영어 접근이 쉽지 않았어요. 알파벳도 몰랐으니 무슨 책을 읽어줘야 하나 고민이 많았죠. 우선 소리에 익숙해지는 게 먼저니, 동요 CD부터 들려줬습니다. 아이가 노래를 좋아해서 영어 노래도 좋아하더라고요. 신나는 노래 음원이 있는 그림책부터 골라 책장을 넘겨주며 보여줬고, 한두 권 익숙한 책이 늘면서 아이도 자연스레 영어를 받아들이고 이해하기 시작했습니다. 한글로 문자 인지가 되어서인지 첫째는 처음부터 소리로 듣는 것보다 글자를 읽는 것에 더 관심을 두더군요. 생각보다 빨리 영어 원서 읽기가 가능해졌습니다.

그런데 아이가 곧잘 읽으니, 욕심이 들었습니다. 레벨 정복 욕심이요. 어느 순간부터 아이가 뭘 좋아하냐가 기준이 아니라, 레벨 올리기에 혈안이 되어 원서 읽기를 강요하고 있는 절 발견하고 말았습니다. 즐거워하던 아이는 어느새 원서 읽기를 숙제처럼 느끼며 점점 멀어졌어요. 영어책 거부 시기가 온 거예요. 충격을 받고 방향을 완전히 바꿨습니다. 영어 원서 읽기 시간은 공부보다 휴식처럼 느껴져야 하거든요. 재밌고 즐거워서 자꾸만 하고 싶어지는….

반면 둘째 아들은 문자 인지가 느린 아이였어요. 아직 네 살이라, 원서 읽기는 아무래도 첫째 중심으로 진행될 수밖에 없었죠. 그런데 서당 개처럼 형 옆에서 따라 듣고 그림책 읽어주는 것도 듣고 보며, 저 혼자 흉내 내고 하면서 꾸준히 영어가 스며들고 있었던 모양이에요. 저도 모르던 사이, 첫째와는 다른 방식으로 영어를 습득하고 있었던 겁니다. 한글도 깨치지 않은 상태에서 영어에 노출되어서인지, 글자보다 소리로 먼저 영어를 이해하고 상황에 맞게 소리 내 표현하기 좋아했어요. 계속 들어서 외운 내용을 갖고, 영어 그림책을 저 혼자 넘기며 그림에 맞춰 쌀라쌀라 읽는 시늉을 하더군요. 책에서 배운 걸 그대로 생활에서도 사용하고요. 둘째에게는 레벨을 강요하지도 않았고, 영어로 조잘대는 게 신기해서 잘한다는 칭찬도 많이 했어요. '읽기'를 빨리 해야 한다는 부담도 없이 그저 아이가 좋아할 만한 영어 원서를 열심히 읽어주기만 했습니다.

아직 읽을 수 없어도 듣고 즐기는 영어 원서 수준이 점점 높아졌습니다. 그러더니 어느 순간 문자에 관심이 생기더니 더듬더듬 읽기 시작하더라고요. 처음부터 영어 자체를 좋아하고 즐겼으니, 정말 순식간에 리딩 실력이 늘고, 스토리가 탄탄한 원서를 좋아해서 몰입도 대단했습니다. 생각해 보니 둘째는 영어를 모국어처럼 받아들이고 느끼고 표현하게 된 것이었어요. 다양한 세계의 이야기가 담긴 원서를 보면서, 글로벌 문화와 가치관을 직접 체험하고 어느새 전 세계를 무대로 살 수 있다는 자신감이 생겼나 봐요.

중3 때 아이 스스로 미국행 마스터플랜을 통보하더라고요. 순간 당황하고 멍했지만, 아이를 믿었기에 허락하고 단 2~3개월 만에 아이 스스로 준비해서 홀로 미국으로 떠났습니다. 처음 발을 디딘 미국 공립 고등학교에서도 외국인이라는 생각이 일절 들지 않을 정도로 잘 적응했습니다. 줄곧 상위권을 유지하고 장학금까지 받으며 미국 대학에 진학했습니다. 어린 시절 푹 빠져 읽은 원서로 즐겁게 쌓은 긍정적 가치관과 학습 능력 덕택이 아닌가 싶습니다.

첫째와 막내도 저마다 삶의 청사진을 만들어 씩씩하고 자유롭게 개척해 가고 있습니다. 저는 이 모든 것이 바로 영어 원서 읽기 덕이었다고 확신합니다.

## 영상, 듣기, 프리토킹만으론 진짜 영어 정복 안돼

언어를 잘한다는 것은 결국 기·승·전 '글쓰기'로 귀결됩니다. 네이티브처럼 생각하고 표현하고 커뮤니케이션하고, 궁극적으로 그들과 함께 일하기 위해선 글쓰기가 되어야 합니다. 둘째가 고등학교나 대학교에서 쓴 에세이는 늘 선생님과 교수들의 마음을 움직였습니다. 영어 원서 읽기로 배어든 '문학적 표현력'이 자연스레 글쓰기로 표현된 것입니다. 영어 원서 읽기로 다져진 글쓰기야말로 영어 정복의 완벽한 귀결점입니다. 그런 점에서 영상, 듣기, 영어유치원에서 익히는 프리토킹 수준을 넘어설 수 있는 유일한 영어 학습 방법은 '영어 원서 읽기'라고 강조하는 것입니다.

영어 환경을 만들어줄 때 가장 손쉬운 수단이 영상입니다. 유튜브에 주제만 검색하면 얼마든지 나오는 게 영상이니까요. 이 책에서도 필독서를 활용할 때 유용한 영상을 많이 소개합니다. 하지만 영상이 메인이 되어선 곤란합니다. 책이 중심이 되어 열심히 읽어주고 보여주고 들려준 다음, 부족한 노출을 영상으로 채워준다는 개념으로 생각하셔야 합니다.

영상으로 영어에 귀가 트이고 말도 제법 하는 아이들이 요즘 정말 많습니다. 그런데 어른도 어떻던가요! 모국어를 잘 듣고 잘 말한다고, 어려운 책을 읽거나 유려한 글을 쓸 수 있던가요? 아닙니다. 원서 읽기는 영상만큼 즉각적 몰입감을 만들진 못합니다. 하지만 일단 좋아하게 되면 중독성이 엄청납니다. 세계관이 커지고 생각의 깊이가 깊어지는 것은 오직 영어 원서 읽기로만 가능합니다. 영어 원서 읽기로 영어를 정복하면 영어로 듣고 말하는 걸 넘어서, 영어로 생각하고 쓰고 표현하고 자기주장을 펼치고 꿈꾸고 상상하는 새로운 수준의 세상이 열립니다. 그러기에 제가 다른 것 다 제치고 '아이한테 영어 원서 읽히세요!'라고 영어 원서 전도사가 되어 외치고 다니는 것입니다.

아이의 영어 정복을 위해 영어 원서 읽기가 꼭 필요한 이유를 몇 가지로 정리해 보겠습니다. 단순히 언어를 배우는 것을 넘어, 다양한 면에서 긍정적인 영향을 끼치거든요.

첫째, 영어 원서 읽기는 언어 습득의 기초를 다집니다. 언어를 배우려면 반복적으로 노출하는 게 제일 중요합니다. 원서를 읽으면, 자연스레 단어와 문장 구조에 익숙해집니다. 책을 읽으며 어휘를 확장하고, 문법 감각을 키웁니다. 이야기를 통해 영어 문화를 접하고 언어에 대한 이해도도 높아집니다.

둘째, 영어 원서 읽기는 상상력과 창의력을 키워줍니다. 책은 텍스트만이 아니라 그림과 이야기로 상상력을 자극하죠. 특히 영어 그림책은 이야기와 그림이 결합하여 몰입을 끌어냅니다. 몰입 경험은 창의력의 바탕이며 새로운 아이디어를 떠올리는 능력을 키워줍니다.

셋째, 영어 원서 읽기는 아이와 부모의 유대감을 강화합니다. 아이와 함께 책읽는 시간은 단순한 학습 시간이 아닙니다. 부모가 아이에게 책을 읽어주며 함께 이야기를 나누면 정서적 유대감이 깊어지죠. 이는 아이의 정서 발달에 지대한 영향을 미치고, 관계를 더욱 돈독하게 합니다.

넷째, 영어 원서 읽기는 자기주도 학습 능력을 길러줍니다. 처음엔 부모가 읽어주지만, 점차 아이 스스로 읽을 책을 선택해 하나씩 독파해 가고 성취감을 느끼면서 자발적인 학습 태도를 기를 수 있습니다. 이는 학교생활 등 향후 학습 태도에도 크게 도움이 됩니다.

다섯째, 영어 원서 읽기는 영어에 대한 흥미를 높여줍니다. 책은 아이가 영어를 재미있게 접하게 해주는 좋은 매개입니다. 재미있는 이야기 덕에 영어에 흥미가 생기고, 지속적인 영어 학습으로 이어집니다. 영어를 공부 과목이 아니라 재미있는 언어로 받아들이게 되는 것이죠.

영어 원서에는 원어민이 쓰는 표현과 어휘가 넘쳐납니다. 번역서엔 완벽히 담기기 어렵죠. 다양한 문화가 녹아있고 세계관도 들어 있습니다. 원서 읽기는 아이의 생각 무대를 완벽히 넓혀주며, 그에 어울리는 어학 실력까지 탄탄하게 만들어줍니다. 결론적으로, 영어 원서 읽기는 단순히 언어를 배우는 것을 넘어 아이의 전반적인 발달에 긍정적인 영향을 미칩니다. 아이에게 영어 원서 읽기 습관을 길러준다면, 미래를 위한 가장 큰 선물을 주는 셈인 것이죠.

## 영어 원서 읽기, 기본만 이해하면 절대 어렵지 않아요!

영어 원서 읽기는 기본 루틴만 이해하면, 누구라도 어렵지 않게 가정에서 실천할 수 있습니다. 중요한 것은 원서의 특징을 제대로 알고, 내 아이의 수준과 흥미를 잘 파악하는 것입니다. 이 대목에서 많은 분들이 처음 원서 읽기를 시작할 때 어려움을 느끼곤 합니다.

영어 원서를 선택할 때는 이렇게 생각하세요. 먼저 아이 수준에 맞는 여러 책으로 울타리 안을 채워줍니다. 하지만 그 안에서 뭘 읽을지 선택은 아이에게 맡기세요. 레벨에 맞춘 책을 일방적으로 골라 억지로 읽히면, 아이는 원서 읽기를 즐거움이 아닌 학습으로 인지하게 돼요. 그래선 가정에서 노출하는 의미가 없어집니다. 반면 너무 재미에만 초점을 맞춘 책만 연거푸 읽히면 시간 대비 인풋이 너무 적어 효과가 느리고 의미 없이 시간만 허비하게 됩니다.

그래서 이 책에 담긴 필독서를 차근차근 활용하면 되는 거예요. 제가 직접 모든 시행착오를 겪어 정리한 것이니까요. 아이들에게 읽어준 수많은 원서 중 가장 반응이 좋은 책만 고르고 골랐습니다. 그뿐 아니라 15년 이상 엄마표 영어 코칭을 하면서, 부모 아이 모두 호불호 없이 인기가 많은 책들만 엄선했어요. 추천서 천 권을 고르는 건 쉬워도, 그중 꼭 읽어야 할 백 권을 고르는 건 정말 어려운 일입니다. 수준별로 차곡차곡 이 필독서들만 읽히면, 영어 정복 얼마든지 가능하다고 약속합니다.

모국어가 아닌 외국어로 영어로 접하는 우리 아이에게는 레벨을 고려한 접근법만으론 곤란하다고 생각합니다. 영어라는 하나의 언어를 습득하기 위해, 필요한 프로세스가 이 책에 오롯이 담겼다고 보시면 됩니다.

그저 책만 열심히 많이 읽힌다고, 원서 읽기 효과가 있는 게 아니에요. 단계별로 아이 수준에 따라 아이가 영어를 잘 받아들이고 이해할 수 있도록 도와주면서 읽어줘야 합니다. 그래서 단계별로 책의 특성에 따라 아이와 함께하면 좋은 독후활동도 다양하게 담아봤어요. 아이의 영어 학습을 위해 추가로 새로운 무언가를 하시기보다, 아이랑 함께 재미나게 읽는 책을 활용해 영어 학습에도 도움이 될 수 있도록 자극해 주는 게 더 효과적입니다. 가정에서 쉽게 활용할 수 있도록 별다른 준비 없이 가능한 독후활동을 정리해 놓았습니다.

계속 강조하지만, 영어 원서 읽기에서 제일 중요한 건 아이의 흥미와 수준에 맞게 진행해야 한다는 거예요. 너무 어렵거나 너무 쉬워도 흥미를 잃기 쉬워요. 아이 영어 실력에 맞춰 점진적으로 난이도를 높여가는 것이 좋습니다.

또한, 반복해 읽는 게 중요합니다. 한 번 읽고 끝내는 게 아니라, 같은 책을 여러 번 읽으면서 내용을 이해하고 어휘를 익히게 도와주세요. 책을 읽은 후엔 내용을 아이와 이야기해 보세요. 이해도를 확인하고, 영어로 표현하는 연습도 합니다. 영어 원서 읽기가 생활화되려면, 원서 읽기 자체가 편해지는 경지가 되어야 합니다. 재미만으로 접근하는 데는 한계가 있어요. 꾸준히 원서를 읽는 습관을 만들어주려면, 부모의 노력이 많이 필요합니다.

## 세 아이와 직접 뒹굴며 만들어낸 독보적 영어 원서 커리큘럼

이 책에 정리한 영어 원서 필독서는 제가 아이들과 직접 읽고 체험하고 일상에 녹이며, 책이 너덜너덜할 정도로 다 씹어먹은 책들입니다. 어떤 분은 영어 전문가도 아니면서 수준에 맞춘 커리큘럼을 제공할 수 있느냐고 의아해하실 수도 있어요. 맞습니다. 제가 언어 학자는 아니지요. 하지만 개성과 수준과 취향이 서로 다른 세 아이와 직접 체험하며 터득한 것이기에, 어떤 커리큘럼보다 실전에 강한 독서 목록이라는 것 하나만은 자부합니다. 또한 지난 15년 이상 영어 도서관을 운영하며 현장에서 아이들과 부모가 가장 좋아하는 책들로 다시 한 번 검증했습니다.

단순히 필독서 리스트만 제공하는 게 아니에요. 책을 왜 추천하는지, 어떤 면에서 아이에게 도움이 되는지 상세히 설명했습니다. 또 책을 반복해 읽어주면서 강조해야 할 점, 아이의 흥미를 끌어내기 위한 읽기 포인트, 각 단계 책마다의 특징과 활용법, 일상에서 놀이와 학습으로 연결할 수 있는 다양한 아이디어 등을 풍부하게 녹여냈습니다. 이 책 한 권만 있으면, 다른 고민 없이 아이와 함께 영어 정복이 가능하도록 구성하려고 최선을 다했습니다.

1부에 소개한 책들은 영어 원서 읽기 첫걸음으로 소리와 그림으로 단어를 익히는 단계에 읽힐 책들입니다. '배경 어휘', 즉 책 읽기에 바탕이 되는 단어를 쌓아가는 과정입니다. 이 단계에선 대부분 부모가 직접 책을 넘기면서 읽어주거나, 읽어주는 동영상이나 전자펜으로 인식해서 읽어주어야 합니다. 또 노래 음원이나 동영상도 보여주면서 재미를 붙이게 합니다. 어떤 방법으로 읽히든, 중요한 것은 부모의 관심입니다. 아이 혼자 읽기보다 곁에서 봐주면서 도와주고 칭찬과 응원을 해주면서 영어 노출 루틴을 만드는 게 핵심입니다. 워킹맘이어서 아이에게 할애할 시간이 별로 없더라도, 하루 30분은 영어 원서 읽어주기를 한다는 마음으로 임하시면 좋겠습니다.

2부에 구성한 필독서들은 본격적인 읽기 능력을 키워주는 책들입니다. 짧은 스토리를 이해하고 즐기면서, 읽기 독립에 필요한 책을 어떻게 읽히면 좋을지 안내합니다. 무엇보다 아이의 흥미, 취향, 수준이 반영되어야 합니다. 하지만 필독서 리스트가 제시하는 대로 차근차근 따라왔다면, 얼마든지 어렵지 않게 읽을 수 있습니다.

3부 말미와 4부의 필독서들은 본격 영어 원서 읽기 단계로 아이 스스로 읽는 책들입니다. 원서 읽기를 습관화하고 이야기에 몰입할 수 있는 재밌는 책을 주제별로 분류해서 다양하게 추천했습니다. 이 단계에 이르면 부모의 역할은 점차 줄어들게 됩니다. 그렇다고 무조건 아이한테만 맡겨도 되는 것은 아닙니다. 책을 읽으며 느끼는 아이의 감정과 생각을 충분한 대화를 통해 들어주고, 소통하는 데 초점을 맞추세요. 아이의 내면이 쑥쑥 자라는 걸 생생하게 느낄 수 있을 거예요.

꼭 한 가지 강조하고 당부드리고 싶은 것은 외부에 맡겨서만은 언어 교육을 제대로 할 수 없다는 점이에요. 영어를 제2외국어가 아니라 모국어처럼 익힐 수 있다면 최고일 것입니다. 돈이 많아서 상주 원어민 교사를 들일 수 있다면 모를까, 일상에서 영어 노출이 가능한 유일한 방법은 바로 영어 원서 읽기뿐입니다. 부모의 노력이 많이 필요한 것은 사실입니다. 하지만 아이의 미래 청사진을 바꿔놓을 수 있다는 점에서 그 정도 수고로움은 감내해도 되지 않을까 합니다.

제가 영어 도서관을 운영하면서 영어유치원 다니는 아이도 많이 만나보았습니다. 그런데 결국 영어 좋아하고 잘하려면 영어유치원에서 배운 내용이라도 집에서 다시 반복해서 복습해야 한다는 걸 절감했어요. 영어유치원 다니지 않고 교재 배우지 않고 학원 보내지 않아도, 가정에서 영어 원서 읽기를 꾸준히 실천하며 환경을 만들어준 아이가 제일 뛰어난 영어 실력을 보이는 걸 알 수 있었습니다.

자신감을 가지세요! 영알못인 저도 해낸 일입니다. 늦었다고 생각하실 필요도 없어요. 상대적으로 뒤늦게 영어 노출을 시작한 우리집 첫째도 네이티브 못지않은 영어 실력을 뽐냅니다. 이건 비밀인데요. 영어 원서 읽기와 엄마표 영어를 하면서 영어 실력이 확실히 좋아진 건 다름 아닌 바로 저였다는 사실! 모두 응원합니다. 지금 시작하면 됩니다!

# CONTENT

## PART I | •STEP 1• 배경 어휘: 영어 원서 준비운동

### STEP 1. 배경 어휘 1:1 단어 인지 컨셉북

## PART III   ·STEP 3· 탄탄한 스토리북: 영어 원서 재미 붙이기

## STEP 3. 탄탄한 스토리북 **3-5** 전래동화

# PART IV | •STEP 4• 레벨별 필독서: 아이 스스로 읽는 영어 원서

## STEP 4. 레벨별 필독서 **4-1** 얼리챕터북

## STEP 4. 레벨별 필독서 **4-2** 챕터북

## STEP 4. 레벨별 필독서 4-3 그래픽 노블

## STEP 4. 레벨별 필독서 4-4 판타지 소설

## STEP 4. 레벨별 필독서 4-5 청소년 소설

## STEP 4. 레벨별 필독서 4-6 뉴베리 수상작

# PART 1

# •STEP 1•

# 배경 어휘
## : 영어 원서 준비운동
### BACKGROUND VOCABULARY

영어 원서 읽기를 위한
최소한의 준비운동 단계입니다.
소리로 영어와 친해지고
그림책을 읽기 위한 기초 배경 어휘와
기초 문장을 습득합니다.

# STEP 1
# 배경 어휘

## ·1-1·

## 단어 인지 콘셉트 북

영어와 처음 만나서 친해지는 단계에 읽으면 좋은 책을 소개합니다. 이 단계 아이들은 영어가 낯섭니다. 때에 따라 아예 영어책을 처음 접해서 알파벳 자체가 익숙하지 않기도 할 거예요. 그런 아이들에겐 직관적이고 쉽게 이해할 수 있는 그림책을 접하게 할 필요가 있습니다.

나중에 원서를 혼자 힘으로 즐길 수 있게 되기까지, 프로세스에 따라서 원서를 노출하는 게 효과적입니다! 똑같은 시간을 원서와 함께 보내도, 아이의 인지능력을 고려해서 보낸 경우와 그렇지 않은 경우, 결과는 질적으로 크게 차이가 나기 때문입니다.

# Color Zoo

## 알록달록 도형으로 만드는 다양한 동물

지은이 로이스 엘러트(Lois Ehlert) 출판사 HarperCollins

**Basic Information** 그림과 단어를 연결하는 단어 인지 그림책

영어를 처음 시작하는 아이한텐 '그림과 단어가 1:1로 매칭되는 그림책'을 먼저 접하게 하는 게 좋습니다. 굳이 우리말로 해석할 필요가 없이 소리와 그림 등을 자연스럽게 연결 지어 이해하게 돕는 책입니다. 처음엔 단어로 시작해 조금씩 문장으로 나아가면, 영어단어를 지각하고 유추하는 능력도 자연스레 생겨납니다.

이미 초등학교에 진학한 이후에 영어 원서를 읽을 수도 있겠지요. 그런 경우에는 여기 소개하는 초기 단계 책들이 너무 유치하게 느껴질 것입니다. 영어권 아이들이 영유아기 때 읽는 책이기 때문입니다. 그런 경우는 초등교과서에서 배우는 필수 단어 중에서 기본이 되는 명사, 동사, 형용사를 골라서, 이미지와 소리를 연결해 이해할 수 있게 도와주세요. 뒤에서 소개할 단어 플래시 카드 웹사이트나 고피쉬 게임(57쪽) 등을 활용하셔도 좋습니다.

아이들이 가장 관심갖는 주제인 동물, 색깔, 도형을 이용해서, 자연스럽게 영어를 익힐 수 있도록 하는 그림책입니다. 일반적인 평면 종이로 된 책이 아니라, 페이지마다 서로 다른 모양의 구멍이 나 있어서 이것을 겹치면 다양한 동물이 나타납니다. 아이들 눈과 손, 마음도 사로잡는 재미난 그림책입니다.

처음 첫째와 둘째와 영어 원서 읽기를 시작할 때, 매우 즐겁게 봤던 그림책이기도 합니다. 단순히 읽어주는 데 그치지 않고, 책 속 구멍을 활용해서 함께 그림도 그리고 창의적으로 자기만의 동물을 만들게 할 수 있습니다. 그래서인지 그 어떤 책보다 더 여러 차례 반복적으로 꺼내보고 읽고 활용했습니다. 한참 뒤에 태어난 막둥이 공주님도 오빠들 손때가 묻은 이 책을 훨씬 어린 나이부터 가지고 놀게 되었죠. 아이들의 최고 애정 원서 중 하나였답니다!

**Reading Point** **영어로 도형과 동물 이름을 익힌다**

책에 나오는 다양한 도형을 직접 그려보고 조합하면서 나만의 'Color Zoo'를 만들어보세요. 아이들이 영어 원서 읽는 시간을 가장 행복한 시간으로 받아들이게 해줄 것입니다.

첫 페이지를 넘기면 첫 동물 호랑이가 나옵니다. 그림 주제는 색깔과 도형이지만, 이들이 조합되어 나오는 캐릭터는 동물입니다. 페이지를 넘기면 왼쪽에는 도형 이름이 나오고, 오른쪽에는 동물 이름이 나옵니다. 아직 그 단어를 몰라도, 모양만 보고 어떤 도형이고 어떤 동물인지 맞혀보는 걸 아이들은 정말 좋아합니다. 까꿍 놀이하는 느낌도 있어요.

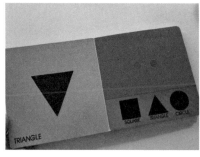
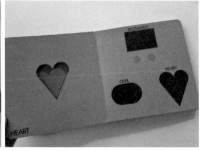

마지막까지 페이지를 넘기면 동물이 모두 사라지고, 그 자리에 동물의 눈동자들만 덩그러니 남아있습니다. 책 속의 도형을 활용해서 책에 나오는 동물 외에 여러 동물을 만들어볼 수 있습니다. 빈 종이 위에 책의 구멍이 오도록 펼친 다음, 책을 모양자로 활용해서 그림을 그리고 거기에 색칠만 해보아도 아이들이 매우 즐거워합니다.

실제 이 책을 영어 도서관에서 빌려보면 여러 아이가 다양하게 활용해서 꾸깃꾸깃해져 있는 걸 볼 수 있어요. 보드북은 어린아이와 다양하고 알차게 활용이 가능하다는 장점이 있습니다. 튼튼해서 찢어질 걱정 없이 맘껏 보게 할 수 있어 부모로서 마음이 편하기도 합니다.

### **Further Activity** 영상과 웹사이트를 활용한 엄마표 영어 놀이

- Basic Reading | 기본 읽기

유아나 유치원 단계의 아이라면 직접 단어를 읽지 못해도 상관없습니다. 엄마가 읽어주는 소리, 책과 함께 제공되는 동요를 통해 아이는 그림과 소리를 자연스레 연결할 수 있어요. 엄마가 직접 읽어주며 책을 넘겨줘도 되고, 동요를 들으며 책을 넘겨주어도 됩니다. 해당 단어가 나올 때 손가락으로 그림을 가리키세요. 아이가 눈으로 그림을 보면서 소리로 그 단어를 들음으로써, 단어와 의미를 매칭 하는 게 바로 '단어 인지 컨셉북'의 역할입니다. 이 책에는 '색깔'을 지칭하는 단어는 따로 나오지 않아요. 하지만 책 페이지 자체가 알록달록 다양한 색깔로 구성되어 있으니, 해당 색을 가리키거나 크레파스나 색연필에서 색을 찾아서 영어로 말해주면 됩니다.

초등생이라면 단어를 읽어주면서 그림과 글자를 번갈아 손가락으로 가리킵니다. 그러면 의미를 이해할 수 있고 소리와 글자를 연결 지을 수 있어 자연스레 음가를 이해할 수 있게 됩니다. 아직 직접 읽을 수는 없더라도 서서히 유도하는 것입니다. 직접 읽으라고 강요할 필요는 없습니다. 자연스럽게 알파벳과 단어에 익숙해지는 게 목적이니까요.

이 책에 등장하는 동물은 tiger(호랑이), mouse(생쥐), fox(여우), ox(황소), monkey(원숭이), deer(사슴), lion(사자), goat(염소), snake(뱀) 등입니다. 등장하는 도형은 circle(원), square(사각형), triangle(삼각형), rectangle(직사각형), oval(타원), heart(하트), diamond(마름모), octagon(팔각형), hexagon(육각형) 등입니다. 도형은 어른이 보아도 어려운 단어가 많지요. 직관적으로 단어를 경험하도록 돕고, 무엇보다 책 자체와 친해지게 하는 게 목표입니다.

- Reading + Sound | 동영상과 함께 읽기

책을 읽어줄 때 활용할 수 있는 영어 동요가 있으므로, 틀어놓고 책을 넘기며 활용하면 됩니다. 동요가 있다는 것은 이 책의 큰 장점입니다. 엄마가 단어를 읽어주는 것보다 더 정확하고 재미있게 단어를 접할 수 있습니다. 오른쪽 QR코드를 인식하면 유튜브 영상이 열립니다.

- Reading + Creativity | 엄마표 영어 놀이

작가 로이스 엘러트 웹사이트에 책을 활용한 다양한 독후 활동이 안내되어 있습니다.

첫째, 색종이를 이용한 도형 만들기와 분류하기. 먼저 보드북의 마지막 페이지 도형자를 활용해서 색색의 도형을 만듭니다. 유아라면 아이가 도형을 그리게 하고, 어른이 가위를 이용해 잘라줍니다. 책에 있는 도형을 베끼지 않고 아이 스스로 비뚤지만 자기만의 도형을 그리게 해도 좋습니다. 그 경우 크기와 모양이 제각각이어서 더 재밌게 활용할 수 있습니다. 원은 빨강, 사각형은 파랑, 삼각형은 노랑… 등 도형마다

색을 달리 해줍니다. 이렇게 만든 도형을 투명 지퍼백에 담습니다. 놀이에 참여하는 아이가 여럿이라면 더욱 재밌게 할 수 있을 것입니다.

둘째, 커다란 보드에 구역을 나누어 각각 도형 이름을 써넣습니다. 투명 지퍼백에 담긴 컬러 도형 중 무작위 뽑기를 해서, 도형이 해당하는 구역에 붙여줍니다. 이때 숫자 개념을 익히도록 도형별 개수를 세보아도 좋습니다. 숫자를 셀 때도 손가락을 이용해 영어로 소리내어 말하며 익힐 수 있습니다.

셋째, 흰 종이 위에 여러 모양의 도형을 활용해서 자기만의 동물을 만들어봅니다. 모르는 영어 동물이 나오면 사전에서 찾아본 다음, 해당 동물 영어 이름을 큰소리로 말해줍니다. 외우도록 할 필요는 없습니다. 재미를 잃지 않는 게 중요하다는 걸 잊지 마세요.

넷째, 도형이 들어 있는 지퍼백을 들고 밖으로 나갑니다. 사물(꽃, 놀이기구, 물건)이 어떤 도형과 닮았는지 비교해 보면서, 도형 이름을 다시 한번 익힙니다. 도형을 닮은 사물의 이름도 영어로 무엇인지 찾아본다면, 더욱 확장된 독후활동이 될 것입니다.

### Tail Back 꼬리를 무는 다른 책들

미국 위스콘신주에서 태어나 위스콘신 대학교에서 미술을 전공한 작가 로이스 엘러트는 여러 주제의 다른 '구멍 책'을 포함해 그림책을 여러 권 썼습니다. 관심이 있다면, 함께 읽어보기를 권합니다. 이렇듯 좋아하는 영어 원서 한 권 한 권이 모여, 아이의 영어 실력도 저절로 쑥쑥 오르게 될 거예요.

BOOK 001-1. 《Color Farm》 '컬러 동물원'과 짝을 이루는 '컬러 농장' 구멍 책
BOOK 001-2. 《In My World》 여러 모양의 구멍이 만들어가는 다채로운 세상 이야기
BOOK 001-3. 《Eating the Alphabet》 A부터 Z까지 알파벳 과일 이야기
BOOK 001-4. 《Chicka Chicka Boom Boom》 알파벳 리듬을 살린 단어 그림책

 **영어 원서 구매할 때 참고할 사항**

유아용 그림책 영어 원서는 얇은 종이로 된 페이퍼백(paperback)이 아니라, 보드북(board-book)이라고 불리는 단단하고 두꺼운 재질로 된 책을 고르는 것이 좋습니다. 아이들이 책을 험하게 갖고 놀기 때문에 잘 구겨지거나 찢어지지 않는 소재로 된 것이 편합니다.

실제로 아마존(Amazon)에 어린이책을 검색해 보면, 페이퍼백, 하드커버(hard-cover), 보드북 등 다양한 선택 사항이 있는 걸 알 수 있어요. 오디오북이나 전자책(킨들) 버전도 있지만, 아이의 경우 우선 종이책을 읽히는 게 좋겠지요. 이때 영어 원서 장정의 개념에 대해 조금 알 필요가 있습니다.

페이퍼백은 우리말로 하면 문고판입니다. 일반 성인용 책처럼 얇은 종이(그림책의 경우는 약간 더 두꺼운 재질)로 되어 있고, 표지도 얇은 장정을 말합니다. 하드커버는 페이퍼백 책에 단단하고 두꺼운 표지를 입힌 것입니다. 미국에선 통상 먼저 하드커버로 발행한 다음, 책이 인기가 높아지면 저렴한 페이퍼백이 추가로 발행됩니다. 어린이 그림책의 경우 책 전체가 단단한 재질로 되어 있는 보드북 버전이 추가 됩니다. 그런데 하드커버가 단단하다는 뜻이기에, 보드북일 거라고 오해하는 경우가 왕왕 있습니다.

보드북은 페이퍼백이나 하드커버에 비해 내용 일부가 빠지기도 합니다. 무엇을 선택할지는 책을 활용하는 방법에 따라 달라지겠지요. 직접 원서를 구매한다면, 여러 선택 사항을 미리 알고 주문하는 게 좋습니다.

# Opposites

## 필름지 하나로
## 쏙쏙 이해되는
## 반대말 놀이

**지은이** 패트릭 조지(Patrick George) **출판사** PatrickGeorge

**Basic Information** 호기심 장치를 활용한 단어 인지 그림책

아주 어린 유아가 아니면 단어만 나오는 책은 자칫 유치하거나 밋밋하다 느낄 거예요. 주의 집중력이 부족한 아이는 금세 흥미를 잃기도 하지요. 그런데 호기심을 불러일으킬 만한 장치가 숨어있는 책을 골라서 읽어주면, 스스로 즐기면서 반복해서 보게 됩니다. 학습 효과도 높아지죠.

작가 패트릭 조지는 '투명 필름지'에 그려진 똑같은 그림이 배경 그림이 바뀜에 따라서 정반대 의미를 갖게 되는 인터랙티브(상호작용) 그림책 시리즈를 만들었습니다. 제목 그대로 '반의어', 즉 반대말을 소재로 만든 책입니다. 아마존에 검색해 보면, 반대말 주제로 엄청나게 많은 책이 나와 있는 걸 알 수 있어요. 그만큼 처음 단어를 익힐 때 활용하기 좋은 테마입니다.

필름지를 왼쪽 페이지에 두었다가 다시 오른쪽 페이지로 옮길 때마다, 그림이 바뀝니다. 그게 너무 신기했던지 저희 아이들은 보고 또 보고, 한참을 혼자서 보기도 했답니다. 나중에는 아이가 저도 모르게 필름지에 사인펜으로 그림을 그린 다음, 자기만의 새로운 이야기를 만들어 놀던 추억의 책입니다. 아이들이 익혀야 하는 반대말을 도형과 색깔을 비롯한 오감을 활용해서 접하면서, 다각적으로 확장해서 읽을 수 있는 원서 필독서입니다.

**Reading Point** **배경 어휘가 확장되게 자연스레 유도한다**

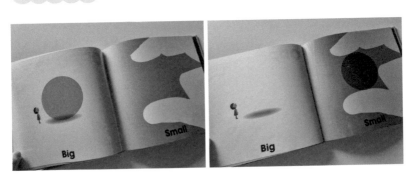

왼쪽 페이지에는 작은 꼬마가 서 있고, 오른쪽 페이지에는 큼지막한 손가락이 보입니다. 투명 필름지에 인쇄된 것은 파랑 동그라미입니다. 필름지가 왼쪽 페이지에 있으면, 'Big(크다)'이 됩니다. 반대로 오른쪽 페이지에 있으면 'Small(작다)'이 됩니다. 같은 그림으로, 정반대의 반의

어를 만들어내는 것입니다.

이 책이 흥미로운 점이 바로 여기에 있습니다. 파랑 동그라미 말고 어떤 그림으로 'Big vs. Small'을 표현할 수 있을지 아이와 함께 무궁무진하게 떠올려볼 수 있습니다. 제 아이가 필름지 위에 사인펜으로 그림을 그렸던 이유도 바로 그러한 상상력의 결과였던 것입니다. 단순히 반의어를 익히는 데 그치지 않고, 공간 지각력을 포함해 여러 감각을 키울 수 있는 뛰어난 영어 원서인 것입니다.

왼쪽 페이지에는 갈색 부엉이가 있고, 오른쪽 페이지에는 주황색 부엉이가 있습니다. 투명 필름지에는 'cage(새장)'가 그려져 있지요. 왼쪽 페이지에 있을 때는 부엉이가 그 안에 갇히며, 'In(안)'을 의미합니다. 그런데 오른쪽 페이지로 필름지를 넘기면 부엉이가 새장 밖으로 나오고 'Out(밖)'이라는 단어가 나옵니다. 새장 밖에 나온 부엉이가 새장 안에 갇힌 부엉이를 고소하다는 듯 곁눈질로 바라보는 것이 아주 익살스럽습니다. 필름지를 옮길 때마다 그림이 바뀌고 의미도 바뀝니다. 아이가 직관적으로 반대말의 의미를 쉽게 이해할 수 있지요. 새장 이외의 어떤 그림으로 반대말을 표현할 수 있을지 다양하게 상상할 수 있습니다.

이 페이지들은 그나마 덜 난해한 편입니다. 책에는 다양한 반대말이 여럿 등장합니다. 'Land(땅) vs. Sea(바다)', 'Boy(소년) vs. Girl(소녀)', 'Empty(비다) vs. Full(차다)'…. 이걸 필름지 그림으로 어떻게 표현할지 상상하는 것만으로 흥미가 돋지 않나요? 실제 책을 보면 기상천외한 표현력에 놀라게 됩니다. 단순히 단어를 익히는 데 그치지 않고 즐겁게 상상하게 하는 게 바로 이 책의 매력입니다.

### **Further Activity** 그림책 놀이, 동영상을 활용한 단어 확장

- Basic Reading | 기본 읽기

문장이 아니라 단어와 그림, 필름지라는 독특한 아이디어를 활용한 책입니다. 아이가 자연스레 배경 어휘를 습득하고, 영어라는 언어에 재미붙이게 하는 것이 이 단계의 원서 필독서를 읽히는 목적입니다. 굳이 우리말로 일일이 해석해 주지 않는 것이 좋습니다.

한 페이지에 단어가 하나씩 있는 단순한 책입니다. 하지만 책 속 그림을 이용해서 어휘를 확장해 주는 것도 좋습니다. 예를 들면 부엉이가 있는 페이지에서 'In vs. Out'만 읽어주고 넘어가는 대신, 그림을 손가락으로 가리키면서 'Owl(부엉이)', 색깔인 'Brown(갈색)'과 'Orange(주황)', 'Cage(새장)'도 소리내서 말해줍니다. 한 번에 모든 단어를 다 알려주기보다 매번 읽을 때마다 하나씩 새로운 어휘를 추가한다는 마음으로 접근하는 게 좋습니다. 빨리 가려다가 자칫 아이가 원서 읽는 시간을 부담스럽고 싫어하게 만들어선 안 되니까요.

시간이 흘러 아이가 단어를 넘어 문장의 의미를 습득할 수 있게 되

면, 문장의 형태로 그림을 익히게 할 수도 있습니다. 'The orange owl is out of the cage | 주황 부엉이가 새장 밖에 있다.' 하는 식으로 말이죠. 아이의 영어 실력이 좋아지면, 부모가 문장을 만들어주지 않아도 스스로 그림을 보고 문장을 만들어 표현할 수도 있을 것입니다. 아이의 실력이 자라는 것을 중간중간 확인할 수 있어서, 두고두고 활용도가 참 많은 책이기도 합니다.

- Reading + Sound | 동영상과 함께 읽기

동영상으로 된 책 소개도 많이 나와 있습니다. 영상을 보면서 책에 표현된 그림을 어떤 영어단어로 표현하면 좋을지 힌트를 얻을 수 있으므로, 아이에게 책을 읽어주기 전에 참고하면 좋겠습니다.

- Reading + Creativity | 세상에 하나뿐인 동화책 만들기

투명 필름지는 대체로 구하기 쉽지 않은 도구입니다. 게다가 거기에 그림까지 그려져 있으니 활용 가치는 더욱 커집니다. 책에는 두 페이지 걸러 하나씩 필름지가 들어 있으므로, 이것을 활용해 재밌는 그림책 놀이를 할 수 있습니다. 책 속 필름지를 이용해서 다양한 단어를 표현해봅니다. 표현하고 싶은 의미가 되도록 빈 종이에 그림을 그린 다음 필름지 뒤에 그림을 끼워 넣는 방식으로요. 아이가 스스로 그린 그림이 잔뜩 들어간 세상에 하나뿐인 그림책이 탄생합니다.

- Reading + Creativity | 작가와 함께 창작의 세계로~

작가 홈페이지에 들어가 보면, 패트릭 조지가 단지 그림책 작가만이 아니라 다양한 캠페인, 광고 등을 창조한 아이디

어 넘치는 일러스트레이터이자 기획자임을 알 수 있습니다. 또한 책 소개뿐 아니라 다양한 활용법과 아이디어를 얻을 수 있고, 직접 책을 구매할 수도 있습니다.

작가의 다양한 포트폴리오를 활용해서 아이의 상상력을 자극할 수도 있습니다. 일례로 작가가 사물을 활용해서 동물의 이미지를 표현한 컬렉션도 있습니다. 박쥐가 모여서 만든 구름 떼, 악기를 연주하며 행진하는 사람들이 모여 코끼리 모양을 만든 모습, 오리 모양의 보트 노, 풍뎅이가 만든 하트 모양, 강아지 모양의 개집 등이 그것입니다. 아이에게 보여주면서 상상력을 키워주세요.

**Tail Back** **꼬리를 무는 다른 책들**

작가의 다른 책 중에서 기초적인 배경 어휘 습득에 도움이 되는 모양, 색깔, 숫자, 오감을 주세로 하여, 필름지를 활용한 다양한 책들이 나와 있습니다. 아이가 이 책을 재밌어했다면, 주제를 확장해서 다양한 책을 읽어주면 더욱 좋을 것입니다.

BOOK 002-1. 《Numbers》 숫자와 더불어 동물 간의 관계를 익히게 하는 그림책
BOOK 002-2. 《Colours》 색과 색이 겹치면서 만들어내는 다양한 색의 변주
BOOK 002-3. 《Shapes》 여러 도형이 실생활에서 활용되는 용도를 익히는 그림책
ROOK 002-4. 《i SEE》 오감을 활용해 세상을 바라보는 가치관 연습

## • book 003 •

# Run, mouse, run!
## 쥐를 따라가며 배우는
## 위치 전치사

(지은이) 뻬뜨로 호라체크(Petr Horacek) (출판사) Walker Books

**Basic Information** 집안 곳곳을 누비는 생쥐로 전치사를 익힌다

네모반듯한 페이지로만 된 책과 달리 보드북으로 페이지마다 그림에 맞춘 커팅이 되어 있는 그림책입니다. 두꺼운 하드보드지에 용도에 따라 다이 컷(die-cut)이 들어가 있어서 더욱 생생하게 표현력이 돋보이는 제작 방식입니다. 마치 진짜 살아 있는 생쥐의 재빠른 움직임을 포착하듯, 더욱 생동감 있게 접근할 수 있도록 해줍니다.

겉표지를 보면 생쥐 한 마리가 부지런히 어디론가 달려가고 있어요. 영어에는 전치사라는 독특한 품사가 있습니다. 단어와 단어 사이의 관계를 설명합니다. 이 책은 집안 곳곳을 누비는 생쥐와 함께 자연스럽게

'위치 전치사(location preposition)'를 익힐 수 있도록 구성되어 있어요. 위치 전치사란 단순 전치사 중에서도 특히 앞 단어의 위치, 다른 말로 하면 장소, 공간을 파악할 수 있게 해주는 단어를 말합니다. 영어를 익힐 때 아주 기본이 될 수밖에 없지요.

**Reading Point** 그림책에서 익힌 개념을 놀이로 연결 짓는다

책을 읽고 나서 직접 아이들이 장난감을 갖고 놀면, 책에서 익힌 표현이 자연스레 발화합니다. 생쥐가 마구 달려옵니다. 자리에 놓인 의자를 자연스레 넘어서(over), 테이블을 가로지르며(across) 달려갑니다. 앞 장에서 의자 모양으로 컷아웃 되었던 페이지가 뒷장으로 넘기면 테이블 모서리가 되는 마법! 글자들 역시 생쥐의 움직임을 뒤쫓기라도 하듯, 역동적으로 흘러갑니다.

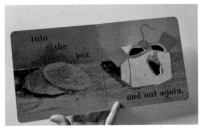

그림과 페이지 모양 말고도 글자 배열까지도 이 책을 재미나게 읽는데 한몫하고 있는 것을 알 수 있습니다. 글자가 있는 위치가 마치 생쥐가 지나간 흔적을 안내하는 발자취 같아서, 눈으로 글자를 따라 가면서 생쥐의 다음 행방을 유추하는 재미가 있습니다.

**Further Activity** 주방 캐릭터 놀이로 연결한 재밌는 인형극

• Basic Reading | 기본 읽기

책은 16페이지로 아주 짧습니다. 그래서 읽어주다 보면, '너무 빨리 끝나!' 하는 아쉬워하는 소리를 듣기 일쑤입니다. 유아들은 책을 반복해 읽는 걸 좋아하기 때문에, 목소리 톤이나 속도를 다양하게 해서 색다른 느낌을 받도록 읽어주세요.

이 책은 제목 그대로 '움직임'을 담았습니다. 배울 수 있는 위치 전치사는 'over(넘어서)', 'across(가로질러서)', 'up(위로)', 'down(아래로)', 'through(통과해서)', 'into(안으로)' 등입니다. 반복해 읽으면서 각각 움직임의 특징을 달리는 쥐와 함께 직관적으로 습득할 수 있습니다.

이 책을 재밌게 읽는 방법 하나는 책장 넘기는 속도를 다양하게 해보는 것입니다. 책장 넘기는 속도에 따라서 생쥐의 움직임이 더욱 생생하게 느껴지거든요. 구멍 속으로 사라진 생쥐가 다음엔 어디로 갔을지 아이가 충분히 상상할 수 있도록, 'and quickly into the hole~,' 하고 여운을 남기며 읽다가, 갑자기 다음 페이지로 휙 넘겨줍니다. 속도와 리듬감을 담아서 매번 다른 느낌으로 읽어주면, 아이가 더욱 흥미를 갖고 책을 접할 수 있을 것입니다.

- Reading + Sound ┃ 동영상과 함께 읽기

동요 버전을 영상으로 볼 수 있습니다. 소리를 틀어놓고 그
림책을 넘겨줘도 좋습니다. 직접 읽어주기도 하고 영상을
보여주기도 병행하면 좋겠습니다.

- Reading + Creativity ┃ 캐릭터를 활용한 부엌 인형극

그림책 속 이야기의 무대는 어디일까요? 의자, 식탁, 다양한 간식거리
가 가득한 주방입니다. 생쥐나 토끼 등 작은 인형이 하나쯤 있으시죠?
친근한 주방에서 늘 곁에 있는 장난감을 이용해, 책에서 만난 표현을 다
시 한번 사용하며 재밌는 놀이로 연결해 주세요. 그러면 다시 책을 읽을
때 개념을 더욱 쉽게 인지할 수 있고, 무엇보다 직접 몸을 움직이기 때
문에 움직임을 표현하는 위치 전치사를 실감 나게 배울 수 있습니다.

　아이한테 해보라고 하곤 팔짱 끼고 지켜보면 곤란합니다. 엄마나 부
모가 직접 먼저 아이 앞에서 인형극 하듯 시범을 보여주세요. 그림책
속 쥐의 움직임을 의자 위, 테이블 위, 컵 위아래 실제 사물과 함께 표
현하면 인지 효과는 더 커집니다. 그림책 속 삽화로만 보는 것과 실생
활 속 사물을 직접 보거나 만지는 것은 완전히 다릅니다. 책에서 보았
던 것을 자기 몸으로, 실제 사물과 더불어 해보는 것이 중요합니다. 부
모가 자꾸 인형극을 보여주면, 다음엔 아이가 직접 자기 인형을 가지고
와서 흉내 내기 시작할 겁니다.

- Reading + Learning ┃ 일상 회화로 활용하기

엄마표 영어 커리큘럼을 진행할 때, 부모들이 가장 궁금해하는 점은 바
로 이겁니다. "영어 그림책만 열심히 읽어줘도 영어 말하기가 발화될까

요?" 그렇기도 하고, 아니기도 합니다. 똑같은 영어 그림책도 어떻게 읽어주고 활용하느냐에 따라, 효과가 달라집니다. 한 번 읽어주고 책장에 꽂아두면, 제대로 발화가 되기 어렵겠지요. 책을 재미나게 읽어주고, 실생활에서 간단하게 활용하면, 영어 말하기 전혀 어렵지 않습니다.

책에 나오는 위치 전치사 이외에도 여러 전치사가 많으니, 인형을 이용해 On, Under, Next, In front of, Behind 등 다양한 전치사를 익히게 해보세요. 대화의 문장 구조는 단순합니다. "Where is the+인형?", "It's+위치 전치사+장소." 엄마가 앞 문장으로 물어보고 아이가 다음 문장으로 답하거나, 엄마가 묻고 답하면서 위치 전치사만 아이가 맞히도록 유도해도 됩니다. 문장 개념이 익숙하지 않다면, 그냥 듣고 행동을 보는 것으로 충분합니다. 유튜브에 'Preposition Song for kids'라고 검색하면 다양한 영상이 나오므로, 편리하게 활용할 수 있습니다.

"Where is the teddy bear? | 곰 인형은 어디 있니?"

"It's under the table | 탁자 아래에 있어요.", "It's on the bed | 침대 위에 있어요."

**Tail Back**  **꼬리를 무는 다른 책들**

빼뜨로 호라체크는 체코 출신의 그림책 작가로 번역본으로도 인기가 많습니다. 국내에 시리즈로 묶여 수입된 것만도 여덟 권가량 됩니다. 색깔, 의성어, 의태어 등 꼭 필요한 어휘가 재미나게 담긴 책이니, 다른 책들도 기회가 되면 읽어보길 추천합니다.

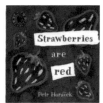

BOOK 003-1. 《Strawberries Are Red》과일의 색과 질감에 익숙하게 돕는 그림책
BOOK 003-2. 《What Is Black and White?》흑과 백의 대조에 대해 배우는 그림책
BOOK 003-3. 《Flutter By, Butterfly》벌레의 움직임을 의성어, 의태어로 배우는 그림책
BOOK 003-4. 《Choo Choo / Chuu chuu》기차가 내는 소리와 배경을 배우는 그림책

---

 **직수입 원서를 학습 자료와 함께 편리하게 활용해 보세요**

픽토리21 네이버 카페에서는 뻬뜨로 호라체크 작가의 보드북 시리즈를 수입해서, 음원과 함께 판매하고 있습니다. 카페에 방문하면 책을 활용해 아이와 영어 활동을 할 수 있는 양식 등도 제공하고 있습니다. 가입하면 다양한 원서 자료와 영상 가이드를 볼 수 있어요.

---

# Learn with Maisy
## 담긴 게 정말 많은 최고의 놀이책

(지은이) 루시 커즌스(Lucy Cousins) (출판사) Walker & Company

**Basic Information** 아이들이 사랑하는 캐릭터와의 영어 공부

메이지(Maisy)는 너무나 유명한 캐릭터입니다. 우리 아이들도 다 좋아했고요. 인기 덕택일까요? 메이지 시리즈는 다양한 스타일로 정말 여러 권이 나와 있습니다. 수영 배우는 메이지, 시계 읽는 메이지, 탐험하는 메이지, 동물과 노는 메이지, 소풍 간 메이지, 의사가 된 메이지, 소방관 메이지, 달 탐험가 메이지… 몇 권만 살펴봐도 눈이 휘둥그레집니다.

기초 배경 어휘 쌓기에 도움이 되는 영어 원서 필독서 중 가장 핵심이 될 만한 한 권입니다. 제목에서 나오듯 '기본적으로 알아야 할 여러 주제의 어휘를 한 권으로' 배울 수 있습니다. 48페이지인데 평균 두 페이지마다 주제 하나를 배울 수 있으며, 대략 20가지 주제의 영어 배경 어휘를 익힐 수 있는 필독서입니다.

그뿐인가요? 주제와 관련된 질문과 답을 주고받을 수 있고, 플랩을 들추면서 숨겨진 그림을 찾아가며 책을 즐길 수 있게 구성되어 있어 여러모로 쓰임새가 좋습니다. 아이들이 계속 다시 읽어달라고 조를만한 아주 매력적인 책입니다.

**Reading Point** 그림을 짚으며 단어를 읽고 질문에 답한다

이 페이지의 주제는 '숫자'입니다. one, two, three… ten… 영어로 숫자를 세면 끝일까요? 그럴 리가요. 주제 관련 질문이 꼭 들어갑니다. "How many chicks are there? | 병아리는 몇 마리가 있을까?" 아이와 함께 세어봅니다. one, two, three…seven. 그런데 끝일까요? 언뜻 보면 메이지 주변엔 병아리 일곱 마리뿐이지요. 그런데… 두둥~! 닭장 그림의 플랩을 열면, 짜잔! 노란 병아리 세 마리가 숨어있네요. 플랩 위쪽에는 병아리 우는 소리 의성어가 쓰여 있어 더욱 재밌습니다. 이제 다시 세야겠지요. 정답은 'ten(열 마리)'입니다.

  이번 주제는 도형입니다. 도형을 가리키는 여러 단어가 나옵니다. 도형은 메이지가 직접 그린 듯 삐뚤빼뚤 더욱 정감 있어요. triangle(삼각형), square(사각형), circle(원), rectangle(직사각형), star(별) 등을 배웁니다. 역시 주제와 관련된 질문이 나옵니다. "What shapes can you see? | 어떤 도형들을 볼 수 있나요?" 태양과 해바라기 안에 원이 있고 지붕은 삼각형, 창문은 사각형, 대문은 직사각형이죠. 하나하나 가리키며 영어로 말합니다. 그런데 이게 전부일까요? 대문 플랩을 조심스레 여니까, 짜잔~! 거기엔 숨겨진 도형 별이 있었네요.

**Further Activity** 주제를 하나씩 탐험하며 활동으로 연계

• Basic Reading | 기본 읽기

이 필독서의 주제는 숫자, 동물, 날씨, 크기 비교, 의성어와 의태어, 도형, 감각, 숫자 세기, 요일, 색깔, 알파벳 등 다양합니다. 영어를 말하고 읽는 데 필요한 일상의 주제가 한 권에 알차게 들어 있어요. 처음 언어를 배울 때, 생활과 감각을 익힐 때 필요한 주제도 포괄합니다. 플랩을 여는 행동을 통해 손가락 감각도 발달할 수 있어요. 종합 선물 세트 같

은 책입니다.

나오는 질문 역시 일상에서 활용하기가 너무 좋은 기본 문장입니다. 먼저 주제를 상기시켜 주세요. "아, 이번에는 'number(숫자)'에 대해 알아보는 거구나." 하고 주의를 집중시켜 줍니다. 그런 다음 숫자를 손가락으로 짚어주면서 또박또박 읽어줍니다. 오른쪽 페이지로 넘어와서 먼저 질문을 읽어줍니다. 굳이 해석은 해줄 필요 없습니다만, 아이가 아직 문장을 이해하지 못한다면 단어를 강조하며 질문의 핵심만 짚어줍니다. 다음에는 질문이 원하는 답을 손가락으로 짚어가며 알려줍니다. 마지막으로 "Let's see what is under the flap?"하고 플랩을 열게 유도합니다. 플랩 안에 있는 걸 아이 스스로 설명하도록 도와줍니다.

- Reading + Learning | 주제에 대한 심화 학습

한 권을 전부 다 읽지 않아도 괜찮습니다. 아이가 좋아할 만한 주제 하나면 됩니다. 유튜브에 검색해서 관련된 영어 노래를 찾아 들려주거나, 다른 영어 그림책을 연계해 노출하세요. 반복 효과로 자연스럽게 습득이 빨라집니다. 영어를 처음 시작하는 아이한테는 더없이 좋은 '기본 영어 그림 사전'입니다.

또 하나 장점은 주제마다 적합한 질문 유형이 알차다는 것입니다. 숫자는 "How many~?", 도형은 "What shapes~?" 식으로 일상에서 활용하기 좋을 만한 표현이 많아요. 자동차가 정차해 있을 때나 주차장 같은 곳에서, 개수를 물음으로써 숫자 감각이 발화하게 돕습니다. "How many cars do you see? | 자동차가 몇 대나 보이지?" 영어로 배운 숫자를 세도록 유도합니다. 여러 모양의 사물을 보면, 어떤 도형

인지 물어서 배경 어휘를 복습시킵니다. "What shape is this? | 이건 무슨 모양일까?"

책을 읽을 때만 질문을 사용하지 않고, 아이에게 다른 그림책을 읽어 줄 때도 활용하고 일상생활에서도 자주 질문하며 놀아주세요. 긴장을 풀고 있을 때 자연스럽게 반복적으로 묻고 답할 수 있는 일련의 놀이가 '영어 말하기 아웃풋'에 도움이 많이 되기 때문입니다.

- Reading + Creativity | 메이지 홈페이지를 활용한 영어 놀이

아쉽게도 이 책은 읽어주는 동영상이 없습니다. '메이지 홈페이지'에는 PDF로 출력해서 색칠 놀이 할 수 있는 자료, 기억력 게임, 빙고 게임 등 독후활동 관련 자료가 많이 있으므로 방문해 보기를 바랍니다.

**Tail Back** **꼬리를 무는 다른 책들**

1964년 영국 태생으로 왕립 예술대학원에서 미술을 공부한 작가는 생 쥐 캐릭터 메이지로 전 세계적 인기를 끌었고, 지금도 여전히 왕성하게 활동 중입니다. 메이지 캐릭터를 좋아하게 되었다면, 쉽고 재미나면서 역할극으로 활용할 수도 있는 '폴드아웃 플레이북 시리즈'를 추천합니 다. 아이들은 역할 놀이를 정말 좋아하지요. 각각의 장소에서 메이지가 보내는 일상을 영어로 재미나게 읽어보고, 마지막 페이지의 접어서 세 우는 '역할 놀이 무대'를 활용해서 맘껏 영어 표현을 할 기회를 만들어 주세요.

BOOK 004-1. 《Maisy's House》메이지의 집안 모습과 사물을 표현한 그림책
BOOK 004-2. 《Maisy's Farm》메이지의 농장 모습을 표현한 그림책
BOOK 004-3. 《Maisy's Preschool》메이지의 유치원 생활을 표현한 그림책
BOOK 004-4. 《Maisy Goes Shopping》식료품점에 간 메이지를 표현한 그림책

메이지 폴드아웃 플레이북 예시(아래 왼쪽 House | 오른쪽 Preschool)

# DK My First Dictionary

## 한 권은 갖춰둬야 할 영어 그림 사전

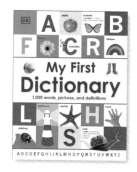

🖊지은이 DK Publishing  📖출판사 DK Children

**Basic Information**  배경 어휘의 바탕이 되는 기초 사전

'배경 어휘' 습득 단계인데, 뜬금없는 사전이 나왔습니다. 이 책을 필독서로 추천하는 데는 다 이유가 있습니다. 아이들 영어교육이 어려운 이유는 시작 시기가 천차만별이기 때문입니다. 태교부터 영어로 하는 분도 있지만, 초등학교 3학년 영어 교과서가 정규 과목으로 채택되는 시점까지 느긋하게 아무 준비도 하지 않는 분도 있어요.

유아라면 그림과 단어로만 된 영어 그림책을 재미있게 받아들일 수 있습니다. 하지만 초등학생이라면 그림책이 유치하다고 느낄 거예요. 그림책은 이미 다 떼었다고 생각할 나이니까요. 하지만 어느 정도 스토리 있는 책을 이해하려면, 반드시 기초 배경 어휘가 쌓여 있어야 합니다. 기초 한글 단어를 알아야 그림책을 읽으며 혹여 모르는 단어는 유추해 갈 수 있듯 말입니다. 그런데 배경 어휘를 꼭 그림책으로만 습득할 필요는 없어요.

**Reading Point** 사전이라는 개념을 바꿔주는 기초 영어 필독서

알파벳 순서에 따라 기초 단어 1,000개의 이미지와 함께 사전적 정의가 담겨있는 책입니다. 여러 사전을 두루 비교해 보아도, 이 책이 실사 이미지가 많아서 유용한 듯합니다. 사전적 정의도 이 책이 문장이 쉽고 간결하며 명확합니다.

 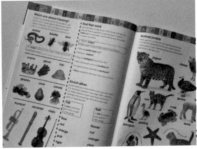

뒷부분에는 아이와 할 수 있는 다양한 게임이 소개되어 활용하기 좋습니다. 사물의 모양과 뜻을 정확히 인지할 수 있도록 배려한 꼼꼼한 구성이 돋보입니다.

## **Further Activity** 어휘력 늘리는 재미에 푹 빠지는 여러 놀이

• Basic Reading | 기본 읽기

학창 시절 '사전'은 지루하고 재미없고 어렵다는 느낌이었죠. 인터넷이 나온 후엔 굳이 사전이 필요한가 하는 생각도 들고요. 그런데 아이들과 엄마표 영어를 하면서, 사전을 완전히 달리 보게 되었습니다. 설명글을 아이에게 읽어주고, 아이도 설명글을 참고해서 단어를 설명하는 활동을 해보았더니, 영어로 쓰고 표현하는 기본인 '설명하기'를 어려움 없이 잘 해내는 걸 발견하게 되었어요.

영어 공부 첫 시작에는 꼭 그림 사전을 활용할 것을 강력히 추천합니다. 단어 카드나 사전을 활용해, 아이가 그림과 의미에 해당하는 소리를 연결 지어 배경 어휘를 쌓아가게 해주세요. 단어 암기장과는 다르다는 걸 기억하세요. 외우는 걸 목표로 할 필요가 없습니다. 그랬다간 아이가 영어를 숙제처럼 여기게 됩니다. 뭐든 놀이처럼 한다는 생각을 기본 바탕에 깔고 접근하셔야 합니다.

• Reading + Learning | 배경 어휘를 확장하는 도구

엄마가 단어를 말하면 아이가 그림을 찾는다, 엄마가 그림을 가리키면 아이가 영어로 말해본다, 그도 아니라면 그냥 단어의 사전적 의미를 엄마나 부모가 읽어주는 것만으로도 '그림'이라는 힌트가 주어져 있기에

듣기 능력을 키우는 데 도움이 됩니다.

제 경우는 사전을 퀴즈, 스무고개, 단어 카드 만들기 등 다양한 용도로 잘 활용했습니다. 책이 너덜너덜해질 정도로 여러모로 써먹었네요. 구구절절 아이에게 사용법을 설명할 필요도 없습니다. 먼저 아이가 그림책처럼 가볍고 자유롭게 한 장 한 장 넘기면서 아는 단어를 찾아보게 하세요. 시간이 흐르면 자연스럽게 스스로 사전 이용법을 터득하게 됩니다. 엄마가 단어를 말하면 해당 단어를 직접 찾아서 이미지를 보도록 하거나, A로 시작하는 단어 중에서 아는 단어 말해보기 같은 게임은 영어 시작 단계의 아이들과 함께할 수 있는 놀이입니다.

• Reading + Creativity | 영어단어 퀴즈, 타이머 대결

어느 정도 영어 듣기가 되면, 퀴즈를 좀 더 흥미롭게 진전시켜 보세요. 엄마가 단어의 정의를 영어로 설명합니다. 아이는 설명을 잘 들은 다음 어떤 단어인지 맞힙니다. 역할을 바꿔도 좋습니다. 사전에 설명이 있으니까, 해당 단어만 'this' 혹은 'it'으로 바꿔서 읽으면 퀴즈가 됩니다.

다른 그림책에서 단어 몇 개를 골라 사전에서 찾아보는 활동도 좋습니다. 막연한 이미지와 직관으로 받아들였던 단어의 정확한 뜻을 알게 되어 좋습니다. 단어 이미지가 실사라서, 현실 감각과 연결 지어 단어를 습득할 수 있습니다. 그냥 하면 재미 없겠죠? 아이가 고른 단어를 엄마가 찾거나, 엄마가 고른 단어를 아이가 찾는 식으로, 누가 더 빨리 찾는지 시합하는 거예요. 타이머를 켜고 경쟁하면 긴박감이 들어 더 재밌게 할 수 있습니다. 눈치껏 져주시는 것 잊지 마시고요.

• Reading + Creativity | 다양한 주제의 단어 카드 활용

플래시 카드 웹사이트를 활용해 보세요. 알파벳, 숫자, 컬러, 도형, 날씨, 기분 상태, 요일. 활동, 가족, 공룡, 행성, 나라 등 여러 주제의 플래시 카드를 출력해서 다양한 활동에 사용할 수 있습니다. 주제별 단어를 사전에서 직접 찾아보는 활동도 병행하면, 더욱 알차게 즐길 수 있습니다.

### Tail Back  꼬리를 무는 다른 책들

사전이 부담스럽다면, 간편한 게임으로 즐길 수 있는 단어 카드도 유용합니다. '고피쉬'는 주제별로 선택할 수 있는데, 알파벳(ABC), 명사, 형용사, 동사 등을 먼저 해보시길 추천합니다. 같은 단어 카드가 두 장씩 들어 있고, 보드게임 규칙이 정해져 있습니다. 하지만 단어를 말하면 해당 카드를 찾아서 먼저 내는 사람이 이기도록 하거나, 단어 카드를 알파벳 순(사전 순)으로 분류해 보는 놀이도 좋습니다. 기초 어휘로 구성되어 쉬운 영어 그림책을 이해하도록 도와줍니다. 사전이나 단어 카드로 재밌게 놀아주면서 배경 어휘를 접하게 해주세요.

BOOK 005-1. 《GO FISH 보드게임》 영어 ABC, 영어 명사, 영어 형용사, 영어 동사

# STEP 1
# 배경 어휘

## ·1·2·

## 마더구스 그림책

언어를 습득하기 위해 가장 처음 중요한 것은 '듣기'입니다. 그런데 모국어가 아닌 다른 언어는 낯설어서 귀에 쏙쏙 들어올 리 없어요. 그런 이유로 아이가 듣기를 거부하면 더 이상 진척이 어렵습니다. 아이들에게 익숙한 멜로디의 마더구스와 영어 동요 듣기를 해보세요. 마더구스는 영미권 전래동요로, 엄마나 할머니가 흥얼거리며 들려준 노래입니다. 아기가 마더구스로 언어를 처음 접하죠. 소리에 익숙해지면, 관련된 그림책을 연계해서 보여주세요. 영어 그림책을 낯설어하지 않고 책장을 넘기며 자연스레 노래를 흥얼거리는 아이 모습을 보게 될 것입니다.

# Incy Wincy Spider

## '거미가 줄을 타고~' 유명한 손가락 노래

지은이 유 쉬우안 황(Yu-Hsuan Huang)　출판사 Nosy Crow Ltd

**Basic Information**　마더구스를 그림책으로 만든 보드북

한국인이라도 한 번쯤은 불러봤을 "거미가 줄을 타고 올라갑니다…." 하는 동요 기억하시죠? 본래는 영미권 전래동요랍니다. 익숙한 노래를 재미난 조작 보드북과 함께 즐길 수 있는 '싱어롱 위드 미(Sing along with me) 마더구스' 시리즈 중 한 권입니다.

노래 가사에 딱 맞춰 손으로 조작할 수 있는 요소가 있어, 아이들이 노래를 따라 부르면서 신나게 갖고 놀기 좋아하는 책입니다. 노래 음원을 함께 활용할 수 있다는 게 아주 큰 장점입니다.

'Incy Wincy Spider Climbed up the water spout.' 노래의 첫 소절입니다. 우리는 '거미가 줄을 타고 올라갑니다~.'라고 하지만, 영어 가사는 '배수관을 타고 올라간다.'라고 되어 있네요. 'Climb up(올라가다)'이라는 말은 유아들에게 쉽지 않은 표현이라서, 멈춰진 그림으론 이해가 쉽지 않을 거예요. 직접 손으로 조작하면서 '올라간다'는 감각을 손과 눈으로 동시에 느끼기 때문에, 뜻을 이해하기가 더 쉽습니다.

'Out came the sun and dried up all the rain.' 우리말로 '해님이 방긋 솟아오르면'으로 불리는 이 장면에서는 'Out came the sun' 대목을 읽거나 노래를 불러주는 타이밍에 맞춰서 조작함으로써, 해가 살며시 솟아오르고 꽃들이 좋아하는 장면이 오른쪽처럼 나타나게 됩니

다. 자세히 보면 울상이던 거미의 표정이 밝아지는 걸 볼 수 있어요.

### Reading Point 어린이 정서에 맞춘 마더구스 그림책

대부분 마더구스는 동영상으로 보여주는 데 그치고 맙니다. 영어와 친근해지는 데는 도움이 되지만, 감성과 정서를 느끼는 데는 부족하지요. 마더구스는 특성상 깊은 의미를 직관적으로 이해하기 쉽지 않아요. 그래서 노래로 여러 번 듣는다 해도 무슨 뜻인지 알아차리기 어렵습니다.

손으로 만지고 조작할 수 있는 그림책으로 노래를 '스토리'로 접하면 이점이 많습니다. 아이가 단순한 소리만이 아니라 영어라는 세계에 흥미를 갖게 하는 데 도움이 됩니다. 특히 '싱어롱 위드 미 마더구스' 시리즈는 아이 정서에 맞는 순한 그림과 서정적인 표현력, 직접 손으로 조작하며 정확한 의미를 이해하게 해준다는 점에서 매우 탁월합니다.

영어를 시작하는 아이들에게 조작 북이 좋은 이유는 분명합니다. 정적인 그림만으로는 의미가 애매모호한 개념을, 눈으로 보고 손으로 움직이며 정확히 파악하게 도와주기 때문입니다. 책을 읽어주면서 혹은 노래를 들려주거나 불러주면서, 해당 의미에 맞게 먼저 조작 시범을 보여주세요. 노래에 어느 정도 익숙해지면, 스스로 흥얼거리며 조작하며 노는 모습을 볼 수 있을 거예요.

### Further Activity 거미 놀이로 신체 활동과 연계

• Basic Reading | 기본 읽기

아이가 직접 그림책 조작을 하고 있는데, 가사에 맞게 빨리빨리 못한다고 재촉하거나 이렇게 하라고 강요하지 않도록 하세요. 엄마가 조작하는 걸 보여주면, 아이 역시 자연스럽게 노래에 맞춰 조작하며 놀게 될 테니까요. 아이는 손가락 활동이 어른처럼 자유롭지 않기 때문에, 인내심을 갖고 기다려주고 아이의 속도에 맞춰 여러 번 반복해 시도하도록 격려해 주세요.

• Reading + Sound | 동영상과 함께 읽기

가사가 살짝 낯설다는 느낌이 드실 거예요. 맞아요. 미국 버전과 영국 버전의 가사가 약간 다르답니다. 지역 방언이라고 생각하시면 돼요. 'Incy Wincy'는 '작디작은'이라는 말인데, 우리한텐 미국식 'Itsy Bitsy'가 더 많이 알려졌어요. 'Eency Weency'라고도 합니다. 출판사가 만든 훌륭한 마더구스 동영상이 있으니까, 반복해서 들려주면서 책을 읽으며 조작하며 즐길 수 있게 하세요.

• Reading + Creativity | 거미와 함께하는 신체 감각 놀이

이 책의 주인공은 'spider(거미)'입니다. 거미만큼 아이들 흥미를 끄는 캐릭터도 없지요. 53페이지에서 소개한 영어 사전에서 찾아보면서, 거미의 정의, 생태, 생김새에 대해 아이와 이야기를 나누는 것도 흥미로운 활동입니다.

 거미를 그려보면서 다리가 몇 개인지 함께 영어로 세어보는 것도 좋습니다. 아이가 직접 거미를 그려서, 종이 인형으로 만들어 노래에 맞춰 움직이며 가지고 놀게도 해주세요. 별것 아닌 놀이라도 아이들은 아주 재밌어합니다. 또한 영어를 학습이 아닌 자연스러운 언어와 놀이로 받아들이게 해준답니다.

**62**

**Tail Back** **꼬리를 무는 다른 책들**

'싱어롱 위드 미' 시리즈의 다른 책들도 꼭 보셨으면 좋겠습니다. 곁에 두고 재밌고 꾸준하게 갖고 놀 수 있는 책이라서 아이들이 좋아합니다.

BOOK 006-1. 《Row Row Row Your Boat》 보트를 저어가는 세 동물 친구 마더구스
BOOK 006-2. 《Wheels On The Bus》 버스 바퀴가 구르는 소리 마더구스
BOOK 006-3. 《Hey Diddle Diddle》 달까지 뛰어오르는 젖소 마더구스
BOOK 006-4. 《A Sailor Went to Sea》 바다를 향해 나아가는 뱃사람 마더구스

 **무료 사이트에서 마더구스 관련 다양한 자료를 얻으세요**

영어 원서를 구매하거나 영어도서관에서 빌리는 노력과 동시에, 다양한 무료 사이트와 마더구스 유튜브 채널 등을 통해 관련 정보를 얻는 것도 아이의 영어 경험을 넓혀주는 또 하나의 방법입니다.

1. 마더구스 클럽은 말 그대로 마더구스와 관련된 모든 것을 제공하는 채널입니다. 자체 제작한 마더구스 음원과 동영상을 무료로 볼 수 있고, 다양한 자료도 풍부합니다. 다양한 놀이도구를 만들거나 조합하는 여러 아이디어도 제공합니다.

2. 크레파스 등 컬러링 용품 제조사인 크레올라에서도 마더구스 관련 컬러링 자료를 무료로 받을 수 있습니다. 사이트에 'Nursery rhymes(자장가 혹은 보모 노래)'를 검색하면 다양한 마더구스 프린트물을 출력할 수 있어요. 아이와 함께 컬러링 하며 노래를 즐긴다면, 더욱 알찬 시간이 되겠지요? 크레올라가 직접 제공하는 사이트라서 마더구스 외에도 다양한 컬러링 자료가 있으니 알차게 활용할 수 있습니다.

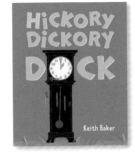

## • book 007 •

# Hickory Dickory Dock

## 괘종시계를 뒤흔드는 동물 대소동

지은이 키스 베이커(Keith Baker)  출판사 Clarion Books

---

**Basic Information** 숫자와 라임으로 흥미를 끄는 최고의 마더구스

왜인지 모르지만, 저는 마더구스 하면 가장 먼저 'Hickory Dickory Dock'이 떠오릅니다. 엄마표 영어를 처음 시작했을 때, 손뼉을 치면서 아이들의 호응이 대단했던 기억 때문에 그런 것 같습니다.

한 시부터 정각마다 괘종시계에 다양한 동물이 나타납니다. 동물 이름과 특징 단어를 배울 수 있어요. 리듬감 있는 라임 때문에라도 아이들이 귀를 쫑긋 세우고 신나게 듣고 따라 부릅니다. 시간이 바뀔 때마다 그에 맞춰 숫자를 세며 박수를 치는 쾌감도 동시에 느낄 수 있습니다.

작가인 키스 베이커는 이 책 외에도《Hap-pea All Year》,《LMNO Peas》등 유명한 'Pea(완두콩)' 시리즈를 쓴 믿고 보는 그림작가이기도 하지요. 특유의 서정적이고 귀여운 그림체가 눈길을 끕니다.

**Reading Point** 라임을 활용한 리듬감을 익히게 한다

'Hickory Dickory Dock'은 '똑 딱 땡'처럼 시계의 소리와 움직임을 표현한 의성어이자 의태어입니다. 생쥐가 나타납니다. 그때 괘종시계가 한시를 가리키면서 '댕~' 하고 큰소리를 냅니다. 그런데 생쥐는 놀라기는커녕 너무도 즐거워 보입니다. 원곡에서는 'The clock struck one. The mouse ran down.' 하는 가사로 이어집니다만, 책에서는 'it's time for fun!'으로 바뀌었어요.

마더구스는 본래 라임이 가득한 노래입니다. 라임이란 단어의 종결 발음이 비슷한 것을 반복하는 것으로, 시, 노래, 현대에 와서는 랩에 이르기까지 독특한 영어 고유의 표현 형식입니다. 원곡에서는 'one'과 'down'이 라임을 이뤘고, 여기서도 'one'과 'fun'이 라임을 이룹니다.

이번엔 괘종시계 주위로 벌들이 모여듭니다. 벌들이 시계 주위를 맴돌며 윙윙 소리를 내고 있어요. 이때 울리는 다섯 번의 괘종시계 소리! 과연 벌은 어떤 반응을 보일까요? 이런, 벌들은 놀라서 모두 벌집으로 도망가 버렸네요. 'five(다섯)'와 라임을 이루는 단어는 뭘까요? 벌이 돌아간 곳, 바로 'hive(벌집)'입니다. 이렇듯 라임이 곳곳에 숨어있네요.

**Further Activity** **어린이 래퍼 탄생! 엄마와 하는 랩 놀이**

• Basic Reading | 기본 읽기

책을 읽어줄 때 포인트는 숫자와 라임이 되는 단어를 강조해 반복하는 것입니다. 숫자가 나올 때, 숫자만큼 손뼉을 치게 했더니 호응이 정말 좋았습니다. 리듬감 있게 진짜 래퍼처럼 신나게 읽어주는 것이 포인트입니다. 그래야 아이가 신이 나서 라임을 따라 하게 되고, 다른 책에서도 라임을 찾아내는 재미에 푹 빠질 수 있게 됩니다. 우리집 막내는 이제 저보다 책 속 라임을 더 빨리 찾아낸답니다.

• Reading + Sound | 동영상과 함께 읽기

마더구스는 라임을 이루는 단어가 리듬감을 만들어 아이들의 귀를 즐

겹게 해주는 노래입니다. 그래서 'Nursery rhymes(너서리 라임)'이라고도 하는 것이죠. 흥겹고 귀에 착 붙는 노래를 그림책으로 접할 수 있다는 게 정말 좋습니다. 'Hickory Dickory Dock' 원곡을 찾아 들어보고, 다른 버전으로도 찾아서 들어보세요. 필독서의 내용과 무엇이 다른지 아이와 이야기를 나눠보세요.

- Reading + Sound | 동영상과 함께 읽기

하나는 기본 읽기 느낌으로 차분하게 읽어주는 영상이고, 다른 하나는 라임과 리듬을 살리면서 좀 더 흥미를 돋게 하는 방식으로 읽어주는 영상입니다. 비교해 보고 어떤 스타일이 맞을지 선택해서 읽어주는 데 참고하세요.

- Reading + Creativity | 마더구스와 숫자 라임 놀이

숫자와 라임을 이루는 마더구스는 더 많이 있답니다. 'Big Fat Hen', 'Over in the meadow' 같은 마더구스를 찾아보고, 숫자 라임을 찾아서 비교해 보세요. 책 곳곳에 숨은 숫자와 라임을 이루는 단어를 '보물찾기'를 하듯이 아이와 함께 찾아보는 재미도 느껴보시기를 바랍니다. 더 나아가 숫자와 라임을 이루는 다양한 단어를 수집하는 미니북도 함께 만들어본다면 더욱 좋을 것입니다.

**Tail Back** **꼬리를 무는 다른 책들**

마더구스 그림책은 아이들에게 필요한 주제를 스토리로 구성해 놓았기 때문에 이야기책으로도 충분히 매력이 있습니다. 마더구스 그림책

중 필독서로 추천한 픽토리 마더구스 시리즈 중 알차고 풍부하게 표현된 것을 엄선했으니, 참고하시기를 바랄게요.

BOOK 007-1.《I'm a Little Teapot》엄마의 아침 파티를 돕는 티팟 마더구스
BOOK 007-2.《To Market To Market》살 것이 있는 슈퍼마켓으로 떠나는 소녀 마더구스
BOOK 007-3.《Mary Had a Little Lamb》메리를 졸졸 따르는 동물 친구 마더구스
BOOK 007-4.《Down by the Station》빨간 망토 소녀의 분주한 등굣길 마더구스

# Here we go round The Mulberry Bush
## 노래로 익히는 일상

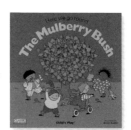

지은이 아니 쿠블러(Annie Kubler)  출판사 Child's Play

**Basic Information**  아이와 일상 회화가 어렵게 느껴진다면

아이에게 일상에서 영어로 말은 건네고 싶은데 무엇부터 어떻게 해야 할지 어렵게 느껴진다면, 이 책을 활용하면 좋습니다. 아침에 일어나서 밤에 잠들기까지 반복되는 일상을 '패턴 문장'에 단어만 바꿔 활용할 수 있어 쉽게 따라 할 수 있어요. 소리내어 입 밖으로 표현하고 대답을 유도할 수 있는 좋은 교재입니다.

　아이가 영어를 익숙하게 느끼려면, 일상에서 매일 반복하는 루틴을 영어로 접하게 해주는 게 좋습니다. 깨우면서 "Get out of bed", 양치질하면서 "Brush your teeth"하고 활용하세요. 아이가 갑자기 영어를 쓰는 엄마를 낯설고 부담스러워할까요? 이 책의 노래를 수시로 불러주면서 어색하지 않게 적용하면 됩니다. 아이 역시 자기 루틴에 맞춰 노래를 흥얼거리게 될 거예요.

**Reading Point** 저마다 개성이 다른 아이들의 하루

아침에 일어나 학교 가기 전까지 다양한 모습이 재밌게 묘사되어 있어요. 가만히 보면 한 아이가 아니라 여릿의 다양한 모습을 보여주네요. 침대에서 일어날 때도 똑같은 모습은 하나도 없어요. 인종, 성별, 스타일이 다른 아이들 모습을 보는 것만으로도 한참 몰입하게 만듭니다. 아이들 역시, 그림 하나하나를 찬찬히 보더라고요. 아침에 학교(어린이집, 유치원) 가기 전 아이의 루틴과 순서를 함께 이야기 나눠보세요. 그림 속 아이 중 누가 자기와 비슷한지 찾아보게 해보세요.

책에는 아이의 하루 루틴이 다 들어 있습니다. 꼭 필요한 생활 습관 만들기와 관련한 규칙도 노래로 손쉽게 아이에게 전달할 수 있어요. 페이지마다 구멍이 뚫려 있는데, 구멍 안에 보이는 걸로 다음을 상상하며 책장을 넘기면, 더욱 재미나게 책을 즐길 수 있습니다. 잠자리 준비할

때도 노래를 불러주세요! 잔소리할 필요 없이 아이가 자연스럽게 모든 준비를 하고 스스로 잠자리에 들게 됩니다.

**Further Activity** 노래와 듣고 읽으며 생활 습관 정돈

• Reading + Sound I 동영상과 함께 읽기

읽어주기 동영상을 참고하세요. 동영상을 보고 노래를 익혀 직접 불러주면서 혹은 영상 속 노래를 들으면서 책을 보여주거나 읽어줍니다. 아이 혼자 동영상을 보게 하기보다는, 동영상으로 노래를 들려주고 책을 넘기며 함께 읽어주세요. 그 편이 영어와 친해지는 데 훨씬 도움이 됩니다.

• Reading + Creativity I 데일리 루틴 차트 만들기

책을 통해서 기본적인 루틴을 영어로 익혔습니다. 그렇다면 이제 아이만의 하루 루틴을 정해보면 어떨까요? 초등생이라면 시간별로 스스로 루틴을 정리하도록 해보세요. 유치원생이라면 등원 전후로 나눠서, 필요한 루틴을 순서대로 정리해 봅니다. 데일리 루틴 차트를 만들고, 아이 스스로 하루 루틴을 스스로 점검하게 해주세요! 노래를 익혀서 함께

부르며 루틴을 수행하면 더욱 좋겠지요.

　구글에 'Daily Routine Chart'라고 검색하면 다양한 스타일의 자료들이 나옵니다. 아이가 좋아할 만한 스타일로 함께 만들어주세요!

### `Tail Back` 꼬리를 무는 다른 책들

이 책은 'JY BOOKS'가 보급하는 '노부영 마더구스' 시리즈 중 한 권입니다. 판형이 큼직하고 구멍이 있어 아이의 호기심을 자극하지요. 제공하는 음원 역시 믿고 들을 수 있습니다. 저도 처음엔 노부영이 사람 이름인 줄 알았는데, '노래로 부르는 영어 동화'의 줄임말이랍니다.

BOOK 008-1. 《Cows in the Kitchen》 주방에 숨어든 젖소들의 대소동 마더구스
BOOK 008-2. 《Over in the Meadow》 연못에 사는 여러 동물 관련 마더구스
BOOK 008-3. 《There was an old lady who swallowed fly》 할머니 뱃속 마더구스
BOOK 008-4. 《Old Macdonald had a farm》 맥도널드 할아버지 농장 마더구스

# If you're happy and you know it!
# 세계 각국 아이들의 정겨운 모습

**지은이** 애나 맥퀸(Anna McQuinn) **출판사** Barefoot Books

---

**Basic Information** 감정, 신체, 동작을 배우는 마더구스 그림책

감정, 신체 부위, 동작 관련 단어를 두루 배울 수 있는 책입니다. 곳곳에 즐길 요소가 있어 더욱 재밌게 활용할 수 있습니다. 표지를 보면 여러 아이가 보입니다. 생김새도 다르고 복장도 다릅니다. 책장을 넘기면 각기 다른 풍경의 나라와 아이들의 다채로운 모습을 만날 수 있습니다. 실제론 멀리 떨어져 있지만, 우린 책에서 손으로 하이파이브를 하고 손뼉 치고 다리를 쿵쿵 구르고 두 팔을 쭈욱 뻗어 닿을 수 있답니다. 아이들은 이 필독서를 통해 다양성의 가치에 대해서도 배울 수 있어요.

신체 부위와 동작 단어가 가득한 마더구스 책이라서, 우리 막내가 어렸을 때 이 노래를 불러주면 신이 나서 마구 몸을 흔들어대곤 했답니다. 가사에 맞춰서 몸을 움직이고 소리내면서 아이가 저절로 자리에서 일어나 흥겹게 율동하게 만드는 마더구스입니다.

**Reading Point** 세계 아이들과 각국 인사말로 교감한다

세계 각국 풍경과 전통복을 입은 아이들 모습만으로도 볼 게 풍성한 책이에요. 어느 나라이며 어떤 전통복인지, 아이랑 맞혀보는 것도 재밌습니다. 가사에 맞춰 동작을 취한 모습을 엄마부터 따라 하며 보여주세요. 그런 엄마 모습이 재미나서 아이들도 열심히 따라 하게 됩니다. 몸을 움직이며 노래를 부르다 보면 책에 등장하는 다양한 단어의 의미도 쉽게 이해하고 기억할 수 있습니다.

이 책의 또 다른 숨은 진가는 뒷부분에 있어요. 책에 등장한 아이들이 다 모여 있는데, 그 나라 인사말도 배울 수 있고 이름과 국적도 정리되어 있습니다. 제각각 아이가 어느 페이지에 등장하는지 찾는 재미도 있겠지요? 조금 아쉬운 점은 우리나라 아이는 나오질 않는다는 거예요. 그래도 정말 다양한 나라 아이들을 만날 수 있으니, 섭섭함을 달래봅니다.

**Further Activity**   세계 친구들에게 온몸으로 감정을 표현

• Reading + Sound l 동영상과 함께 읽기

출판사가 만든 동영상이 있으므로 참고하세요. 노래를 들어보면 정말 익숙하다는 걸 알 수 있어요. 동영상을 참고해서 노래를 익혀 불러주면서 읽어주세요. 영상을 틀어 노래를 들려주며 읽어도 좋습니다.

출판사가 운영하는 공식 유튜브 채널에는 다양한 책을 애니메이션과 함께 노래로 즐길 수 있는 콘텐츠가 잘 정리되어 있습니다. 그림책 출판사답게 아이의 정서에 잘 맞는 훌륭한 구성이므로, 다른 영상 대신 보여주어도 영어와 친해지는 데 도움이 됩니다. 다양한 주제의 신나는 노래로 아이의 관심을 끌게 합니다. 채널에서 하나씩 보여주면서 아이가 특별히 좋아하는 영상이 있으면 종이책으로도 함께 읽어주세요.

• Reading + Creativity l 주제별 맞춤 읽기와 놀이

이 책의 주제는 크게 감정, 신체 부위, 동작 단어, 세계 각국, 이렇게 네

가지입니다. 한 번 책을 노출할 때 모든 주제를 한꺼번에 가르치지 마시고, 한 번에 한 주제에 중점을 두고 읽고 놀아주면 좋습니다. '감정'이라는 주제로 읽어준다면, 'If you're happy'에서 happy 대신 'sad, angry, scared, exited' 등 다양한 감정 단어를 넣어 노래로 불러주거나 읽어주면서 아이가 해당 감정 단어를 이해할 수 있도록 표정으로 전달해 줍니다. 감정에 어울리는 동작은 무엇이 있을지 아이와 얘기해 보고, 엄마가 감정 단어를 외치면 아이가 동작을 해보는 놀이도 해보면 더욱 즐거울 거예요.

신체 부위와 동작 단어에 중점을 두고 활용할 때는 어떻게 하는 게 좋을까요? 그냥 무미건조하게 읽지 말고, 해당 단어에 맞게 몸을 움직이면 좋습니다. 또한 신체 부위로 할 수 있는 동작이 무엇인지 이야기해 보고, 책에 등장하지 않는 동작 단어도 함께 알려줍니다. 자연스럽게 어휘 확장에도 도움이 됩니다.

끝으로 세계 각국이라는 주제를 공부할 때는 책 뒤에 정리된 아이들 모습을 확인하고 한 명씩 어디에 있는 찾아봅니다. 처음엔 페이지를 연신 뒤적이며 찾아야 하겠지만, 시간이 흐르면 자연스레 아이들을 제각기 기억하고 어느 나라 친구인지도 알게 됩니다. 세계 각국에 관심이 생기면, 각 나라에 대한 관련 영상과 책으로 확장합니다.

책 한 권으로 이렇게 다양한 배움이 이루어질 수 있다는 게 정말 마법 같습니다. 아이들이 훌쩍 커서 이젠 그림책을 거의 보지 않아도, 엄마인 저는 계속 더 좋은 그림책을 찾아 소장하고자 애쓰게 됩니다. 이 책을 접하는 독자 여러분도 한 권 한 권 제가 제시한 순서대로 읽다 보면, 그림책 덕후가 되는 건 시간문제랍니다.

**꼬리를 무는 다른 책들**

'베어풋 싱어롱(Barefoot Singalong)' 시리즈는 계속 신간이 추가되고 있어요. 노래도 신나고 그림책과 더불어 유튜브 영상도 즐길 수 있어서 인기가 많습니다. 제가 운영하는 키즈북토리 카페도 이 시리즈를 잘 활용할 수 있도록 자료를 제공하니까 같이 활용해 보세요.

BOOK 009-1. 《Dinosaur Rap》 다양한 공룡들과 즐기는 그림책
BOOK 009-2. 《My Friend Robot!》 친구 로봇들과의 즐거운 시간 그림책
BOOK 009-3. 《We All Go Traveling By》 탈 것에 대한 모든 것을 정리한 그림책
BOOK 009-4. 《Walking Through the Jungle》 정글 탐험하며 만나는 친구들 그림책

# Down by the Bay
## 해변에서 벌어지는 이상한 일들

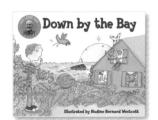

지은이 라피(Raffi)  출판사 Knopf

---

구수한 통기타 마더구스와 함께 하는 그림책

마더구스 가사를 보면 말도 안 되는 얘기가 많습니다. 풍자적 내용도 있지만, 라임을 맞추려니 내용이 억지스러운 경우도 많아요. 하지만 그 자체로 재미난 스토리가 됩니다. 이것이 마더구스의 묘미지요. 이 책이 그렇습니다. 가사에 충실한 그림과 페이지마다 구성지게 담긴 라임의 의미를 굳이 해석해 주려 하지 말고, 있는 그대로 즐겨주세요!

표지의 사진 속 하얀 턱수염의 할아버지는 마더구스 음반을 여럿 낸 가수랍니다. 통기타를 퉁기며 흥 넘치고 구성지게 불러주는 라피의 마더구스는 진짜 듣기 좋습니다. 지금은 할아버지가 되어 아이들을 위한 다양한 일을 하고 계십니다. 막내에게 들려줄 마더구스 음원을 찾다가 우연히 알게 되어 흠뻑 빠지게 됐어요. 노래와 함께 보여주려고 책까지 구매하게 된 경우입니다. 개인적으로 마더구스 음원 중 최고라고 생각합니다.

**Reading Point** 내용 해석보다는 라임 자체의 흥겨움에 주목

수박이 열리는 강가 나무 위에서 수박씨를 뱉으며 한가한 오후를 보내고 있는 아이들. 그런데 집으로 돌아가기를 망설이는 이유가 뭘까요? 'Down By the bay, where the watermelons grow, Back to my home I dare not go.' 가사가 뭔가 어색합니다. 'grow'와 라임을 맞춰 'go'를 넣다 보니 그렇습니다. 라임에만 집중하면서 책을 읽어주세요. 리듬감 때문에 계속 읽고 싶어진답니다.

집으로 돌아온 아이는 계속 이상한 장면을 목격합니다. 거위가 무스에게 키스하고 고래 꼬리에 도트 모양이 그려 있고, 파리가 나비넥타이를 매지 않나 곰의 머리를 빗고 있지 않나. 거기에 라마는 자기 잠옷을 먹고 있습니다. 눈치채셨죠? 모든 말도 안 되는 상황은 다 라임을 맞추기 위해 만들어진 에피소드입니다. 그런데 자체로 재미난 이야기가 완성되었어요.

**Further Activity**

• Basic Reading | 기본 읽기

라임의 결정판이라고 할 만큼, 페이지와 문장마다 라임으로 가득합니다. 노래 부르지 않고 읽어주기만 하려 해도 자꾸 리듬을 타게 됩니다. 'grow-go', 'say-bay', 'goose-moose', 'whale-tail', 'fly-tie', 'bear-hair', 'llamas-pajamas', 'apple-bapple', 'time-rhyme'… 라임이 많아서 아이가 헷갈릴 수 있으니, 먼저 라임을 찾아서 랩 하듯 반복해서 읽어주세요.

그런 다음 책 전체를 읽어나가면서 라임이 되는 단어를 좀 더 큰소리로 힘을 주어 강조해 읽습니다. 아이가 라임에 익숙해지면 라임이 등장할 때마다 손뼉을 치거나 특별한 동작을 하도록 시켜보세요. 노래와 책에 귀를 쫑긋 세우고 집중하며 듣게 될 거예요. 별다른 활동 없이도 신나게 불러주는 것만으로 아이는 책과 사랑에 빠지게 됩니다.

• Reading + Sound | 동영상과 함께 읽기

읽어주기 동영상을 참고하세요. 노래를 익혀서 들려주거나,
동영상의 노래를 직접 들려주셔도 됩니다.

이번에는 라피 아저씨가 불러주는 마더구스도 함께 감상하시길 바
랄게요. 제 경우는 옛 콘서트 영상을 모아둔 'A Young Children's
Concert with Raffi' 재생목록을 좋아합니다. 음질이 깨끗하진 않아도,
아이들과 호흡하며 무대를 흥미롭게 이끄는 모습에 저도
아이도 노래에 빠져들고 어느새 따라 부르게 되더라고요.
좋은 노래가 많으니까, 아이랑 꼭 들어보시길 권합니다.

---

**Tail Back** 꼬리를 무는 다른 책들

'라피의 송투리드(Raffi's Songs to Read)' 시리즈의 다른 책들도 접해보
시길 권합니다.

BOOK 010-1. 《Baby Beluga》 아기 벨루가 고래와 관련된 라피 창작 마더구스
BOOK 010-2. 《Shake My Sillies Out》 다양한 몸동작을 신나게 따라 하는 마더구스
BOOK 010-3. 《Wheels on the Bus》 버스 타고 떠나는 신나는 마을 여행 마더구스
BOOK 010-4. 《Five Little Ducks》 엄마 오리와 다섯 마리 새끼 오리 마더구스

# STEP 1
# 배경 어휘

## 언어 발달 라임북

라임(rhyme)이란 종결 발음이 같아서 서로 비슷한 소리로 끝맺는 두 개 이상의 단어를 배열하는 것입니다. 'tie-high', 'cat-hat'처럼 말이지요. 라임은 아이들이 언어와 문장에 더욱 쉽게 접근하도록 돕습니다. 라임은 단어를 재미있게 만들고, 노래처럼 리듬감 있는 문장을 만듭니다. 재밌는 문장이 이해력을 높이고, 동화책 읽기를 더욱 즐겁게 하죠.

라임은 아이가 이야기를 기억하기 쉽게 해줍니다. 이야기 요소를 라임으로 기억하기 때문에 끝까지 습득하기 좋아요. 그래서 많은 어린이를 위한 노래나 동화가 라임을 사용합니다.

# Each Peach Pear Plum

## 라임 속 동화 주인공 찾기

**지은이** 자넷 알버그(Janet Ahlberg), 앨런 알버그(Allan Ahlberg) **출판사** Viking Books

**Basic Information** 숨은그림찾기 게임이 가능한 동화책

부부 작가의 작품으로 첫 장을 넘기자마자 아름다운 그림과 함께 매력적인 글이 나옵니다. 각 페이지에는 인물 이름이 적혀있고, 그림 속에는 해당 인물이 숨어있어요. 그래서 아이들과 책을 읽으면서 그림 속 인물을 찾아내는 게임을 할 수 있습니다.

책에 나오는 인물은 동화나 너서리 라임(마더구스)에 나오는 주인공들입니다. 엄지만 한 톰썸(Tom Thumb)이 창고에 숨은 모습을 그린 'Tom Thumb in the Cupboard', 유명한 동화 주인공 신데렐라가 나오는 'Cinderella' 등 아홉 개의 이야기로 구성되어 있습니다. 이야기

각각은 아이들의 상상력과 창의력을 자극하며, 언어 발달에도 크게 도움을 줍니다. 동화책 특유의 어두운 배경이나 윤곽이 뚜렷한 그림 대신 부드러운 색감과 자연스러운 선으로 되어 있어서, 아이의 눈과 마음에 부드러운 감성을 전달합니다.

**Reading Point**  라임을 살려가며 등장인물에 집중

책을 읽기 전 등장인물에 대한 사전지식이 약간 있으면 좋습니다. 왼쪽 문장을 읽어봅니다. 'Mother Hubbard down the cellar | 지하창고로 내려간 마더 허버드, I spy Cinderella | 나는 신데렐라를 찾았네!' 오른쪽 그림을 보면 지하실에서 커다란 바구니를 찾아서 나가려는 마더 허버드 뒤로, 먼지 터는 누군가의 손이 보입니다. 이렇듯 문장 속 유명 동화에 나오는 주인공을 그림에서 찾아야 해요. 'Cinderella(신데렐라)'와 라임을 맞추기 위해 'cellar(창고)'를 장소로 선정했습니다.

'Cinderella on the stairs | 계단 위에 있는 신데렐라, I spy the Three Bears | 나는 세 마리의 곰을 찾았네!' 창고 먼지를 털던 신데렐라가 이번엔 계단에서 청소하고 있어요. 그 뒤로 세 마리의 곰이 보입니다. 이 문장에서도 'Bears(곰)'와 'stairs(계단)'의 라임을 맞춰 자연스레 이야기로 연결했습니다.

동화 속 주인공이 꼬리에 꼬리를 물고 등장하는 책이라서, 다음엔 누가 나올까 설레며 궁금함을 갖고 펼치게 됩니다. 단순한 책이라 아이가 유치하게 생각할 것 같다면 오산입니다. 구성은 단순하지만, 숨은그림 찾기와 라임 찾기 같은 흥미 요소가 많아 초등학생까지도 얼마든지 즐길 수 있는 책입니다.

### **Further Activity** 이야기책으로 끌어들이는 힘

- Reading + Sound | 동영상과 함께 읽기

읽어주기 동영상을 참고하세요. 노래를 익혀서 들려주거나, 동영상의 노래를 직접 들려주셔도 됩니다.

- Reading + Learning | 영어 동화로 관심을 확장

이 책을 잘 즐기려면 등장인물에 대해 어느 정도 알고 있어야 합니다. 인물이 문장과 그림 속에서 숨어있어, 찾아보는 즐거움이 있습니다. 이 책으로 관심이 생겼다면 관련 동화나 동요를 노출함으로써 동화책으로 관심을 확장할 수도 있습니다.

- Reading + Creativity | 라임을 강조하는 손뼉 놀이

책을 읽을 때 문장에서 라임을 이루는 단어를 강조해 읽어주세요. 손뼉

을 치거나 발을 구르며 읽어도 좋습니다. 강조하는 단어 소리로 아이는 자연스레 그것이 라임임을 인지합니다. 점차 책에서 어떤 단어가 라임을 이루는지 찾아내려고 할 것입니다.

'wood-Hood'처럼 철자까지 같은 라임이 있고, 'sun-everyone'처럼 철자는 전부 달라도 종결 발음이 같은 단어도 많습니다. 아이가 소리의 리듬감을 만끽할 수 있도록 톤을 살려 읽어주세요. 엄마 자신도 맘껏 즐기면 좋습니다.

### Tail Back 꼬리를 무는 다른 책들

자넷과 앨런 작가는 다양한 동화책을 썼지만, 그중 쉽고 라임이 가득한 책을 추가로 추천합니다. 아이들이 쉽게 읽고 이해할 수 있는 간단한 문장과 라임이 많이 사용되었고, 무엇보다 아름다운 그림과 재미있는 이야기로 상상력을 자극하는 좋은 책입니다.

BOOK 011-1. 《Peepo!》 구멍 속 엿보기로 재밌게 이어가는 라임 그림책
BOOK 011-2. 《Funnybones》 해골들과 익살스레 펼쳐지는 라임 그림책
BOOK 011-3. 《Bye Bye, Baby》 엄마 없는 아기의 슬프지만 해피엔딩 라임 그림책
BOOK 011-4. 《The Jolly Postman》 마더구스와 세 마리 곰이 연결된 라임 그림책

라임은 아동의 언어 발달에 중요한 역할을 합니다. 아이는 라임을 통해 단어의 구조와 음운을 이해하고, 발음과 청각 인식 능력을 키웁니다. 라임이 포함된 동화나 노래는 아이가 단어를 쉽게 기억하고 이해하게 도와주며, 읽기와 쓰기 능력으로 나아가는 데 도움이 됩니다. 참고로 'cat-hat'처럼 철자와 소리가 같은 단어를 '워드 패밀리(word family)'라고 하는데 이는 파닉스 학습에도 도움이 됩니다. 라임을 찾고 익히는 데 도움이 되는 사이트를 소개합니다.

1. 라임존은 단어 중에서 라임을 찾아주는 사이트입니다. 검색창에 단어를 입력하면 해당 단어와 라임을 이루는 단어를 찾아줍니다. 동시에 검색한  단어와 연관된 시, 노랫말, 속담 등도 검색할 수 있습니다. 책에 등장하는 라임 외에도 어떤 단어가 라임을 이루는지 아이와 함께 찾아보면 좋습니다.

2. 키즈클럽 닷컴에서 Nursery Rymes 카테고리에 들어가면 라임을 공부할 수 있는 놀이를 위한 교구와 가사, 라임 카드와 미니북 등 자료  가 가득합니다. 모두 무료로 활용할 수 있으니 알차게 활용하기를 바랍니다.

3. 아이를 위한 시 사이트도 활용해 보세요. 아이들을 위한 시, 라임 등을 안내합니다. 다양한 주제의 시와 라임, 작문 팁, 창작 용어 등을 제  공하며, 그 중 'Rhyming Word Lists' 즉 라임 단어를 주제별로 정리한 대목을 추천합니다. 아이들에게 필요한 기본적인 주제와 관련된 라임으로 어휘의 확장을 노려볼 만합니다.

• book 012 •

# One Mole Digging A Hole

## 동물과 일하며 숫자 라임 찾기

 지은이 줄리아 도널드슨(Julia Donaldson), 닉 샤라트(Nick Sharratt)  출판사 Macmillan Children's Books

**Basic Information** 짧고 단순한 문장으로 라임 익히기

라임 하면 떠오르는 대표적인 작가 줄리아 도널드슨과 일러스트레이터 닉 샤라트가 공동 작업으로 만든 동화책입니다. 짧은 문장과 라임이 많이 사용되어 아이가 쉽게 읽고 이해할 수 있으며, 여러 동물의 모습이 재미나게 담겼습니다. 1~10의 숫자를 차례대로 나열하면서, 각 숫자에 해당하는 동물이 서로 다른 작업을 함께 하는 모습을 그리고 있습니다.

'Two snakes with garden rakes.' 숫자 2가 되면, 두 마리 뱀이 낙엽을 긁어내는 모습이 나옵니다. 'Three bears picking pears.' 숫자

3에서는 세 마리 곰이 배를 따는 모습이 나옵니다. 모든 구절이 라임과 리듬감을 담기 때문에, 아이는 숫자와 라임을 이루는 단어와 문장 구조를 쉽게 익힐 수 있습니다.

페이지마다 숫자에 해당하는 동물 여럿이 함께 일하는 모습을 그리고 있기에, 시각화된 숫자 개념을 익힐 수 있습니다. 숫자뿐 아니라 단어와 문장 구조를 익힐 수 있도록 구성되어 언어 능력과 수리 능력을 동시에 향상해 주는 필독서입니다.

문장이 짧고 라임이 가득하다 보니, 저도 자꾸만 랩을 하듯 재밌게 읽어주게 되었습니다. 아이들은 그런 엄마 모습이 재밌는지 계속 다시 읽어달라고 반복해 요청하곤 했죠. 동물 이름과 라임을 이루는 단어를 익히는 동시에 숫자도 익힐 수 있으니, 'Big Fat Hen'처럼 숫자 라임이 가득한 마더구스와 함께 보시면 좋습니다.

**Reading Point** 숫자 세기와 라임 익히기 병행

'Four foxes filling boxes | 박스를 채우는 네 마리 여우.' 정말 단순한 문장입니다. 4라는 숫자가 쓰인 왼쪽 페이지에는 문장과 숫자가 큼직

하게 시각적으로 눈에 잘 띄도록 담겨있습니다. 오른쪽에는 그림이 있어요. 네 마리 여우가 잘 익은 토마토를 따서 상자에 담고 있어요. 둘이 한 팀을 이뤄서 함께 토마토를 따는 여우, 혼자 성실하게 토마토를 정리하는 여우, 애써 토마토를 담았지만 그만 상자가 터져버려 우르르 쏟아져서 낭패를 본 여우…. 간단한 문장이지만, 라임이 풍성하며 그림으로 풍부한 스토리를 즐길 수 있습니다.

'Six parrots pulling up carrots | 당근을 캐는 여섯 마리 앵무새.' 마찬가지로 커다란 숫자 6과 함께 문장이 잘 보입니다. 오른쪽에는 여섯 마리 앵무새가 열심히 당근을 캐서 수레에 담는 모습이 알록달록 그려져 있습니다. 라임뿐 아니라 숫자 세기와도 관련된 책이니, 그림 속 다양한 동식물을 세는 활동도 함께 해주세요.

**Further Activity** 숫자 세기, 라임 읽기, 숨은그림찾기 놀이

• Basic Reading | 기본 읽기

이 책은 동물 이름과 라임을 이루는 단어들을 이용해 리듬감을 살린 책이기도 하지만, 숫자 세기 연습을 하기에도 너무나 좋은 책입니

다. 'mole-hole', 'snakes-rakes', 'bear-pears', 'foxes-boxes', 'storks-forks', 'parrots-carrots', 'frogs-logs', 'crows-hose', 'doves-gloves', 'bees-trees' 등 라임이 다양합니다.

숫자 세기도 함께 하는 책인 만큼 페이지를 넘길수록 동물이 한 마리씩 늘어납니다. 왼쪽 페이지에 큼지막하게 쓰인 숫자를 함께 영어로 읽어보고, 1부터 시작해 순서대로 동물을 찾아서 세어보는 활동도 같이 하면서 자연스레 영어로 숫자 세기를 공부합니다. 이때 질문은 이렇게 하면 됩니다. "What number is this? | 이 숫자는 뭘까?", "How many bees can you see? | 벌은 몇 마리나 보이니?"

• Reading + Sound | 동영상과 함께 읽기

읽어주기 동영상을 참고하세요. 노래를 익혀서 들려주거나, 동영상의 노래를 직접 들려주셔도 됩니다.

• Reading + Creativity | 엄마표 영어 놀이

책에는 숨겨진 재미난 놀이도 있습니다. 문장과 숫자가 쓰인 왼쪽 페이지를 보면, 숫자가 커지는 만큼 나비가 한 마리씩 늘어납니다. 그런데 새롭게 추가된 나비가 오른쪽 그림 속에 숨겨져 있어요. 페이지마다 숨은 나비를 찾아보는 것도 또 다른 재미입니다. 관찰력과 집중력을 높여주기도 합니다.

### Tail Back  꼬리를 무는 다른 책들

닉 샤라트의 책이 사랑받는 이유는 독특하면서 화려한 스타일 때문인 것 같습니다. 그림 역시 유머러스하고 반복하면서 조금씩 변형되는 라

임 요소를 담고 있어요. 아이가 그림을 잘 관찰하면서 이야기를 더 재미있게 즐길 수 있습니다.

BOOK 012-1. 《Hippo has a Hat》 동물 이름과 착용한 복장의 라임 그림책
BOOK 012-2. 《Chocolate Mousse For Greedy Goose》 동물의 성격과 특징 라임 그림책
BOOK 012-3. 《Pants》 동물과 사람들이 입은 복장을 다룬 라임 그림책
BOOK 012-4. 《Octopus Socktopus》 문어와 라임을 이루는 익살스러운 단어 라임 그림책

# A-Hunting We Will Go

## 친구들과 떠나는 라임 찾기 모험

지은이 로잔 윌리엄스(Rozanne Williams)  출판사 문진미디어

**Basic Information**  동물 이름과 행동의 라임을 맞히는 그림책

아이 셋이 신나게 숲으로 향합니다. 사냥이나 모험을 통해 여러 동물을 소개하며, 동물 이름과 라임을 이루는 단어를 이용해 귀에도 쏙쏙 이해도 쏙쏙 되는 그림책입니다. 라임 중 특히 동사와 명사의 워드 패밀리를 다루고, 시각적으로 이해하기 쉽게 그림과 함께 안내합니다.

책은 단순한 문장과 짧은 단어로 되어 있고, 페이지마다 다양한 동물과 그들의 행동을 시각적으로 보여줍니다. 아이들은 쉽고 재미있게 단어와 문장을 익힐 수 있죠. 특히 워드 패밀리 학습에 탁월한 책입니다. 또한 다양한 동물과 생태에 대한 지식도 동시에 습득할 수 있어, 아이들의 호기심과 지적 욕구를 자극하는 데 도움이 됩니다.

워드 패밀리란 소리와 문자 모두 라임을 이루는 단어라고 앞에서 설명드렸지요. 이 책은 반복되는 패턴 문장에 라임 단어만 바뀌는 방식이라서, 아이가 쉽게 외워 따라 하며 자연스럽게 리듬을 타며 읽던 기억이 나네요. 사냥을 나가는 모험을 다룬 노래도 함께 즐겨보세요!

**Reading Point** 그림과 스토리를 감상하고 라임을 강조해 읽기

'A-hunting we will go | 우린 사냥하러 갈 거야. A-hunting we will go | 우린 사냥하러 갈 거야. We'll catch a fox and put him in a box | 우린 여우를 잡아 상자에 넣고, And then we'll let him go | 그런 다음 우린 그걸 놓아주지!'

아이들이 상자를 열어주니까 기다렸다는 듯이 도망치는 여우, 그런데 양말을 신었네요? 게다가 여우를 잡아서 상자에 넣는다? 'fox-box'의 라임을 활용한 재미난 장면입니다. 양말 신은 여우 역시 'socks-fox'의 라임을 활용한 익살입니다.

  'A-riding we will go | 우린 자전거를 탈 거야. A-riding we will go
| 우린 자전거를 탈 거야. We'll catch a snake and give him a cake |
우린 뱀을 잡아 케이크를 주고, And then we'll let him go | 그런 다음
우린 그걸 놓아주지!'

   자전거를 타고 어디론가 달리는 아이들. 자전거 뒤에 생일 고깔모자
를 쓰고 케이크를 꼭 껴안고 있는 뱀이 보입니다. 'snake-cake'의 라
임을 이용한 그림입니다. 동물과 라임을 이루는 단어를 넣기 위해서 재
미나게 표현된 스토리가 아이들의 흥미를 끕니다.

**Further Activity**  라임 맞히기, 숨은그림찾기, 리텔링 놀이

• Basic Reading | 기본 읽기

라임 중에서도 종결 발음뿐 아니라 철자까지 같은 '워드 패밀리' 단
어가 나옵니다. 'fox-box', 'bug-hug', 'goat-boat, 'fish-dish',
'snake-cake', 'frog-log', 'bee-tree'… 또 다른 라임을 찾는 게임을
아이랑 함께 해보면 좋습니다. 'fox-box-socks-locks'처럼 책에는

없는 여러 라임을 추가로 찾아보세요!

- Reading + Sound | 동영상과 함께 읽기

동요 동영상을 참고하세요. 노래를 익혀서 들려주거나, 동
영상의 노래를 직접 들려주셔도 됩니다.

- Reading + Learning | 숨은 동물 찾기, 라임 추측 놀이, 리텔링 놀이

책에 숨은 그림이 있어요. 다음 페이지에 나올 동물이 어딘가에 숨겨져
있습니다. "다음 페이지에 나타날 동물이 여기 어딘가에 숨어있어! 어
떤 동물이 숨어있는지 찾아볼까?"

아이가 숨어있는 동물을 찾았다면 페이지를 넘기기 전, 동물과 라임
을 이루는 단어를 미리 맞혀보는 추측 놀이도 해보세요. "안경 쓴 염소
가 숨어있어요!", "goat with glasses가 있네. 그럼 goat와 라임을 이루
는 단어로 무엇이 있을까?" 수동적으로 듣기만 하지 않고, 예측하며 읽
어보는 것도 문해력 키우기에 많은 도움이 됩니다.

책의 맨 뒤에는 아이들이 모험에서 만난 동물 친구 사진이 순서대로
정리되어 있습니다. 정리된 사진으로 나만의 방법으로 리텔링 놀이를
해보는 것도 추천합니다. 반복되는 문장에서 몇 개의 단어들만 바꾸기
만 하면 되니, 어렵지 않게 해볼 수 있습니다.

### Tail Back  꼬리를 무는 다른 책들

케스 그레이(Kes Gray)와 짐 필드(Jim Field) 작가의 'Oi(오이)!' 시리즈에
도 다양한 라임(워드 패밀리)이 나와요. 유머와 라임이 가미된 텍스트가
매력적이에요. 동물과 라임을 이루는 단어로 스토리가 흥미롭게 구성

된 책이니 추천합니다. 낸시 쇼(Nancy Shaw)의 'Sheep(쉽)' 시리즈 역시 오랫동안 사랑받은 라임 가득한 그림책 시리즈입니다.

BOOK 013-1.《Oi Dog!》강아지와 라임을 이루는 동물에 관한 라임 그림책
BOOK 013-2.《Oi Frog!》개구리와 라임을 이루는 동물에 관한 라임 그림책
BOOK 013-3.《Sheep in a Jeep》지프를 타고 모험을 떠나는 양들의 라임 그림책
BOOK 013-4.《Sheep in a Shop》가게 안에 들어간 양들의 라임 그림책

# Hop
# on Pop

## 경쾌한 단어 리듬의
## 닥터수스 라임 동화

지은이 닥터수스(Dr. Seuss) 출판사 Random House

**Basic Information** 친근한 단어와 착 달라붙는 라임의 그림책

유명한 동화 작가 닥터수스 대표작 중 하나입니다. 닥터수스는 무려 1960년대부터 어린이가 읽기 쉽고 재밌게 즐길 수 있는 라임 가득한 책을 쓴 작가지요. 짧은 문장과 단어가 등장하고, 이를 반복해 사용함으로써 접근성을 높입니다. 아이가 친근한 단어와 이미지로 구성되어 있습니다.

자연스럽게 읽고 발음을 연습할 수 있는 훌륭한 그림책이기도 합니다. 아이들 발달 특성에 맞춰 문장과 단어가 계속 반복되기 때문에, 단어를 자연스레 습득할 수 있습니다. 게다가 상상력과 창의력을 자극하는 개성 넘치는 캐릭터가 재미를 더합니다.

첫째와 둘째가 더듬더듬 읽기 시작해서 소리내서 읽는 시간이 늘어날수록 제일 좋아했던 게 바로 닥터수스 책들이었답니다. 문장이 단순하고 라임이 많이 나오니, 큰소리로 읽으면서 어느새 몸을 흔들흔들 박자를 맞추며 즐기면서 읽더라고요. 아직도 아이들 책 읽는 모습이 눈에 선하답니다.

닥터수스 책은 교육적인 내용도 담고 있어요.

**Reading Point** 단순하지만 흡인력 있는 스토리와 캐릭터

왼쪽을 보세요. 'CUP PUP | 컵 강아지, Pup in cup | 컵 안의 강아지.' 단어와 짧은 문장입니다. 커다란 컵 안에 강아지가 꼬리를 흔드는 그림이 재미나게 그려져 있습니다.

오른쪽을 볼까요? 'PUP CUP | 강아지 컵, Cup on pup | 강아지 위의 컵.' 단어의 순서가 바뀌고 위치도 뒤바뀌었습니다. 그림 역시 강아지가 컵을 업고 있는 모습입니다.

이렇듯 그림만 보아도 명확하게 단어를 이해할 수 있는 게 이 책의 특징입니다.

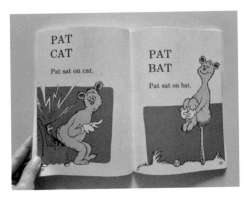

'PAT CAT | 팻 고양이, Pat sat on cat | 팻이 고양이 위에 앉아있네요.', 'PAT BAT 팻 야구방망이, Pat sat on bat | 팻이 야구방망이 위에 앉아있네요.'

문장만 봐도 어떤 그림일지 상상이 갑니다. 이렇게 단순하고 쉬운 단어와 문장으로 되어 있으니, 아이는 우리말로 해석해 달라고 요청할 필요가 없습니다. 그림과 문장이 완벽하게 매칭되기 때문입니다.

**Further Activity** 리듬을 살려 읽고, 문장 만들기 놀이로 확장

• Basic Reading | 기본 읽기

라임을 이루는 단어가 먼저 나오고, 그 단어가 들어간 아주 간단한 문장이 나옵니다. 아이가 '쉽게 읽을 수 있겠다!'하는 자신감을 느끼게 해주죠. 우리 아이들도 큰소리를 읽으면서 엄청나게 신나 했던 책이랍니다.

단어가 간단하고 반복적이며, 라임과 리듬이 잘 구성되어 있어 읽기

연습에 유용합니다. 책에는 여러 단어가 등장하긴 하지만, 그림과 완벽하게 매칭되어서 자연스레 새로운 단어를 쉽게 익힐 수 있습니다.

• Reading + Learning | 문장 만들기, 라임 단어 카드 만들기

책에는 간단한 문장이 많이 나옵니다. 이걸 읽으면서 문장 구조를 익히고 자연스럽게 문장 만들기 능력을 향상할 수 있어요. 27페이지에는 'Pat sat on hat.' 문장과 팻이 모자 위에 앉으려는 그림이 그려져 있습니다. 단어만 바꿔 문장을 만들기 놀이를 해보세요. 책 속 문장을 그대로 사용하는 놀이라서, 아직 관사는 정확히 사용하지 않아도 괜찮습니다.

'Pat sat on chair | 팻이 의자 위에 앉았어요', 'Pat sat on book | 팻이 책 위에 앉았어요.'

의미에 맞게 그림을 그려 넣어 미니북을 만들면, 글쓰기로도 확장할 수 있습니다. 아직 문장 쓰기가 어려운 단계라면 라임 단어 카드 만들기만 해도 좋습니다. 예를 들어 'at'이라는 라임 단어 카드를 만들었어요. 여기에 라임을 이루는 단어를 써넣습니다. sat(앉다), cat(고양이), rat(쥐), bat(박쥐, 방망이)…. nat이라는 단어를 떠올렸는데 사전을 찾아봐도 의미가 없는 말이네요. 그러면 'Nat'이라는 고유명사의 캐릭터를 만들고 상상한 그 모습을 함께 그려 넣습니다. 이렇게 만든 세상에 하나뿐인 라임 단어 카드는 두고두고 활용할 수 있어요.

• Reading + Sound | 동영상과 함께 읽기

이 필독서는 라임과 리듬이 잘 구성되어 있어서 노래로 만들어 부르면서 읽는 것도 좋은 방법입니다. 아이한테 익

숙한 멜로디를 이용해 책 속 문장을 나만의 스타일로 바꿔 불러보세요. 아이의 발음과 언어 능력도 높일 수 있습니다. 유튜브에 'Dr Seuss Book Rap'이라고 검색하면, 참고 영상이 많이 나옵니다.

- Reading + Sound | 동영상과 함께 읽기

읽어주기 동영상을 참고하세요. 읽기 스타일을 익혀서 직접 읽어주거나, 동영상에 나오는 읽기 음성을 들어 주면서 책을 보여주어도 됩니다.

- Reading + Creativity | 닥터수스 홈페이지 활용한 영어 놀이

닥터수스 공식 홈페이지에는 다양한 작품 정보와 함께 해당 작품의 주요 캐릭터에 대한 정보가 나옵니다. 유아나 아동을 위한 게임, 퍼즐, 컬러링 자료, 노래, 이야기, 퀴즈, 그리기 등 다양한 활동을 할 수 있는 교육 자료와 활동 아이디어가 풍부하게 나와 있으니, 참고해서 아이와 책을 읽은 다음 재밌는 독후활동으로 관심을 높여 주세요.

**Tail Back** 꼬리를 무는 다른 책들

미국의 전설적인 동화 작가인 시어도어 수스 가이젤(Theodore Seuss Geisel)의 필명인 닥터수스의 책은 라임과 반복되는 구절이 특징입니다. 소리내어 읽기에 무척 좋은 책이니 아이랑 재미나게 연계해서 보여 주시면 좋겠습니다.

BOOK 014-1. 《Fox in Socks》 양말 신은 여우가 안내하는 모험 대소동 라임 그림책
BOOK 014-2. 《The Foot Book》 발의 하루를 통한 형용사 라임 그림책
BOOK 014-3. 《One fish, two fish, red fish, blue fish》 감정, 색, 움직임을 다룬 라임 그림책
BOOK 014-4. 《Green eggs and ham》 녹색 달걀과 햄을 권하는 청유문 라임 그림책

# Bee-bim Bop!

## 의성어와 의태어가 라임을 연주하는 요리 그림책

지은이 린다 수 박(Linda Sue Park) 출판사 Clarion Books

**Basic Information** 엄마의 보조 요리사가 된 아이의 비빔밥 만들기

한국 음식 비빔밥을 준비하는 과정을 담은 그림책입니다. 작가는 엄마와 아이가 음식을 만드는 과정에서 사용하는 단어와 문장을 구어체로 사용합니다. 의성어와 의태어로 더욱 생동감 있게 상황을 묘사하고, 음악적 리듬을 살려 문장을 썼습니다.

　뚝딱뚝딱 주방 소리와 반복되는 라임이 흥을 돋웁니다. 'Bee-bim Bop!'을 연신 반복하는데 이 단어 역시 독특한 리듬을 담고 있어 추임새가 되어줍니다. 불고기를 볶고 달걀을 터뜨리고 당근을 썰면서 비빔밥이 완성돼 갑니다.

일상에서 경험하는 소리와 움직임을 그대로 살린 의성어와 의태어는 아이들이 좀 더 생동감 있게 이야기에 빠져들게 합니다. 글은 마치 노래 가사 같은데, 아이의 언어적 능력과 상상력을 자극하며 쉽게 읽히고 이해됩니다.

　　그렇다고 이 책이 요리책은 아니지요. 가족과 함께하는 것의 중요성도 강조합니다. 엄마와 아이가 서로 도우며 같이 식사하는 모습도 보여줍니다. 한국의 전통 음식과 문화에 대한 정보도 들어 있어 문화에 대한 이해와 관심을 높이는 데도 도움이 됩니다.

　　영어책인데 비빔밥이라고 쓰여 있으니, 안을 보기도 전에 아이가 관심을 보이더라고요. 자기가 아는 비빔밥일까 궁금해하면서요. 만약 비빔밥 만드는 방법만 빼곡한 책이었다면, 아이가 금세 책장을 덮어버렸을 겁니다. 그런데 페이지마다 등장하는 라임의 매력에 빠져서 한참을 들고 다니며 반복해서 신나는 부분을 래퍼처럼 읽으면서 돌아다니는 걸 보고 저도 깜짝 놀랐습니다.

**Reading Point**　라임과 리듬을 살려 신나게 읽고 즐긴다

반짝이는 칼을 든 엄마가 여러 채소를 가지런히 채 썰고 있습니다. 대파, 쇠고기, 마늘, 당근이 놓인 주방 모습이 너무도 친숙합니다.

'Mama's knife is shiny | 엄마의 칼은 반짝여요, Slicing fast and neat | 빠르고 가지런하게 채썰기, Garlic and green onions | 마늘과 대파, Skinny strips of meat | 가늘게 채 썬 고기.'

'neat-meat' 라임이 보입니다. 모든 페이지에 의성어와 의태어, 라임이 들어 있습니다.

도마에 칼이 부딪치는 의성어, 의태어가 등장하는 페이지입니다. 만들면서 이것저것 집어먹는 건 동서양을 막론한 풍경인가 봐요.

'Hurry, Mama, hurry | 서둘러요, 엄마 빨리요 Gotta chop chop chop | 쓱싹싹 Hungry-very hungry 배고파, 너무 배고파요 for some bee-bim bop | 비빔밥을 기다리기엔!'

의성어와 의태어가 비빔밥과 라임을 이루는 페이지엔 반복적인 문장이 등장합니다. 언뜻 보기엔 글밥이 많아 보이지만, 문장이 계속 반복되기 때문에 부담스럽지 않습니다.

- Basic Reading | 기본 읽기

요리에는 동작을 표현하는 단어가 많이 쓰입니다. 책으로만 접하면 모호하게 느껴질 수 있어요. 그림이 있어도 움직임은 없으니, 요리하는 시늉을 하면서 해당 동작을 해주면 더욱 확실하게 이해하고 오래 기억할 수 있습니다. 독후활동으로 직접 요리를 하면서 의성어와 의태어의 진짜 의미를 보여주세요.

채소를 칼로 자르거나 저미는 것은 'chop chop chop', 프라이팬에서 음식을 뒤집을 때는 'flip flip flop', 보글보글 거품이 이는 모습은 'pop pop pop', 냄비 안에서 음식이 보글보글 익는 것은 'bubble bubble'. 의성어와 의태어, 비빔밥의 종결 발음 'op'과 라임을 이루는 단어를 강조하면서, 리듬감 있게 노래처럼 읽어주세요. 그것만 제대로 강조해도 아이는 신이 나서 듣고 따라 읽을 수밖에 없는 책입니다. 무미건조하게 읽어주시면 안 됩니다.

- Reading + Sound | 동영상과 함께 읽기

읽어주기 동영상을 참고하세요. 래퍼처럼 정말 흥겹게 배경 비트까지 깔아 읽어주는 걸 볼 수 있어요. 읽기 스타일을 익혀서 직접 읽어주거나, 동영상에 나오는 읽기 음성을 틀어 주면서 책을 보여주어도 됩니다.

- Reading + Creativity | 요리하며 들려주는 영어 놀이

아이와 간단한 요리를 할 기회가 있을 거예요. 아니면 엄마나 부모가 요리하는 걸 보여주면서, 필독서에 나오는 다양한 의성어와 의태어를

이용해 놀아주세요. 아이들이 정말 즐거워할 뿐 아니라, 책에서 배웠던 걸 복습할 수 있는 기회가 되어 좋습니다. 아이와 요리를 함께 하면 편식하는 습관도 고칠 수도 있고 인성 교육에도 좋다는 것 다들 잘 아시지요? 요리와 영어를 접목하면 세상에서 가장 재미난 엄마표 영어 놀이가 될 수 있습니다.

### Tail Back 꼬리를 무는 다른 책들

영어책으로 한국 관련 내용을 접하게 되면 아이들이 더욱 신기해하면서 잘 받아들입니다. 김치, 도깨비, 태권도 등 우리 문화를 다룬 영어 원서가 꽤 있습니다. 한국계 미국인 혹은 한국 작가의 원서와 영어 번역서도 있어서 전 세계 아이들과 함께 즐길 수 있습니다. 영어에 대해 이전과는 다른 감정을 가지게 될 거예요.

BOOK 015-1. 《No Kimchi for me!》 김치 먹기 소동을 담은 유미와 가족 그림책
BOOK 015-2. 《Let's go to Taekwondo!》 용기, 인내, 격파를 다룬 라임 그림책
BOOK 015-3. 《Where's Halmoni?》 사라진 할머니를 찾는 오누이 라임 그림책
BOOK 015-4. 《The twin' blanket》 형제애, 나눔, 성장을 다룬 라임 그림책

# STEP 1
# 배경 어휘

## ·1-4·

## 패턴 문장 그림책

언어 습득은 매우 복잡하고 다양한 요인의 영향을 받습니다. 하지만 그림책이 있기에 아이들은 자연스럽고 쉽게 할 수 있어요. 특히 패턴 문장을 다룬 그림책은 언어 습득에 효과적입니다. 패턴 문장은 언어 구조를 이해하는 데 도움을 주고 문법을 자연스럽게 접하도록 돕습니다.

어휘력 향상에도 도움이 되지요. 패턴 문장에서 바뀌는 단어를 그림으로 쉽게 유추할 수 있어서, 다양한 단어를 쉽게 이해하고 습득할 수 있어요. 이야기가 단순하면서도 재밌어서 편하게 읽히고 패턴 문장을 이해하게 되면서 읽기, 쓰기 등 영어 기초 역량도 성장합니다.

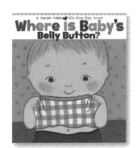

# Where is Baby's Belly Button?
## 신체 부위 익히기 문답

지은이 카렌 카츠(Karen Katz)  출판사 Little Simon

---

**Basic Information** 질문을 읽고 플랩을 열어 답을 찾는 소통 그림책

유아를 위한 플랩북입니다. 아이들이 플랩 안에 숨은 신체 부위를 직접 찾아보면서, 능동적으로 책과 소통하며 즐길 수 있어요. 반복적인 패턴 문장이 포함되어 있어서, 기초 영어를 익히는 데도 도움이 됩니다.

페이지를 열면 질문이 나와요. 그러면 아이는 스스로 플랩을 열어 답을 찾습니다. 작가의 책에는 동글동글 귀여운 아이가 등장하는데, 그림체만 봐도 누구 책인지 알아차릴 정도입니다. 영어를 시작하는 아이에게 필독서를 추천할 때 꼭 넣을 만큼 애정이 많은 책이랍니다.

첫째와 둘째는 엄마표 영어를 일찍 시작한 편이 아니라서, 플랩북은 많이 접하게 해주질 못했어요.

　반면 날 때부터 영어에 노출됐던 막내는 일부러 여러 권을 찾아서 보여줬답니다. 그래서일까요? 영어책을 읽지도 못하던 아기 때부터 혼자 꺼내서 페이지를 넘기며 알 수 없는 외계어로 엄마가 읽어준 것처럼 흉내 내며 읽는 시늉을 하더라고요. 이런 책은 아이 스스로 자발적으로 책을 꺼내 들게 하는 힘이 있습니다. 내용이 알차고 훌륭한 책도 중요하지만, 이렇듯 조작하며 재미를 느끼는 책도 어린이에겐 중요하답니다.

**Reading Point** **까꿍 기법을 이용한 호기심 당기는 그림책**

왼쪽 페이지에 큼직한 질문이 쓰여있네요. 'Where are baby's eyes? | 아가 눈이 어디 있을까?' '신체 부위 단어'는 글자 색이 달라요. 오른쪽 페이지에는 모자를 푹 눌러쓴 아기 모습이 보입니다. 모자가 플랩이라서, 그걸 열면 아기 손이 자기 눈을 가리키는 그림이 짠~하고 나타납니다. 젖힌 플랩 뒷면에는 답이 있어요. 'Under her hat! | 모자 아래 있지!'

왼쪽 페이지 질문이 바뀌었어요. 'Where is baby's mouth? | 아가 입이 어디 있을까?' 마찬가지로 신체 부위 글자 색이 다릅니다. 문자에 관심이 없던 아이도 자연스럽게 눈이 향하게 되고, 읽을 줄은 몰라도 그 단어가 '마우스'라는 소리에 해당한다는 걸 알게 돼요.

그림에는 아기가 두 손으로 컵을 꼭 쥐고 물을 마시고 있어요. 물을 삼키는 입이 질문 속 단어와 연관이 있을 것임을 아이는 직관적으로 예측할 수 있습니다.

또한 질문의 문장 패턴이 동일합니다. 신체 부위 단어만 바뀔 뿐이지요. 이렇듯 반복함으로써 패턴 문장을 저절로 익힐 수 있습니다. 이제 아이는 플랩을 열면 거기 입이 있을 거란 걸 짐작합니다. 그리고 답이 맞았을 때 자신감을 얻게 되지요.

이렇듯 패턴북은 어린아이의 반복하려는 본능을 활용하고, 플랩이라는 장치로 까꿍 놀이 같은 즐거움을 안겨줍니다. 플랩 뒤엔 'Behind the cup | 컵 뒤에 있네요.'라는 답이 있습니다. 답을 통해 자연스럽게 다양한 위치 전치사도 익힐 수 있습니다.

**Further Activity** 실제 신체를 활용한 놀이와 다양한 독후활동

• Basic Reading | 기본 읽기

플랩이 있는 그림책은 질문과 대답이 반복되는 패턴북이 많습니다. 이런 책을 반복해 읽어주면 듣기뿐 아니라 말하기에도 자극을 줄 수 있습니다. 이 필독서의 경우 신체 부위와 'Where?'라는 위치에 관한 질문이 반복됩니다. 답 역시 'under(아래)'와 'behind(뒤)'만 이용해 반복됩니다. 따라서 기초 문장을 확실히 습득하고, 그걸 바탕으로 영어가 발화하는 데도 도움을 줍니다.

• Reading + Sound | 동영상과 함께 읽기

읽어주기 동영상을 참고하세요. 읽기 스타일을 익혀서 직접 읽어주거나, 동영상에 나오는 읽기 음성을 틀어 주면서 책을 보여주어도 됩니다.

• Reading + Creativity | 신체 활동과 함께 하는 영어 놀이

책을 읽고 나서, 배운 신체 부위를 이용해 놀아주면 좋습니다. 아이와 마주 앉아 보세요. 아이 얼굴을 보면서 질문합니다. "Where are your eyes? | 네 눈은 어디 있지?", "Where is your nose? | 네 코는 어디에 있니?" 질문을 듣고 아기가 손가락으로 해당 신체 부위를 터치하게 해 주세요.

좀 더 색다른 재미를 내볼까요? 작은 포스트잇을 아이의 신체 부위에 붙입니다. 붙일 때 해당 신체 부위를 영어로 말해주세요. 'eyes(눈), mouth(입), nose(코), ears(귀), legs(다리), head(머리), arms(팔)….' 그런 다음 똑같은 질문을 해서 이번엔 손가락으로 짚지 않고 해당 신체

부위에 붙은 포스트잇을 손대지 않고 떨어지게 해보는 거예요. 별거 아닌 활동이지만 아이가 무척 즐거워한답니다.

인형을 숨겨 놓고 어디에 있는지 찾게 하는 것도 영어로 위치와 물건을 익히는 데 도움이 됩니다. "Where is your teddy bear? | 네 곰 인형이 어디에 있지?" 답으로 책에서 배운 위치 전치사 두 개만 나오도록 해당 장소에 인형을 숨긴 다음 답변을 유도합니다. 'Under the table | 탁자 아래', 'Behind the chair | 의자 뒤에'. 반복적인 패턴 문장만 활용하므로, 영어에 능숙하지 않은 엄마나 부모가 충분히 가르칠 수 있습니다.

출판사 홈페이지 작가 코너에 가면 책과 함께 활용할 수 있는 다양한 자료들이 있습니다. 다양한 내용을 활용해서 아이와 알차게 독후활동을 해보세요.

### Tail Back   꼬리를 무는 다른 책들

두말하면 입이 아픕니다. 당연히 카렌 카츠의 다양한 플랩북을 더 읽어봐야겠지요. 유아에게 필요한 어휘와 간단한 문장을 익히고, 책 자체가 플랩을 넘기면서 숨은그림찾기 놀이가 되는 책을 꼭 찾아서 읽어주세요. 저 역시 수집하듯 찾아서 소장했습니다. 지금 다시 봐도 너무너무 기분이 좋은 게, 막내의 아기 때 기억이 새록새록 나기 때문입니다. 아이와의 추억이 담긴 한 권 한 권이 모여서 아이의 영어 실력이 된다는 것도 꼭 알아주세요.

BOOK 016-1. 《Where Is Baby's Home?》 다양한 동물들의 집을 찾아보는 패턴 플랩북
BOOK 016-2. 《Where Is Baby's Puppy?》 동물 친구 강아지를 찾는 패턴 플랩북
BOOK 016-3. 《Where Is Baby's Birthday Cake?》 생일 케이크를 찾는 패턴 플랩북
BOOK 016-4. 《Where Is Baby's Beach Ball?》 비치볼을 찾는 패턴 플랩북

# From Head to Toe

## 동물 특징과 동작 단어를 익히는 그림책

지은이 에릭 칼(Eric Carle) 출판사 HarperCollins

**Basic Information** 인기 동화 작가의 신체와 동작 패턴 문장 그림책

번역서 동화책으로도 인기가 많은 에릭 칼 작가의 그림책입니다. 다양한 동물이 등장해서 각자 자신 있는 동작을 보여줍니다. 아이는 동물이름, 신체 부위, 동작 단어 등을 자연스럽게 익힐 수 있습니다.

동물의 동작을 따라 하면서 재미있게 영어표현을 익힐 수 있습니다. 문장 구조가 간단하고 패턴이 반복되며, 그림 역시 매우 직관적입니다. "Can you do it?"이라고 물으면, 아이는 "I can do it!"이라고 답하면서, 동물의 동작을 신나게 따라 하면 됩니다.

유아 첫 그림책을 추천할 때, 에릭 칼 작가의 책을 빠뜨리지 않는데요. 반복적인 패턴을 활용한 전개에 개성 넘치는 그림 덕에 직관적으로 이해하고 즐길 수 있기 때문입니다. 유아들은 익숙한 걸 반복해 보길 좋아하는데, 도서관에 가면 꼭 이 작가 책을 고르곤 하더군요. 빨강, 파랑, 노랑 등 원색을 활용한 경쾌하고 밝은 색감에 질감이 다른 종이를 조각조각 오려 붙인 듯 입체적으로 보이는 그림이라, 작가의 책은 누가 봐도 구별이 됩니다.

**Reading Point** 동물과 대화하고 동작을 따라 하며 패턴 문장을 익힌다

'I am a penguin and I turn my head | 나는 펭귄이고 나는 고개를 돌릴 수 있어, Can you do it? | 너도 할 수 있니?', 'I can do it! | 나도 할 수 있어!'

주황색 스카프를 맨 귀여운 펭귄이 아이 쪽으로 고개를 돌리고 있고, 여자아이도 펭귄의 동작을 따라 합니다. 펭귄 그림이 있는 쪽엔 펭귄의 대사, 아이가 있는 그림 쪽엔 아이의 대사가 있네요. 말풍선이 그려 있지 않아도 둘이 대화를 나누는 느낌이 납니다.

'I am a giraffe and I bend my neck | 나는 기린이고 나는 고개를 숙일 수 있어, Can you do it? | 너도 할 수 있니?', 'I can do it! | 나도 할 수 있어!'

목이 긴 기린이 아이에게 긴 목을 자랑하듯 목을 쭈욱 기울여 아이 쪽으로 넘어왔어요. 남자아이는 기린의 동작이 재밌어 보이는지 흉내 내듯 따라서 고개를 숙입니다. 페이지마다 피부와 눈, 머리칼 색깔이 다른 아이가 등장합니다.

**Further Activity** 패턴 문장과 동작 단어를 익히는 다양한 놀이

- Basic Reading | 기본 읽기

동작 단어가 포인트가 되는 책이에요. 동작 단어는 움직임을 표현하기에 정적인 그림만으로 명확하게 이해가 되지 않을 수 있습니다. 'clap' 이라는 단어가 나온 그림에 동물은 양손을 내밀고 있는데, 안아달라는 건지 손뼉 친다는 건지 모호할 수 있어요. 이렇듯 동작 단어가 들어간 책을 읽어줄 때는 직접 동작을 보여주는 게 좋습니다. 'I turn my head'를 읽을 때는 고개를 돌리는 모습을 보여주고, 'I bend my neck'

을 읽을 때는 고개를 숙여야겠지요.

유아의 경우 영어책을 읽어줄 때 이해가 쉽도록 도울 필요가 있습니다. 한글로 해석해 주어야 한다는 뜻이 아니에요. 동작, 목소리 톤, 리듬 등에 다채롭게 변화를 주면서 내용을 유추할 수 있게 도와주세요. 한글로 해석해 주는 것보다 더 오래 의미가 남게 됩니다.

• Reading + Sound | 동영상과 함께 읽기

읽어주기 동영상을 참고하세요. 읽기 스타일을 익혀서 직접 읽어주거나, 동영상에 나오는 읽기 음성을 틀어 주면서 책을 보여주어도 됩니다.

• Reading + Sound | 동영상과 함께 읽기

동물과 동작을 연결해 아이들이 즐겁게 따라 부를 수 있는 영어 동요가 참 많아요. 아이가 동작을 하면서 동물 흉내를 내면 어떤 동물을 흉내 내는 건지 맞혀보기도 하고, 역할을 바꿔서 엄마가 흉내 내고 아이가 동물을 영어로 말해보는 활동도 함께하면 더욱 좋습니다.

• Reading + Creativity | 아이 스스로 읽게 하는 다양한 영어 놀이

'Can you do it?', 'I can do it!' 문장이 반복되는 패턴 그림책입니다. 한두 번 책을 읽어주고 나선, 아이가 'I can do it!'을 말하도록 유도해 보세요. 'Can you do it?' 한 다음, 아이가 반응할 때까지 살짝 기다려 줍니다. 사랑스러운 눈빛을 보내는 것도 잊지 마세요. 글을 읽을 줄 몰라도, 이미 반복적으로 들었던 문장이기 때문에 자동으로 말하게 될 거예요.

에릭 칼 작가 홈페이지에는 관련 자료가 잘 정리되어 있습니다. 아이들에게 오랫동안 사랑받은 그림책을 많이 썼기 때문에, 책 속 캐릭터를 활용해서 만들고 놀 수 있는 독후활동에 필요한 정보도 많아요. 꼭 방문해서 아이와 살펴보면서 활용해 보시기를 바랍니다.

### Tail Back  꼬리를 무는 다른 책들

1969년 발간된 《Very hungry caterpillar》는 전 세계 66개 언어로 번역되어 지금까지 무려 5천만 권이 팔렸다고 해요. 에릭 칼 작가의 그림책은 그림도 독특하고 간결하고 반복적인 문장을 특징으로 합니다. 영어를 시작하는 아이에겐 최적이죠. 번역본으로 접하셨어도 원서로도 꼭 접하기를 권합니다.

BOOK 017-1. 《Brown Bear, Brown Bear, What Do You See?》 갈색 곰 패턴 그림책
BOOK 017-2. 《Very hungry caterpillar》 배고픈 애벌레 패턴 그림책
BOOK 017-3. 《Panda Bear, Panda Bear, What Do You See?》 팬더 곰 패턴 그림책
BOOK 017-4. 《Have you seen my cat?》 고양이를 찾는 패턴 그림책

# • book 018 •

# My Friends

## 세상 만물한테 모든 걸 배우는 친근한 그림책

**지은이** 타로 고미(Taro Gomi) **출판사** Chronicle Books

**Basic Information**  따뜻한 감성이 담긴 고미 타로의 패턴 그림책

영미권에서는 타로 고미라고 불리는 일본 작가 고미 타로의 그림책입니다. 다양한 개성을 가진 동물 친구의 우정을 그리고 있습니다. 일본, 한국뿐 아니라 전 세계에서 사랑받는 작가지요.

이 필독서는 상상력을 자극하는 매력이 가득한데요. 아이가 다양한 어휘와 문장 구조를 익힐 수 있는 좋은 도구이기도 합니다. 책에는 여러 동물이 등장하고 저마다 반복적 패턴 문장을 활용해서 동작 단어를 알려줍니다. '친구'가 주제라서 사회성도 길러주는 책입니다.

작가 특유의 따뜻하고 서정적인 그림도 빼놓을 수 없습니다. 아이가 이 작가의 책을 좋아해서 열심히 모으기도 했답니다. 일본이나 한국에선 고미 타로라고 부르지만, 영어책에는 타로 고미라고 되어 있어요. 영미권에 맞춰 성과 이름을 바꿔서 그래요. '다른 작가인데 이름이 왜 이리 비슷하냐?' 하고 아이가 물어서 한참 웃었던 기억도 있네요.

**Reading Point** 동작과 표정까지 살아있는 생동감 있는 그림

'I learned to climb from my friend the monkey | 나는 내 친구 원숭이한테 오르는 법을 배웠어요.' 분홍 원피스를 입은 여자아이가 원숭이랑 같이 나무에 매달려 있네요. 입을 벌린 표정이 무서워서인지 신나서인지 알 수 없네요. 오히려 아이와 나눌 얘깃거리가 많아지는 그림입니다.

'I learned to read from my friends the books | 나는 내 친구 책

들한테서 읽는 법을 배웠어요.' 참 재밌는 발상입니다. 책에게 읽는 법을 배운다니. 그런데 책상 위엔 책이 없네요. 사탕, 장난감, 종이조각이 널려 있는 책상에 눈을 감고 조용히 앉은 아이. 읽는 법을 배웠다고 되어 있는데 책상에 펼쳐져 있는 건 빈 노트뿐입니다. 눈을 감고 조용히 명상하는 듯 보이는 소녀의 모습이 고개를 갸웃하게 만듭니다. 작가는 왜 이렇게 그렸을까요? 이유에 대해 아이와 이야기 나눠보세요. 제 아이는 '책을 다 읽고 상상하는 중'이라고 하더군요.

**Further Activity**   친구와 우정을 떠올리며 다양한 독후활동

• Basic Reading | 기본 읽기

'I learned to 동작 단어 from my friend 동물(사물).' 패턴 문장이 반복됩니다. 페이지마다 새로운 동물과 사물이 나오고, 연관된 단어로 새로운 표현을 만듭니다. 책을 다 읽고 나면, 어떤 동물(사물)이 있고 무엇을 배울 수 있을지 또 다른 문장을 완성해 보세요.

　우리 막내는 강아지보다 점프를 더 잘하는 게 캥거루라고 해서, 이렇게 적용해 변형해서 읽어주기도 했답니다. "I learned to jump from my friend the kangaroo."

• Reading + Sound | 동영상과 함께 읽기

읽어주기 동영상을 참고하세요. 읽기 스타일을 익혀서 직접 읽어주거나, 동영상에 나오는 읽기 음성을 틀어 주면서 책을 보여주어도 됩니다.

• Reading + Learning | 패턴 문장을 활용한 미니북

어린이집이나 학교에서 만난 친구한테도 배울 점이 많을 거예요. 그걸 문장으로 만들어 표현하는 것을 아이가 참 좋아하더라고요.

'I learned to dance from my friend Sujin | 나는 내 친구 수진이한테 춤추는 걸 배웠어요.'

'I learned to draw the picture from my friend Yeseo | 나는 내 친구 예서한테 그림 그리는 걸 배웠어요.'…

새로운 패턴 문장을 익힐 때마다 그걸 이용해 하루 동안 경험한 걸 떠올리고, 단어를 채워서 완성함으로써 '패턴 문장 미니북'을 만들 수도 있습니다. 일기장처럼 매일의 추억이 담기게 되어, 아이는 보물처럼 소중하게 간직하면서 보고 또 보게 됩니다. 한동안은 미니북 만들기만 계속하고 싶어 할 수도 있어요. 사소해 보여도 나중에 영어 말하기에 무척이나 도움이 됩니다. 아이와 즐거운 시간도 만들고 반복해 체험하도록 해보세요.

• Reading + Creativity | 컬러링 영어 놀이

앞에서도 소개했던 키즈클럽 사이트에 가보면 'Stories'라는 카테고리가 있습니다. 여기엔 베스트셀러 그림책 관련 놀이 자료가 있는데요. 이 책뿐 아니라 타로 고미의 다른 책 관련 자료도 찾아볼 수 있습니다. 컬러링 그림 자료를 이용해서 아이와 리텔링 하면서 책 속 문장을 다시 한번 표현하는 시간을 만들어보세요. 공부가 아닌 놀이처럼 해야 영어 발화가 된답니다.

**Tail Back**  꼬리를 무는 다른 책들

산업 디자이너로 시작해 동화 작가로 변신한 이래, 상상력을 담은 수많은 그림책 명작을 탄생시킨 고미 타로. 다양한 주제와 스타일, 단순하면서도 따뜻한 그림체와 직관적 표현, 관심사와 호기심을 자극하는 주제를 담은 작가의 그림책은 아이들에게 인기가 많습니다.

BOOK 018-1. 《Everyone Poops》 신체 과학 시리즈 중 똥 이야기 그림책
BOOK 018-2. 《Spring is Here》 봄이 와서 생긴 변화를 유머러스하게 표현한 그림책
BOOK 018-3. 《Mommy! Mommy!》 엄마 뒤를 졸졸 쫓는 아가들을 표현한 그림책
BOOK 018-4. 《Hide and Seek》 동물 겉모습에 숨은 따뜻함을 찾는 그림책

# Little Dinos
# Don't Push

## 쉽고 재미난
## 영어 인성 그림책

지은이 마이클 달(Michael Dahl) 출판사 Picture Window Books

**Basic Information** 리틀 다이노가 나오는 인성 그림책 시리즈

마이클 달의 '리틀 다이노스(Little Dinos)' 시리즈 중 하나입니다. 아이들이 좋아하는 공룡 캐릭터가 나와서 생활 습관을 바로잡아주는 그림책입니다. 주인공 꼬마 공룡은 힘이 셉니다. 그런데 자기가 하는 행동이 어떤 결과를 낳을지 아직 인식이 없어요. 밀기(push)가 재밌어 자꾸만 하려고 합니다. 책은 무엇은 밀어도 되고 무엇은 밀면 안 되는지 알려줍니다.

공룡 친구와 상호작용하면서 배우는 사회화와 예의 바른 행동, 친구 간의 존중과 협력을 다루고 있어서, 어린이 사회성 발달, 인성 교육에

126

좋습니다. 'Little dinos Don't push!' 패턴 문장이 계속 반복되기 때문에, 아이 마음에 오래 잔상이 남습니다. 단순명료한 상황 그림, 큼지막하게 쓰인 반복되는 패턴 문장으로 읽어주기도 좋고, 아이 스스로 읽기 연습을 하기에도 너무나 좋은 책입니다.

### **Reading Point**  충동, 관계, 감정 등을 알려주는 헬로 지니어스 시리즈

막내가 어렸을 때 이 책이 포함된 '헬로 지니어스(Hello Genius)' 시리즈를 처음 발견했어요. 개인적으로 사보곤 너무 좋아서, 업체에 수입을 제안했죠. 그 덕택에 더 많이 알려진 책이라, 뿌듯합니다. 몇 번만 읽어줘도 자연스럽게 아이의 영어가 발화되는 책이라, 부모들의 만족도가 컸던 책이기도 합니다. 영어 발화에도 좋고 인성 생활 습관도 키울 수 있으니, 일거양득인 셈입니다.

'Don't Push your sister | 네 여동생을 밀면 안 돼.' 어리둥절한 표정으로 어쩔 줄 몰라 하는 덩치 큰 공룡, 오른쪽에는 바닥에 앉아 엉엉 우는 여자아이가 있네요. 딱 봐도 동생을 밀어서 넘어뜨린 것 같습니다. 덩치 큰 공룡은 미는 게 재밌는 놀이라고 생각했나 봐요.

'Push the swing | 그네를 밀렴.' 덩치 큰 공룡이 여자아이가 탄 그네를 열심히 밀어주고 있어요. 그네를 탄 여자아이는 신나서 활짝 웃고 있네요.

밀면 안 되는 것과 밀어도 되는 것을 번갈아 보여주며, 자연스럽게 이해하게 되어 있어요. 상대를 배려하면 모두가 즐거울 수 있다는 걸 알려줍니다. 어린이집이나 유치원에 가기 전에 이런 그림책을 꼭 읽어주어야 하는 거 아시죠? 영어 실력까지 덤으로 따라오니 읽어주지 않는 게 손해죠.

<Further Activity> 행동 포스터만들기 등 독후활동과 놀이

• Basic Reading | 기본 읽기

'Don't+동작' 패턴 문장은 무언가를 하면 안 된다고 말하는 부정 명령문입니다. 학창 시절 열심히 외웠던 문법이지요? 영어 그림책으로 패턴 문장을 반복해 접하면, 문법을 따로 배우지 않아도 문장 덩어리가 전체적으로 흡수됩니다. 원어민이 영어를 접하는 방식입니다. 외우거나 문법 규칙을 설명하지 않아도 됩니다. 반복해 읽어주면 나중엔 아이 스스로 읽게 되고, 문장을 이해하고 표현할 수 있게 됩니다.

• Reading + Sound | 동영상과 함께 읽기

읽어주기 동영상을 참고하세요. 읽기 스타일을 익혀서 직접
읽어주거나, 동영상에 나오는 읽기 음성을 틀어 주면서 책
을 보여주어도 됩니다.

• Reading + Learning | 하지 말아야 할 행동을 확장해 알아보기

자연스럽게 습득한 언어만이 진짜 아이 것이 되어 다양하게 활용됩니
다. 하면 안 되는 행동에 또 무엇이 있는지, 아이와 이야기해 보세요.
'Don't Hit | 때리면 안 돼', 'Don't Yell | 소리 지르면 안 돼', 'Don't
Bite | 깨물면 안 돼' 등 친구나 동생과 놀 때 지켜야 할 규칙을 배울 수
있어요.

• Reading + Creativity | 엄마표 영어 놀이

'Don't+동작' 패턴 문장을 이용한 규칙이 여럿 나와요. 그에 해당하는
그림을 아이와 같이 그려보세요. 해당하는 문장을 적어 '매너 지키기
포스터'를 만듭니다. 엄마와 함께 만든 포스터를 아이는 자랑스럽게 생
각하고 만드는 내내 행복해합니다.

영어 노출을 위해 영어 원서를 읽어주었는데, 자연스레 영어뿐 아니
라 창의성이나 정서적 안정감까지 얻게 됩니다. 영어를 학습이 아닌 즐
거움으로 받아들일 수 있게 하는 최고의 노출 방법입니다.

마이클 달 작가의 '헬로 지니어스' 시리즈를 읽어주는 재
생목록도 방문해 보시기를 권합니다. 모두 인성 생활 습관
관련 책이라서, 아이와 함께 찾아보며 모범으로 삼기에 좋습니다.

'헬로 지니어스' 시리즈의 다른 책도 살펴보시길 권합니다. 동물 그림
도 사랑스럽고 제목에서부터 인성 그림책이라는 게 확 느껴집니다. 생
각보다 시리즈가 꽤 많아요. 페이퍼백은 가격도 저렴해서 제가 입에 침
이 마르도록 추천한 책이기도 합니다. 아이에게 꼭 필요한 내용을 담은
스토리, 반복적인 패턴 문장이 등장하는 책이라서 영어 말하기에도 도
움이 되고 리딩에도 유용합니다.

BOOK 019-1. 《Little Dinos Don't Hit》 때리면 안 되는 생활 규칙을 배우는 그림책
BOOK 019-2. 《Little Dinos Don't Yell》 소리 지르면 안 되는 걸 배우는 그림책
BOOK 019-3. 《Penguin says Please》 공손하게 행동하는 법을 배우는 그림책
BOOK 019-4. 《Mouse says Sorry》 잘못했을 때 사과하는 법을 배우는 그림책

# What are you wearing today?

## 날씨에 어울리는 옷차림 그림책

지은이 야닉 코트(Janik Coat), 버나드 듀이짓(Bernard Duisit)  출판사 Thames & Hudson

**Basic Information**  열고 당기고 펼치는 독특한 플립 플랩 팝업북

이 책은 이른바 '플립 플랩 팝업북(Flip Flap Pop-Up Book)'이라고 불리는 특별한 그림책입니다. 열거나 잡아당기거나 펼치면 새로운 그림이 나오죠. 이 책의 주제는 '계절이나 기온에 맞춘 옷차림'이에요.

매번 다른 동물이 등장해, '오늘은 무슨 옷을 입을까?' 묻습니다. 계절, 날씨, 때와 장소에 따라 어떤 옷을 입으면 좋을지 알려줍니다. '어떤 옷을 입을까?' 패턴 문장이 반복되므로, 자연스럽게 이해하고 활용할 수 있습니다. 아침에 일어나면, 잠자리에 들 때는, 바람부는 날에는, 비가 올 때는 어떤 옷을 입을지 등 변형해서 써보세요.

이 책을 처음 만났을 때는 막내의 영어 정체기가 왔을 때였습니다. 오빠들보다 훨씬 일찍 영어를 접했고 너무나 좋아했던 아이인데도, 한글 폭발 시기가 오면서 영어책만 보면 거부하곤 했던 거예요. 아이 눈을 사로잡을 책이 없을까 열심히 찾아 헤매다 만난 책이 바로 이 필독서입니다. 딸아이는 이 책을 너무 좋아해서 유치원에도 갖고 가서 친구들에게 읽어주고 보여주기도 했어요.

 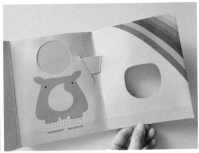

'What are you wearing today, Reuben Rhino? | 오늘은 어떤 옷을 입고 있니, 코뿔소 루벤?', 'Well, that depends | 글쎄 상황에 따라 다르지.', 'What's the weather like? | 날씨가 어때?'

루벤 라이노(Reuben Rhino), 이름과 동물명 앞 글자가 같은 R로 시작합니다. 다른 동물 이름도 모두 동물명과 같은 글자로 시작해요. 비가 오고 코뿔소는 노랑 우비를 입고 있네요. 플랩을 열어볼까요? 숨었던 노란 해가 떠오르고 무지개가 나타났어요. 해가 쨍쨍해져서 코뿔소의 옷차림도 시원하게 바뀌었네요.

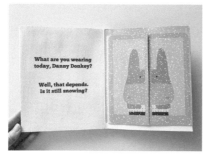 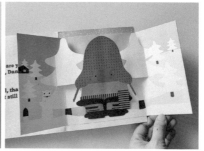

'What are you wearing today, Danny Donkey? | 오늘은 무엇을 입고 있니, 당나귀 대니?', 'Well, that depends | 글쎄 상황에 따라 다르지.', 'Is it still snowing? | 아직 눈이 오나?'

'Donkey Danny', 동물명과 동물 이름의 시작 글자가 역시 같네요. 이런 장치는 아이가 문자에 호기심을 갖게 해줍니다. 창밖에 내리는 눈을 지켜보는 당나귀 대니. 그런데 창문을 열었더니, 눈이 소복이 쌓인 풍경과 함께 털모자, 목도리, 부츠, 코트로 완전무장을 한 대니가 나타납니다.

**Further Activity**  날씨, 옷차림 등 배경 어휘와 다채로운 독후활동

• Basic Reading | 기본 읽기

날씨와 옷차림이 주제인 책입니다. 아이 영어 습득에 필요한 배경 어휘이기도 하지요. 계절(season) 관련 단어로는 spring(봄), summer(여름), fall(가을), winter(겨울) 등이 있고, 날씨(weather) 관련 단어로는 hot(덥다), warm(따뜻하다), cold(춥다), windy(바람분다), rainy(비온다), snowy(눈온다) 등이 있습니다. 옷(clothes) 관련된 단어는 더 많

죠. T-shirt(티셔츠), dress(원피스), skirt(치마), pants(바지), coat(코트), mittens(손모아장갑), woolen hat(털모자), swim suit(수영복), shorts(반바지) 등. 배경 어휘를 익힐 수 있게 하나씩 짚어주며 읽어주세요.

• Reading + Sound | 동영상과 함께 읽기

읽어주기 동영상을 참고하세요. 원어민은 아니지만 책을 읽어주는 방식에 대한 힌트를 얻을 수 있을 것입니다. 읽기 스타일을 익혀서 직접 읽어주거나, 동영상에 나오는 읽기 음성을 틀어주면서 책을 보여주어도 됩니다.

유튜브에서 관련 노래도 검색해서 자주 들려주세요.

• Reading + Learning | 패턴 문장을 확장해 활용하기

원서 읽기와 음악 듣기 등을 통해 해당 배경 어휘에 익숙해졌다면, 책 속 질문을 활용해서 다양한 문장을 만들어봅니다. 'What's the weather like | 날씨가 어때?', 'It's cold | 추워', 'It's hot | 더워', 'It's rainy | 비 와'…. 'What should I wear | 무엇을 입어야 할까?', 'I should wear a coat | 코트를 입어야 해', 'I should wear shorts | 반바지를 입어야 해', 'I should wear a rain coat | 우비를 입어야 해'….

• Reading + Creativity | 종이 인형 엄마표 영어 놀이

이 필독서를 활용하는 데 유용한 사이트도 있습니다. 어렸을 때 갖고 놀던 종이 인형 기억하시나요? 가격이 저렴해서 역할 놀이 하면서 자주 갖고 놀았죠. 웹사이트에서 무료로 다양한 스타일의 종이 인형을 출력해 활용할 수 있으니, 역할 놀이에 사용해 보세요. 책에 나오는 질문과 대답을 아이와 주고받으면서 직접 해당하는

옷을 갈아입히는 놀이를 하면, 더욱 실감 나게 패턴 문장을 익힐 수 있습니다.

**Tail Back** **꼬리를 무는 다른 책들**

버나드 듀이짓은 프랑스 태생의 '종이 공학자(paper engineer)'예요. 팝업이나 인터랙티브 책의 종이접기와 움직임을 설계해서 독특한 그림책을 만듭니다. 그만큼 흥미로운 책이 많아요. 영어 원서를 처음 접하거나 원서를 거부하는 정체기가 온 아이 모두에게 환영받을 재미 요소가 곳곳에 숨어있답니다. 감각적이고 세련된 그림 역시 이 책들의 매력 포인트인데요. 책이 너무 예뻐서 인테리어용으로 세워두기도 한답니다. 저만의 그림책 갤러리인 셈이지요.

BOOK 020-1. 《Are you Hungry?》 먹을 것이 등장하는 플립 플랩 팝업북
BOOK 020-2. 《This or That?》 다양한 선택 사항이 나오는 플립 플랩 팝업북
BOOK 020-3. 《What's Up?》 동물의 특징과 동작이 나오는 플립 플랩 팝업북
BOOK 020-4. 《Can You Keep a Straight Face?》 표정과 감정이 나오는 플립 플랩 팝업북

# STEP 1
# 배경 어휘

## ·1·5·

## 테마 그림책

언어를 익힐 때 중요한 것은 반복입니다. 하지만 똑같은 걸 계속 반복하면 지루하고 힘들지요. 그래서 영어 시작 단계의 아이에게 꼭 추천하는 방법이 있습니다. 바로 주제별 노출입니다. 아이가 한국어로 이미 배경지식이 있는 주제를 선정해, 영어 그림책, 영상, 노래 등으로 노출합니다. 색깔이 테마라면, 유튜브에서 노래를 들려줍니다. 노래를 듣고 색깔 관련 배경 어휘에 익숙해지면 관련 영어 원서를 읽어줍니다. 노래로 알던 어휘가 책에도 나오니 어렵지 않게 이해할 수 있어요. 이미 한국어로 잘 아는 주제라면 거부감없이 재밌게 받아들일 수 있으므로, 배경 어휘를 탄탄하게 하는 데 도움이 됩니다.

# Pete the Cat
# I Love My
# White Shoes
## 색깔과 과일
## 테마 그림책

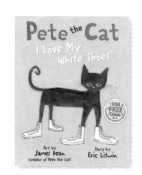

**지은이** 제임스 딘(James Dean), 에릭 리트윈(Eric Litwin) **출판사** HarperCollins

---

**Basic Information**  익살스러운 피트 더 캣과 함께하는 테마 그림책

색깔, 과일 등의 테마 그림책입니다. 같은 주제를 활용해 다양하게 노출하면 습득이 수월합니다. 주제별 배경 어휘만 익히려면 유튜브 노래만 들려줘도 될까요? 그렇지 않습니다. 재미난 스토리로 자연스럽게 배경 어휘를 습득하게 해주는 영어 원서는 여러모로 도움이 됩니다.

이 필독서에 등장하는 '하양 스니커즈를 신은 파랑 고양이 피트'만 보고는 처음엔 선뜻 손이 가질 않았어요. 그런데 이 책을 읽고서는 캐릭터에 홀딱 반하고 말았습니다. 책의 구성에도 무릎을 쳤고요. 색깔을 과일과 연결 짓는 사건으로 다양한 색이 변화하고, 신나는 음원과 패턴 문장으로 호기심을 꽉 붙잡아둡니다.

아이는 너무 어려서 글자도 몰랐지만, 노래가 신나서 흥얼대더니 제가 책을 읽어줄 때마다 반복적으로 등장하는 부분은 엄마 입을 막고 자기가 열심히 부르더군요. 노래 부분 이외에도 주거니 받거니 하는 재밌는 표현의 문장도 많아서 흥미롭게 읽을 수 있습니다.

주인공 피트 더 캣(Pete the Cat)은 힙한 고양이입니다. 남의 시선 따위 신경 쓰지 않고 다양한 모험을 즐기며, 긍정적인 태도로 문제해결력까지 갖춘 미래형 인재랄까요? 책의 마지막에 항상 등장하는 인생 덕담 한마디에는 어른도 고개를 끄덕일 수밖에 없어요. 어른도 함께 보면 좋은 그림책입니다.

**Reading Point** 글자가 춤추는 듯 역동적으로 흐르는 그림책

피트가 하양 새 스니커즈를 신고 신나게 노래를 부릅니다. 하양 운동화라… 새 신발이라면 어른도 엄청 신경 쓰일 텐데. 피트의 새 스니커즈를 보면서 앞날이 걱정되는 건 저뿐일까요?

'Oh no! | 어머 안 돼!' 피트가 그만 빨강 딸기 더미를 밟아 버렸네요. 피트의 하양 스니커즈는 어떻게 됐죠? 피트는 속상해서 울었을까요? 딸기색이 된 스니커즈에 오히려 더 기분이 좋아진 피트. 기분 좋게 노래를 부릅니다. 너무도 긍정적인 피트입니다.

### **Further Activity**  동영상, 음악, 스토리 반복 등 다양한 독후활동

• Basic Reading | 기본 읽기

동영상을 보면서 기본 노래에 익숙해지게 하세요. 노래가 익숙해졌으면, 역할을 정해서 함께 읽어봅시다. 엄마와 아이가 동시에 'I love my (색깔) Shoes'가 반복되는 노래를 부릅니다. 엄마가 'Oh no. Pete stepped in a large pile of (과일) What color did it turn his shoes? 하고 읽어주면, 아이는 과일 색깔을 큰소리로 말합니다. 다시 엄마가 'Did Pete Cry? Goodness, no. He kept walking along and singing his song.'하고 읽어주고 후렴 구절인 노래를 다 같이 부릅니다.

문자도 모르던 아이가 신나는 음악과 리듬 덕에 금세 가사를 외워서 엄마랑 쿵 짝을 맞추며 책을 읽곤 했습니다. 지금도 책을 꺼내면 자연스레 노래를 흥얼대게 됩니다.

- **Reading + Sound | 동영상과 함께 읽기**

읽어주기 동영상을 참고하세요. 읽기 스타일을 익혀서 직접 읽어주거나, 동영상에 나오는 읽기 음성을 틀어 주면서 책을 보여주어도 됩니다. 패턴을 노래로 잘 담아서 아이들이 쉽게 따라 부르고 결국 금세 외워서 흥얼대게 합니다. 록 음악 같아서 피트 캐릭터와 어울리면서도 요즘 아이들이 좋아합니다.

- **Reading + Creativity | 색깔, 과일 테마를 확장한 엄마표 영어 놀이**

책에 나온 색깔, 과일 테마 외에 다른 단어로도 확장해 볼까요? 과일을 함께 씻으면서 혹은 늘어놓고 이야기를 나누며 색깔과 과일 관련 대화를 해보세요. 'yellow-banana', 'purple-grape', 'red-tomato'… 다양한 색깔과 해당 색이 들어간 과일을 그림으로 그려봅니다. 이 책의 패턴 문장을 활용해 문장으로도 만들어봅니다.

피트 더 캣 홈페이지도 방문해 보세요. 다양한 책도 확인할 수 있고 관련 노래와 영상은 물론 독후활동에 좋은 자료를 출력해 사용할 수 있는 알짜 사이트입니다. 캐릭터를 더 사랑하게 만드네요. 아이가 좋아하는 캐릭터가 생기면 해당 시리즈로 확장 읽기가 가능합니다. 캐릭터는 아이가 영어 원서 읽기의 즐거움을 느끼게 해주는 일등 공신입니다.

**Tail Back** **꼬리를 무는 다른 책들**

주제 연계 책도 보여주면 좋습니다. 색깔과 과일을 연결한 것 외에도 색깔을 감정, 색 혼합, 동물 등 다양한 테마와 연결해서 풍부한 스토리로 만든 책이 많아요. 피트 더 캣을 좋아하게 되었다면, 시리즈의 다른 책들도 보여주세요. 노래가 신나 절로 손이 가는 책이 많습니다. 각각 책마다 테마가 명확해 활용하기도 너무 좋습니다.

BOOK 021-1. 《Mouse Paint》 삼원색과 색 혼합을 다룬 테마 그림책
BOOK 021-2. 《Mix it Up!》 색깔과 혼합, 동작 단어를 다룬 테마 그림책
BOOK 021-3. 《The Colour monster》 컬러와 감정을 다룬 테마 그림책
BOOK 021-4. 《A Color of his own》 색깔과 동물의 특징을 다룬 테마 그림책

# Bear's Busy Family

## 가족의 바쁜 일상을 다룬 테마 그림책

**지은이** 스텔라 블랙스톤(Stella Blackstone), 데비 하터(Debbie Harter) **출판사** BAREFOOT BOOKS

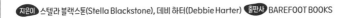

**Basic Information** 가족의 역할을 다양한 시선으로 담은 그림책

바쁜 곰 '가족' 이야기를 담은 그림책입니다. 숱한 가족 관련 그림책 중 제일 반복적으로 많이 봤던 책입니다. 이 책이 좋은 점은 가족의 역할이 전형적이지 않은 것입니다. 엄마, 아빠, 형제자매 등 핵가족이 아니라 빵 굽는 할머니, 멋진 그릇을 만드는 할아버지, 낚시하는 삼촌 등 다양한 가족 관련 단어를 접할 수 있습니다.

스텔라 블랙스톤의 'Bear' 시리즈는 테마 그림책으로 '주제별' 습득을 하기에 좋습니다. 색깔, 날씨, 도형, 직업, 마을, 요일 등 유치원이나 어린이집에서 다루는 테마를 담을 뿐 아니라, 라임이 반복적으로 등장

합니다. 영어를 처음 시작하거나 기초 단계에 있는 아이를 위한 필독서
로 많이 추천하는 이유입니다. 글밥도 적당하고 어렵지 않으며 나름의
이야기도 재밌으니, 다른 책도 읽혀보시기를 권합니다.

**Reading Point** **질감, 향기, 맛까지 느껴지는 따뜻한 그림책**

'See the dress my mummy sews | 엄마가 바느질하고 있는 드레스
를 보렴', 'Smell the flowers my daddy grows | 아빠가 키운 꽃들의
향기를 맡아보렴.'

　엄마가 노랑 천으로 열심히 드레스를 만들고, 아빠는 정원에서 꽃을
아름답게 가꿉니다. 'sews-grows' 등 문장 종결 단어가 라임을 이루
어서, 소리내 읽는 재미가 있어요.

'Touch the plums my sister picks | 언니가 따고 있는 자두를 만져

보렴', 'Taste the bowl my brother licks | 오빠가 핥고 있는 그릇을 맛보렴.'

과수원에서 열심히 자두를 따는 언니. 누구를 위한 걸까요? 다음 장엔 식탁에 언니가 따온 자두로 만든 파이가 보이고, 남은 재료가 담긴 그릇을 열심히 핥는 오빠 모습이 보입니다. 'picks-licks'의 라임도 맞아떨어지네요.

매번 시작하는 단어는 감각 동사입니다. 가족 테마 외에도 보고 냄새 맡고 만지고 맛보는 등 '감각' 관련 동사를 익힐 수 있습니다.

**Further Activity** 가족과 생활 공간을 익히고 다양한 엄마표 독후 놀이

• Basic Reading | 기본 읽기

가족 테마 외에 여러 배울 게 있는 그림책입니다. 감각 동사, 가족이 생활하는 배경도 여럿 나옵니다. 주방, 작업실(지하실), 침실, 정원, 과수원, 응접실 등 공간의 이름도 익히게 해주세요. 공간에서 만나는 다양한 물건 이름도 배울 수 있습니다. 책장을 넘기며 다양한 질문을 던져서, 문장에는 없지만 그림에는 나오는 다양한 단어를 확장해서 습득하게 해주세요.

• Reading + Sound | 동영상과 함께 읽기

읽어주기 동영상을 참고하세요. 읽기 스타일을 익혀서 직접 읽어주거나, 동영상에 나오는 읽기 음성을 틀어 주면서 책을 보여주어도 됩니다.

- Reading + Learning | 가족, 장소, 물건으로 대화를 확장

가족 구성원에 관해서 묻고 답해 보세요. "Who is she? | 그녀는 누구지?", "She is Grandma | 할머니예요."

장소에 관해서 묻고 답해 보세요. "Where is she? | 그녀는 어디에 있지?", "She is in the kitchen | 주방에 계세요."

물건에 관해서도 묻고 답해 보세요. "What do you see in the kitchen? | 주방에 뭐가 보이니?", "I see a bowl, a table, a stove… | 그릇, 식탁, 가스레인지…가 보여요."

- Reading + Creativity | 우리 가족 가계도 만들기 놀이

그림책 맨 뒤에는 'family tree(가계도)'가 나옵니다. 구성원의 명칭, 관계를 한눈에 정리해, 아이가 쉽게 이해할 수 있지요. 책을 다 읽고 나면 우리 가족 가계도도 그려보세요. 가족이 집에서 뭘 하는지도 이야기해 보세요. 영어도 배우면서 테마를 활용해서 아이와 다양한 대화를 할 수 있다는 게, 원서 읽기의 큰 매력이 아닐까 싶습니다.

앞에서 소개한 키즈클럽의 'All about me' 카테고리에는 가계도, 나의 가족 등 활용 자료가 많습니다. 유튜브나 구글에 'Family theme for kids'라고 검색하면, 풍부하게 독후 활동에 활용할 수 있어요.

### Tail Back  꼬리를 무는 다른 책들

테마 그림책인 '베어(Bear)' 시리즈를 추가로 보여주면서 주제 탐구를 해보세요. 또한 가족 테마의 다른 그림책도 보여주면 자연스럽게 반복

효과를 얻을 수 있습니다.

BOOK 022-1.《Bear 시리즈》다양한 테마를 다룬 그림책
BOOK 022-2.《The Family Book》가족의 의미에 대해 되새기는 테마 그림책
BOOK 022-3.《Families》다양한 가족의 형태에 대해 알아보는 테마 그림책
BOOK 022-4.《Me and My Family Tree》나와 가족 관계도를 그려보는 테마 그림책
BOOK 022-5.《Just me and my little brother》형제와 자매의 우애를 그린 테마 그림책

# We All Go Traveling By

## 온갖 탈 것을 재밌게 다룬 테마 그림책

**지은이** 시나 로버츠(Sheena Roberts), 시오반 벨(Siobhan Bell) **출판사** Barefoot Books

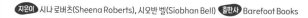

**Basic Information** 아이들이 좋아하는 탈 것을 다룬 테마 그림책

아이들이 교통수단에 아주 푹 빠지는 시기가 한 번쯤 찾아옵니다. 공룡이나 탈 것 등은 아이가 좋아하는 테마에서 빠지지 않지요. 그림책에는 교통수단이 많이 나옵니다. 노래도 신나고, 의성어와 의태어도 등장하며, 패턴 문장도 반복됩니다. 이 필독서가 바로 그런 요소를 두루 갖춘 알찬 책입니다.

노랑 스쿨버스가 빵빵 경적을 울리며 아이들을 태우고 학교로 출발합니다. 학교로 가는 길에 다양한 교통수단을 만나는데, 명칭과 색깔과 소리까지 재밌게 익힐 수 있습니다.

혹시 'I spy' 놀이 아시나요? 미리 정한 물건을 늘어놓고 하거나 방이나 차 안 등 한정된 물건이 있는 곳에서 진행합니다. 진행자가 "I spy with my little eye… Something that…." 하고 물건의 색깔, 특징, 첫 글자 같은 힌트를 냅니다. 그러면 나머지가 손을 들고 물건 이름을 맞히는 게임이지요. 'I spy' 문장을 말할 때 손가락으로 안경 모양을 만들어서 양쪽 눈에 씌우면 더 좋습니다.

자동차로 장거리를 이동할 때, 무료함을 달랠 수 있는 대중적인 놀이입니다. 이 그림책으로도 그 놀이를 해볼 수 있습니다. 'I Spy' 패턴 문장이 나오기 때문입니다.

**Reading Point** 꼬리에 꼬리를 물고 이어지는 탈 것들의 행렬

'I spy with my little eye, You can hear with your little ear | 내 작은 눈으로 보고, 네 작은 귀로 들을 수 있지.' 빨강 트럭은 'rumble-rumble-rumble | 덜컹덜컹덜컹', 노랑 스쿨버스는 'Beep-beep-beep | 빵빵빵.' 'And we all go travelling by | 우린 그렇게 여행을 떠난다네.'

첫 페이지는 가볍게 시작합니다.

하나씩 탈 것이 늘어나면서, 패턴 문장이 계속 쌓입니다. 글자가 빼곡해서 너무 어려운 책 아니냐고 겁을 먹기 쉽습니다. 하지만 패턴 문장이 계속 덧붙여진 것이라, 내용은 어렵지 않아요. '시장에 가면~' 놀이 있지요? 게임이 진행될수록 물건 개수가 계속 늘어나는 패턴과 비슷합니다.

### Further Activity   싱어롱 동영상과 노래로 다양한 독후활동

• Reading + Sound | 동영상과 함께 읽기

출판사의 싱어롱 동영상이 있으니까 꼭 틀어서 보여주면서 읽어주세요. 읽기 스타일을 익혀서 직접 읽어주거나, 동영상에 나오는 읽기 음성을 틀어 주면서 책을 보여주어도 됩니다.

• Reading + Learning | 탈 것의 소리를 활용한 영어 퀴즈

이 책의 테마는 탈 것만이 아닙니다. 색깔, 의성어(의태어)까지 알차게 담겨있어요. 그래서 소리나 색깔로 힌트를 주고 어떤 교통수단인지 맞히는 게임을 하면 아이들이 정말 즐거워합니다.

책 맨 뒤에 교통수단이 한눈에 정리되어 있는데, 그 페이지를 복사해 그림 카드로 만들어 활용해 보세요. 문제를 내는 쪽이 몰래 그림 카드를 보고 엎어놓은 다음, 소리를 냅니다. 그러면 상대가 어떤 탈 것인지 맞힙니다. 반대로 문제를 내는 쪽에서 탈 것의 소리를 내면, 그걸 듣고 상대가 어떤 것인지 맞히거나 그림 카드에서 정답을 고릅니다.

• Reading + Creativity | 패턴 문장을 활용한 엄마표 영어 놀이

'I spy' 놀이를 다양한 테마로 즐길 수 있습니다. 아이가 좋아하는 주제라면 더욱 좋겠지요. 예를 들어 과일이라면, "I spy with my little eye, I can see red." 하는 식으로 색깔에 대한 힌트를 줍니다. 그러면 상대편이 빨강에 해당하는 과일을 말합니다. 규칙을 정하는 단계에서 색깔만 맞으면 무조건 정답으로 할지, 출제자가 생각한 과일을 맞혀야만 정답으로 할지 미리 정하세요.

동물이 테마라면 "I spy with my little ear, I can hear (동물 울음소리)." 하는 식으로 힌트를 주고 맞히는 놀이를 하면 됩니다. 그림책 하나로 다양한 놀이로 확장할 수 있고, 놀이로 영어와 친해질 기회를 얻을 수 있으니 정말 알찬 필독서입니다.

앞에서 소개한 키즈클럽에 탈 것 관련 자료를 찾아서 함께 이용해 보세요.

**Tail Back** 꼬리를 무는 다른 책들

베어풋 출판사 유튜브 'Barefoot Books 채널'에 모든 시리즈의 노래와 영상이 제공되는 싱어롱 그림책은 활용도가 높습니다. 그중 탈 것을

테마로 한 그림책을 추려 추천합니다.

BOOK 023-1. 《The Journey home from grandpa's》 할아버지네서 돌아오는 탈 것 테마 그림책
BOOK 023-2. 《Dump truck disco》 한밤중 덤프트럭 작업 현장을 다룬 탈 것 테마 그림책
BOOK 023-3. 《The wheels on the bus》 아프리카 스쿨버스를 다룬 탈 것 테마 그림책
BOOK 023-4. 《Magic train ride》 정글, 바다, 우주를 다니는 기차를 다룬 탈 것 테마 그림책

# My Body

## 아주 특별한 우리 몸에 관한 테마 그림책

지은이 질 맥도널드(Jill McDonald)  출판사 Doubleday Books

**Basic Information** 처음 만나는 세계를 다룬 '헬로 월드' 시리즈

신체를 테마로 하는 그림책입니다. 아이가 자기 몸과 구조에 대한 기초 지식을 배우게 해줍니다. 다양한 신체 부위와 기능, 기본적인 생리학 프로세스가 아이들의 눈높이로 설명되어 있습니다. '헬로 월드(Hello World)' 시리즈 중 하나인데요. 논픽션 그림책으로 구성돼 있습니다. 논 픽션이라서 딱딱하고 재미없을 것 같지만, 절대 그렇지 않습니다.

글밥이 많지 않으면서도 테마 관련 배경 어휘를 익힐 수 있고, 간단한 지식을 전달하는 코너도 있어 두고두고 보기에도 너무 좋습니다. 오감(five sense)에 해당하는 신체 부위로 눈, 코, 입, 귀, 손 등이 있죠. 대개 그림책엔 여기까지만 들어가요. 그런데 이 책은 다양한 신체 부위와 동작 단어까지 배울 수 있어서 필독서로서 꼭 추천합니다.

그림도 너무 예쁘고 맘에 들었던 그림책이라서 처음 네 권짜리 세트를 산 다음, 새로운 시리즈가 출간될 때마다 한 권씩 사 모았습니다. 어느덧 막내까지 보드북을 졸업한 나이가 되었지만, 엄마표 영어를 시작하는 아이에게 꼭 소개하고 싶어 지금도 계속 사 모으고 있습니다.

**Reading Point** 신체의 특징, 동작, 역할을 재밌게 설명한 테마 그림책

그림을 보니 어떤 신체 부위인지 금세 알겠지요? 초록빛 커다란 눈동자가 보입니다. 'Blink(깜빡이다)'라는 의태어도 나옵니다. 'You use your eyes to see the world around you | 눈은 세상을 볼 때 사용할 수 있어.', 'Take a look. Isn't sunset pretty | 주위를 둘러보렴. 노을이 정말 아름답지 않니?'

그걸로 끝이 아닙니다. *표시 문장에서 추가적 정보를 줍니다. 'What color are your eyes | 네 눈은 무슨 색깔이지?' 아이와 나눌 얘깃거리도 줍니다.

이번엔 다리네요. 다리로는 뭘 할 수 있을까요? 달리고, 걷고, 앉고, 서고, 폴짝 뛰고, 춤을 출 수 있습니다. 이렇듯 다리는 이리저리 몸을 움직일 수 있게 도와준답니다. 여기에 지식을 추가하는 문장이 나옵니다. 'Your leg bends at the hip, the knee, and the ankle | 다리는 엉덩이(고관절), 무릎, 발목에서 구부릴 수 있단다.' 귀여운 그림과 간단한 텍스트, 관련 지식까지 덤으로 얻을 수 있는 그림책입니다. 시리즈의 다른 책은 어떤 테마를 담았을지 궁금해지지 않나요?

### Further Activity  신체와 오감을 활용한 엄마표 영어 놀이

• Basic Reading | 기본 읽기

아이가 어릴 때는 신체 부위 관련 책을 많이 읽어주게 됩니다. 더불어 신체를 활용한 놀이도 병행하세요. 새로운 단어를 쉽게 인지할 수 있도록 오감을 활용합니다. 테마가 신체 부위이니 더없이 편하게 오감 놀이가 가능하겠지요? 책을 읽어줄 때, 해당 신체 부위를 살짝 터치하거나 간지럽혀주면서 단어를 반복적으로 들려줍니다. 오감을 활용해 어휘를 인지하면 장기 기억으로 넘어가게 돕는다고 해요. 덧붙여 엄마와의 스킨십으로 영어에 대한 긍정적인 감정까지 불러일으켜 줍니다.

- Reading + Sound I 동영상과 함께 읽기

읽어주기 동영상을 참고하세요. 읽기 스타일을 익혀서 직접
읽어주거나, 동영상에 나오는 읽기 음성을 틀어 주면서 책
을 보여주어도 됩니다.

- Reading + Creativity I 엄마표 영어 놀이

책에는 신체 부위 명칭 외에도 각각의 신체 부위가 하는 일에 대한 설명도 나옵니다. 책에 나온 것 외에 또 다른 역할이 있을지 다양하게 얘기를 나눠보세요. 책에 나오지 않은 신체 부위에 대해서도 대화해 보세요. 이야기한 것을 정리해 나만의 특별한 'My Body 미니북'을 만든다면 더욱 좋겠지요? 아이 사진을 활용하면 소중한 성장 스토리가 된답니다.

간단한 게임도 즐길 수 있습니다. 각각 신체 부위에 포스트잇을 붙이고 책을 읽으면서 해당 부위가 나오는 대목에서 손을 대지 않고 포스트잇을 떼어내는 놀이입니다. 재밌어서 계속하고 싶어 하고 자연스럽게 반복해서 책을 읽을 수 있어요.

**Tail Back** 꼬리를 무는 다른 책들

'헬로 월드' 시리즈의 다른 그림책으로 여러 테마를 접하게 해주세요. 또한 신체 부위와 감각기관을 다룬 테마 그림책을 함께 보여주면 반복 효과를 누릴 수 있습니다.

BOOK 024-1.《Hello World 시리즈》다양한 주제를 다룬 테마 그림책
BOOK 024-2.《Head, Shoulders, Knees and Toes》신체 부위 베어풋 싱어롱 테마 그림책
BOOK 024-3.《Here Are My Hands》각각의 신체 부위와 역할을 다룬 테마 그림책
BOOK 024-4.《My five senses》오감을 담당하는 신체를 다룬 테마 그림책

## • book 025 •

# Happy Angry Sad
## 숨은그림 속 감정 찾기 테마 그림책

**지은이** 귀도 반 게네흐텐(Guido van Genechten)　**출판사** Clavis

**Basic Information**　감정 표정을 읽고 다른 하나를 찾아내는 테마 그림책

전체 중에서 어색한 하나를 찾는 '오드 원 아웃(Odd One Out)' 시리즈 중 한 권입니다. 사실 감정을 주제로 한 책은 많습니다. 영어 원서 중에서 특별히 추천할 만한 책을 찾다가 선택한 것이 이 필독서입니다. 시작하는 단계의 아이에겐 쉽고 재밌게 받아들이는 놀이가 되는 책이 좋아요.

　감정 관련 키워드를 중심으로 다양한 찾기 놀이가 펼쳐지는 재밌는 그림책입니다. 페이지마다 같은 모습의 동물이 빼곡히 채워져 있어요. 그중 다른 하나를 찾아야 합니다. 페이지에는 2~3개의 질문이 있어서 그에 해당하는 것을 찾을 수도 있습니다.

엄마가 읽는 걸 수동적으로 듣기만 하는 게 아니라, 아이가 직접 참여해 감정 관련 어휘도 익히고 놀이도 할 수 있습니다. 우리집 막내는 책에 대한 호불호가 워낙 강했는데도, 이 책은 100퍼센트 성공률을 자랑하곤 했답니다.

**Reading Point** **'무엇이 무엇이 똑같지 않을까?' 찾아내는 재미**

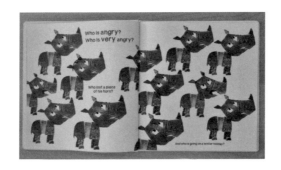

똑같이 생긴 코뿔소가 페이지 가득 있어요. 묻습니다. 'Who is angry? | 어떤 코뿔소가 화가 났을까?', 'Who is very angry? | 어떤 코뿔소가 가장 많이 화가 났을까?'

코뿔소 표정을 보니 모두 화가 나 있습니다. 그런데 가장 크게 화가 난 코뿔소는 어디 있을까요? 그림을 보면 알겠지만, 아이에 따라 다양한 답변이 나올 수 있습니다.

감정 테마 그림책이지만, 다양한 것도 물어봅니다. 'Who lost a piece of his horn? | 누가 뿔을 잃었을까?', 'And who is going on a winter holiday? | 누가 겨울 휴가를 떠나는 걸까?' 질문의 답을 찾으려

면 그림을 자세하게 봐야 하지만, 동시에 왜인지 답하려면 자기만의 생각이 있어야 합니다. 아이의 사고력을 키우는 데도 한몫하는 그림책입니다.

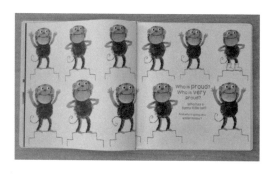

이번엔 원숭이가 한껏 들뜬 표정으로 서 있네요. 어떤 감정을 나타내는 걸까요? 연단에 서 있는 걸 보니, 자랑스러워하는 모습인 것 같습니다. 'Who is proud? | 누가 자랑스러워하니?', 'Who is very proud? | 누가 가장 자랑스러워하니?'

패턴 문장이 반복되기 때문에 이해가 쉬운 것도 이 책의 장점입니다. '누가 재미난 작은 꼬리를 갖고 있을까? 누가 겨울 휴가를 떠나려고 할까?' 등 추가 질문이 아이의 관찰력과 사고력을 자극합니다. 비교적 단순한 책이지만, 질문 덕에 한층 더 풍부하게 즐길 수 있습니다.

### Further Activity  읽으면서 다양하게 대화하고 여러 독후활동

• Basic Reading | 기본 읽기

감정 그림책이라서, 페이지마다 감정이 드러난 그림이 나옵니다. 책장을 넘기고 바로 글자를 읽어주기보다 먼저 그림을 보며 다양한 대화를

끌어내 보세요. 'What kind of animal is this? | 이건 어떤 동물이지?', 'How does this animal feel? | 이 동물 기분이 어떤 것 같니?' 쉬운 질문이면 충분합니다. 모든 대화를 영어로 하려고 할 필요도 없어요. 한글을 섞고 아이가 충분히 답할 수 있는 것만 영어로 질문하면 됩니다. 엄마도 아이도 영어 부담감을 가져선 곤란하니까요.

- Reading + Sound | 동영상과 함께 읽기

동영상을 참고하세요. 여기선 전자펜을 이용해 읽는 장면이 나옵니다. 학부모라면 잘 아시겠지만 전자펜을 활용할 수 있는 책이 있다면 그렇게 하셔도 됩니다. 하지만 생동감 있는 엄마 목소리만큼 효과적이지 않다는 것은 기억하세요.

- Reading + Creativity | 무드 미터를 활용한 엄마표 영어 놀이

다양한 감정 단어를 익혔으면, 나만의 감정 책을 만들어볼까요? 아이의 다양한 표정을 사진으로 담고, 표정에 해당하는 감정을 적어넣습니다. 'What kind of face do you make when you're angry? | 너는 화났을 때 어떤 표정을 짓지?', 'When do you feel most proud? | 너는 언제가 가장 자랑스럽다고 느끼니?' 같은 질문으로 아이의 다양한 생각을 끌어내 보세요.

하나 더! 감정은 행복하다, 슬프다, 화난다만 있는 게 아니죠. 살면서 정말 다양한 감정을 느끼는데 그걸 어떻게 알아차리고 해소할지 함께 공부하면 좋겠습니다. 마크 브래킷의 《감정의 발견》에 '무드 미터(Mood meter)'라는 개념이 나옵니다. 한글과 영어로 각각 어떤 감정을 뭐라고 표현할지 감정 책을 만들 때 참고할 수 있어

요. 아이와 다양한 감정에 관해 이야기하고, 엄마의 감정도 표현하고 설명해 주세요.

### Tail Back  꼬리를 무는 다른 책들

'오드 원 아웃' 시리즈의 다른 책으로 테마 그림책을 만나보세요. 감정 테마를 다룬 다양한 그림책도 살펴보세요.

BOOK 025-1.《Odd One Out 시리즈》그림 속 다른 그림 찾기 테마 그림책
BOOK 025-2.《The Feeings book》행동과 감정을 살펴보는 테마 그림책
BOOK 025-3.《The way I feel》다양한 감정에 관해 설명하는 테마 그림책
BOOK 025-4.《In my heart》가슴 속 감정을 열어보는 구멍 테마 그림책

# PART II

# •STEP 2•

# 쉬운 스토리북
# : 영어 원서 첫걸음

## EASY-READING STORY-BOOK

그림책과 본격적인 읽기 원서인
리딩북의 중간 단계로
글밥이 점차 많아집니다.
아이 스스로 빠져들게 하는 재밌고
이야기 구조가 단순하고
쉬운 책으로 첫걸음을 시작합니다.

# STEP 2
# 쉬운 스토리북

## ·2-1·

## 대화로 된 말풍선 책

배경 어휘가 많이 쌓이지 않은 상태에서 스토리북을 즐기기 쉽지 않습니다. 모국어도 몇 년이 걸리는데, 하물며 영어가 몇 개월 내에 뚝딱 가능하기를 바라는 건 욕심이지요. 그러므로 스토리북으로 진입하면 우선 단순한 책부터 접하게 하세요. 영어 원서를 고를 때는 글밥에 민감할 수밖에 없어요. 너무 적으면 스토리가 밋밋하고, 너무 많으면 부담스러워서 선뜻 손이 가질 않습니다. 여기 소개할 필독서가 징검다리 역할을 해줄 수 있습니다. 말풍선 스토리북은 상황 묘사는 그림으로 하고, 텍스트는 간단한 대화체로만 되어 있어요. 글밥이 적지만 그림 덕택에 스토리도 탄탄하죠. 대화로 되어 있어 영어 말하기에도 도움이 됩니다.

# I love my new toy

## 정반대인 둘의 우정을 그린 말풍선 스토리북

지은이 모 윌렘스(Mo Willems) 출판사 Hyperion Books

**Basic Information**  어린이책의 대가 모 윌렘스의 유명한 시리즈

'엘레펀트와 피기(Elepant & Piggie)' 시리즈, 한국에선 코꿀이 시리즈로 알려진 말풍선 스토리북입니다. 모 윌렘스는 TV 어린이 프로그램 '세서미 스트리트'의 작가 출신으로 수많은 말풍선 스토리북을 그리고 썼습니다. 이 시리즈에선 코끼리 제럴드와 돼지 피기의 우정을 그립니다.

 둘은 성격이 대조적이에요. 그래서 얘기가 더 재밌어집니다. 감정 기복이 적고 차분한 제럴드, 소심하면서 감정 기복이 심한 피기. 둘은 절친이지만 질투하고 욕심 부리고 싸우기도 하는 현실 친구죠. 그래서 공감을 더 자아냅니다. 말풍선 책이라서 감정을 담아 아이와 주거니 받거니, 번갈아 읽었던 기억이 나네요. 아이가 글자를 잘 읽을 수 있어서 가능했던 게 아닙니다. 워낙 자주 읽어줬더니 재밌는 표현은 자기가 먼저 읽어보고 싶어 하더라고요. 반복된 시간이야말로 아이의 '읽기 독립'에서 주춧돌이라는 것 꼭 기억하세요!

**Reading Point** 그림을 보고 등장인물의 감정을 담아 읽는다

피기한테 새 장난감이 생겼네요. 하지만 어떻게 갖고 놀지 모르는 피기. '어쩌면 던지면서 가지고 노는 거 아닐까?' 소심하게 말합니다. 그랬더니 제럴드가 대뜸 장난감을 높이 던지는데…. 그만 땅에 떨어져 두 동강이 났네요. 부서진 장난감을 보고 화가 난 피기, 미안해서 어쩔 줄 모르는 제럴드. 그런데 아무리 미안하다고 해도 피기는 화가 풀리질 않습니다.

다람쥐 친구가 나타나 두 동강 난 장난감을 집어 듭니다. '야, 멋진데! 떼었다 붙였다 하는 장난감인가 봐!' 그 소릴 듣고 분위기는 역전됩니다. 미안해진 피기가 놀자고 하지만, 제럴드는 확고하게 거부합니다. 두 친구는 끝내 화해하게 될까요? 책에서 직접 확인해 보세요.

## **Further Activity**  번갈아 재밌게 읽고 다양한 독후활동

- **Basic Reading | 기본 읽기**

말풍선 책은 대화로만 되어 있는 게 장점이라고 했지요? 장점을 적극 활용해서 읽습니다. 반복해서 읽어주다 보면 아이가 좋아하는 대사가 생길 거예요. 의성어나 감탄사일 수도 있어요. 익숙해진 표현이 생기면, 하나씩 아이가 맡아서 읽게 해주세요. 책에 나오는 표현 중 한두 개는 단어를 바꿔서 변형해 읽어도 좋습니다.

- **Reading + Sound | 동영상과 함께 읽기**

읽어주기 동영상을 참고하세요. 읽기 스타일을 익혀서 직접 읽어주거나, 동영상에 나오는 읽기 음성을 틀어 주면서 책을 보여주어도 됩니다.

- **Reading + Learning | 패턴 문장 반복 연습**

패턴 문장을 다양하게 활용하면 문법을 배울 때 수월하게 됩니다. 책에 'want'가 들어간 문장이 나옵니다. 'Do you want to play with my new toy? | 나의 새 장난감을 가지고 놀고 싶니?', 'You do not want to play with my new toy? | 너는 나의 새 장난감을 가지고 놀고 싶지 않다고?', 'I do not want to play with your new toy | 나는 너의 새 장난감을 가지고 놀고 싶지 않아.', 'I want to play with you | 나는 너랑 놀고 싶어.'…

　여기서 'my new toy' 대신 'my train' 등 다른 단어를 넣거나, 'play' 대신 'kick'을 넣어서 새로운 상황극을 만듭니다. 패턴 문장은 'want'의 용법뿐 아니라 부정문, 인칭대명사, 소유격까지 자연스럽게 익히게 해줍니다. 아이는 문법인지도 모르면서 자연스럽게 익히게 되고요.

**Tail Back** 꼬리를 무는 다른 책들

시리즈의 다른 말풍선 책도 읽어보세요. 짧고 단순한 스토리북을 시리즈로 이어가며 접하면, 긴 분량의 스토리북에도 점차 적응할 수 있게 됩니다. '엘레펀트와 피기' 시리즈는 기본 25권 이외에도 번외편까지 다양하게 있으니, 아이가 책 읽는 즐거움을 이어가게 도와주세요.

BOOK 026-1.《Elepant & Piggie 시리즈》친구의 모험을 다룬 말풍선 스토리북

# My Toothbrush is missing

## 풍자와 웃음이 묻어나는 말풍선 스토리북

**지은이** 얀 토마스(Jan Thomas) **출판사** Clarion Books

---

**Basic Information** 일상을 비튼 풍자와 개그 스토리북

껄껄 웃는다는 뜻의 '기글 갱(giggle gang)' 시리즈 중 한 권입니다. 첫째와 둘째가 어렸을 때는 말풍선 스토리북이 많지 않았어요. 그래서 그림책 중 대화체가 많은 걸 골라서 읽히곤 했지요. 대화하듯 목소리를 변조해서 읽어주고, 설명 부분은 톤을 낮추어 읽어주었어요. 가급적 만화영화 보듯 재밌어했으면 좋겠다는 마음으로요.

그런데 막내에게 원서를 읽힐 때가 되니 재미난 말풍선 스토리북이 많이 나와서 그런 수고로움 없이 정말 편하게 많이 읽어줄 수 있었습니다. 말풍선 스토리북을 갖고 아이 혼자 인형 데리고 역할극을 하면서 놀아서, 한결 수월해졌던 것 같습니다.

　말풍선 스토리북은 정말 만화처럼 웃음을 유발하는 책이 많은데요. 그 중 얀 토마스는 정말 최고라고 할 만큼 재밌는 이야기꾼입니다. 너무 재밌어서 몇 번이고 반복해 읽어달라고 조르게 만드는 효자 필독서입니다.

### **Reading Point** 적당한 수준의 웃음 유발 포인트

아이들 웃음 포인트로 더러운 것이나 멍청한 것을 빼놓을 수 없지요. 하지만 도가 지나치면 불쾌해집니다. 그런데 이 시리즈는 적당함을 유지하면서 유쾌하게 볼 수 있는 유머러스한 책으로 구성되어 있어요.

양치질해야 하는데 칫솔을 잃어버린 도그(Dog). 동키(Donkey)는 친구의 칫솔을 찾아주고 싶어 어떻게 생겼냐고 묻습니다. '짧고 뻣뻣한 털이 달렸다.'라는 말에 동키는 '어디선가 본 것 같다.' 하면서 찾으러 가보자고 하는데. 이런! 동키가 찾아낸 건 짧고 뻣뻣한 털이 달린 캣(Cat)이네요.

　과연 친구들은 칫솔을 찾을까요? 빵 터지는 마지막 반전이 기다리고 있는 재미난 말풍선 스토리북입니다. 어떤 반전일지는 책으로 꼭 확인해 보세요.

### **Further Activity**　스무고개를 이용한 재밌는 엄마표 영어 놀이

• Basic Reading | 기본 읽기

설명하고 답하지만, 엉뚱한 답으로 웃음을 유발합니다. 전개 방식이 스무고개 퀴즈 같네요. 책에 나온 문장으로 한 문장씩 힌트를 줘서 상대방이 맞히도록 하면 좋습니다.

　"What does it look like? | 그것은 어떻게 생겼니?", "It has sharp teeth | 그것은 뾰족한 이빨이 있어요.", "I know. It is a cat | 알았어, 고양이야.", "No. It is not a cat. It also has a fin | 아니, 고양이가 아니야. 그것은 지느러미도 있어.", "I know. It is a shark | 알겠다. 상어구나."…

• Reading + Sound | 동영상과 함께 읽기

읽어주기 동영상을 참고하세요. 읽기 스타일을 익혀서 직접 읽어주거나, 동영상에 나오는 읽기 음성을 틀어 주면서 책

을 보여주어도 됩니다.

- Reading + Learning | 패턴 문장을 활용한 부정문 이해

패턴 문장으로 부정문을 이해할 수 있어요. "Here is your toothbrush | 여기 너의 칫솔이 있어.", "That is not my toothbrush | 저건 내 칫솔이 아니야."

아빠의 셔츠를 가져와 물어봅니다. "Here is your shirt | 여기 너의 셔츠가 있어.", "That is not my shirt. That is dad's shirt | 저건 내 셔츠가 아니야. 저건 아빠 셔츠야."

공룡 장난감을 가져와 물어봅니다. "Here is your crocodile | 여기 네 악어가 있네.", "That is not my crocodile. That is a dinosaur | 저건 내 악어가 아니야. 저건 공룡이야."

**Tail Back** 꼬리를 무는 다른 책들

얀 토마스 작가의 다른 말풍선 스토리북도 꼭 함께 보셨으면 좋겠습니다. 특히 아이가 이런 유머를 좋아한다면, 시리즈의 다른 책도 좋아할 수밖에 없을 거예요.

BOOK 027-1. '얀 토마스(Jan Thomas)' 작가 작품 시리즈

## Frog and Fly

## 파리 잡아먹는
## 개구리 말풍선 스토리북

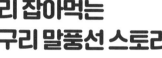 지은이 제프 맥(Lois Ehlert) 출판사 Philomel Books

**Basic Information** 라임이 살아 있는 반전 있는 여섯 개의 스토리

'슈릅~' 개구리가 긴 혀를 쭈욱 뻗어서 순식간에 파리를 잡아먹는 모습을 동물 다큐멘터리에서 본 적이 있을 거예요. 이 책에는 개구리가 파리를 잡아먹는 모습이 아주 유머러스하게 담겨있습니다. 라임을 활용한 언어유희도 맛볼 수 있고, 나름의 반전도 있는 여섯 개의 스토리입니다.

　주인공 프로그(Frog)와 플라이(Fly). 프로그는 플라이와 친구가 되고 싶지만, 둘 사이엔 문제가 있어요. 바로 프로그가 본능적으로 플라이를 잡아먹고 싶어 한다는 것! 이루어질 수 없는 우정을 나누는 주인공의 배꼽이 빠지도록 웃픈 이야기가 펼쳐집니다. 한 페이지에 한두 단어만 들어 있어서 아이가 부담 없이 스스로 읽어보고 싶어 할 책이에요.

**Reading Point** **개구리의 대사와 리듬감 있는 의성어**

서로 인사를 나누는 프로그와 플라이, 하지만 친구가 되기엔 프로그의 식성이 자꾸 걸림돌이 되고 마는데요. "Nice to meet you | 만나서 반가워." 플라이 말의 'meet'가 자꾸만 'eat(eet)'로 들립니다. 플라이는 다시 제대로 말하려 하지만, 순간 'SLURP(슈룹)!' 프로그의 혀가 플라이를 낚아채고 맙니다. 'Nice to eat you!'

　'meet-eat' 라임을 확실히 익힐 수 있어요.

긴 혀로 플라이를 잡아먹으려 하지만, 자꾸 놓치고 마는 프로그. 플라이는 약 올리듯 'Miss(놓치다)'라고 외칩니다. 그런데 갑자기 프로그가 플라이에게 kiss(뽀뽀)를 하지요. 당황한 플라이가 왜냐고 물었더니 프로그는 좋아하기 때문이라고 합니다. 감동하는 플라이. 그러나 방심은 금물! 결국 또 'SLURP(슈룹)!'

### **Further Activity** 패턴 문장을 익히고 다양한 독후활동

짤막한 이야기 여섯 개가 들어 있어요. 이야기마다 핵심 단어와 패턴 문장이 있으니, 아이가 자연스럽게 습득하고 활용하도록 재밌게 반복해 읽어주세요.

• Reading + Sound | 동영상과 함께 읽기

읽어주기 동영상을 참고하세요. 읽기 스타일을 익혀서 직접  읽어주거나, 동영상에 나오는 읽기 음성을 틀어 주면서 책을 보여주어도 됩니다.

• Reading + Learning | 일상 회화로 활용하기

라임이 들어간 스토리가 세 개 있어요. 'meet-eat', 'hi-bye', 'miss-kiss'. 또 다른 라임도 찾아보면, 문자 읽기에 도움이 됩니다. Meet-eat, beet, feet, meat | Hi-bye, buy, high, lie, sigh | Miss-kiss, hiss, peace….

'hi-bye'의 경우처럼 소리만 같으면 라임이고, 'Miss-kiss'처럼 소리와 철자까지 모두 같으면 워드 패밀리입니다. 파닉스를 시작하기 전에 소리로 음가를 구별하게 해주면, 좀 더 수월하게 파닉스를 할 수 있어요.

- Reading＋Creativity | 엄마표 영어 놀이

책은 개구리와 파리 피규어나 그림으로 역할극 하기에도 너무나 좋은 대본입니다. 먹고 먹히는 먹이사슬 관계 캐릭터를 찾아 책의 내용을 바탕으로 역할극을 해보세요.

### Tail Back   꼬리를 무는 다른 책들

제프 맥 작가의 재밌는 책이 많이 있으니 찾아보기를 권합니다. 픽토리 그림책으로 유명한 《Hurry Hurry》처럼 쉬운 단어로 된 책도 있지만, 쉬운 말풍선 스토리북으로 '스콜라스틱 헬로 리더스 1단계'에 해당하는 'Hippo and Rabbit' 시리즈나 또 다른 말풍선 스토리북으로 쉬운 문장으로 된 'Mr. Monkey' 시리즈도 유익합니다.

BOOK 028-1. '제프 맥(Jeff Mack)' 작가의 《Hippo and Rabbit 시리즈》
BOOK 028-2. '제프 맥(Jeff Mack)' 작가의 《Mr. Monkey 시리즈》

# Up, Tall and High

## 세 단어로 만든 말풍선 스토리북

**지은이** 에단 롱(Ethan Long) **출판사** G.P. Putnam's Sons Books

**Basic Information** 비교 개념을 익히는 플랩이 있는 말풍선 스토리북

작가의 자전적인 얘기일까요? 키가 좀 더 컸으면 농구 선수가 되었을 거라는 인터뷰를 한 적이 있거든요. 책은 세 개의 중심 단어로 세 개의 이야기가 유머러스하게 펼쳐집니다.

반전이 있는 재미난 이야기에, 크기, 높이, 위치 표현도 배울 수 있습니다. 플랩을 펼치면서 크기, 높이, 위치를 확실하게 비교할 수 있어요. 마지막 반전이 큰 재미를 줍니다.

이 책을 시작으로 다른 책도 대부분 찾아보았는데, 아이가 공감하면서 즐길 수 있는 스토리북이 많아요. 우리집 막내와 두 살 더 어린 조카는 서로 책 취향이 매우 다른데, 작가의 책은 둘 다 너무 좋아했답니다.

**Reading Point** **크기, 높이, 위치 개념을 비교로 익힌다**

문장 하나로 간단하며 재밌는 이야기가 나옵니다. "I am tall."이라고 말하며 점점 더 큰 새가 나오네요. 주황 새와 보라 새가 누가 큰지 겨룰 때, 자기가 가장 크다는 새가 나타나는데….

플랩을 넘기기 전 다리만 보아선 엄청나게 큰 새네요. 그런데 플랩을 넘겨보니? 주황과 보라 새가 입을 모아 말합니다. "You are not tall | 너는 크지 않아." 녹색 새도 고백하지요. "I may not be tall | 나는 크지 않을 수도 있지."

이걸로 끝이라면 맥이 빠지겠죠. 반전이 있어요. 비장의 무기를 보이며, 녹색 새가 말합니다. "But I am not small | 하지만 나는 작지도 않아." 그 비장의 무기는 무엇일까요?

## Further Activity  사물을 활용해 비교 개념을 익히고 다양한 독후활동

• Basic Reading | 기본 읽기

크기, 높이, 위치 등 비교 개념을 배울 수 있는 책입니다. 집에 있는 크기가 서로 다른 장난감이나 피규어, 높이가 서로 다른 가구나 액자, 위치가 서로 다른 사물 등을 활용해 책에서 배운 문장을 반복해서 표현하는 연습을 해보세요.

• Reading + Sound | 동영상과 함께 읽기

읽어주기 동영상을 참고하세요. 읽기 스타일을 익혀서 직접 읽어주거나, 동영상에 나오는 읽기 음성을 틀어 주면서 책을 보여주어도 됩니다.

• Reading + Learning | 일상 회화로 활용하기

첫째, 'tall' 개념을 알아봅니다. 크고 작은 장난감을 준비했다가 "This is tall."이라고 말하면서 점점 더 큰 장난감을 집어서 보여줍니다. 이전에 선택했던 장난감을 더 큰 것 옆에 두면서 부정문도 말해보세요. "That is not tall."

둘째, 'high' 개념을 알아봅니다. 날 수 있는 모든 걸 비교하며 말해보게 하세요. "A butterfly can go high", "A bird can go high" 식으로 활용하면 됩니다. 부정문도 말해봅니다. "A car cannot go high."

• Reading + Creativity | 엄마표 영어 놀이

셋째, 'up' 개념은 놀이로 익히세요. 집안 물건들의 위치를 서로 비교해보는 거지요. 엄마와 아이가 소파나 의자 등을 이용해 올라서고 내려가면서 몸을 움직여 책에 나오는 표현을 해보면, 더욱 적극적으로 패턴문장을 익힐 수 있습니다. 독후활동과 동시에 몸을 움직여 활동하며 스킨십을 할 수 있어요.

### **Tail Back**　꼬리를 무는 다른 책들

같은 작가의 다른 시리즈도 살펴보세요. '펭귄 영 리더스 1단계' 중에서 에단 롱 작가의 말풍선 스토리북 '클라라와 클렘(Clara and Clem)' 시리즈, 작가와 아내가 함께 만든 말풍선 스토리북 '맥스와 마일로(Max and Milo)' 시리즈 모두 책이 너덜너덜해질 정도로 많이 반복해서 보았네요. 그 밖에도 작가의 쉽고 재미난 그림책이 많으니 참고하시기를 바랍니다.

BOOK 029-1. '에단 롱(Ethan Long)' 작가의《In, Over and On》
BOOK 029-2. '에단 롱(Ethan Long)' 작가의《Clara and Clem 시리즈》
BOOK 029-3. '에단 롱(Ethan Long)' 작가의《Max and Milo 시리즈》

## • book 030 •

# Please, Mr. Panda

## 시크하고 무뚝뚝한 판다가
## 나오는 말풍선 스토리북

(지은이) 스티브 안토니(Steve Antony) (출판사) Cartwheel Books

**Basic Information**   간단한 문장의 대화체 스토리북

말풍선 책은 아니지만, 대화체로만 이루어진 책입니다. 표정이나 제스처에 변화가 거의 없는 시크하고 무뚝뚝한 미스터 판다. 덕택에 다른 캐릭터와 대조를 이루며 더욱 풍부한 이야기가 만들어집니다.

주인공은 판다지만, 절대 빼놓을 수 없는 조연이 있어요. 여우원숭이 리머(Lemur)입니다. 아이에게 전달하고 싶은 교훈을 쉽고 공감 가게 전달합니다. 이 책을 읽고서 한동안 아이에게 무언가를 부탁할 때마다 "Please~"를 연발해야 했답니다. 책을 읽어보면 이해하게 될 거예요.

미스터 판다 시리즈에는 여러 권이 있는데, 모두 '지켜야 할 예절'을 다루고 있어서 인성 동화 역할도 톡톡히 할 수 있어서 필독서로 더욱 추천합니다.

**Reading Point** 청유형 패턴 문장을 확실히 익힌다

"Would you like a doughnut? | 도넛 좀 드시겠어요?" 맛있어 보이는 색색의 도넛이 든 상자를 들고 와 먹겠냐고 묻는 미스터 판다. 하지만 웬일인지 먹겠다는 답변만 들으면, '너에겐 도넛을 줄 수 없다.'라는 말만 남긴 채 돌아서 가버리고 맙니다.

마지막으로 여우원숭이가 부탁하며 말하죠. "May I have a doughnut please Mr Panda? | 미스터 판다 제가 도넛을 좀 먹어도 될까요?" 그제야 판다는 상자에 든 도넛을 흔쾌히 건네줍니다. 왜 판다는 여우원숭이한테만 도넛을 준 걸까요?

**Further Activity** 청유문을 익히고 다양한 독후활동

- Reading + Sound | 동영상과 함께 읽기

저자가 직접 책을 읽어주는 동영상이 있으니 참고하세요. 어찌나 목소리 변조를 잘하는지 신기합니다. 읽기 스타일을 익혀서 직접 읽어주거나, 동영상에 나오는 읽기 음성을 틀어 주면서 책을 보여주어도 됩니다.

- Basic Reading | 기본 읽기

패턴 문장이 반복적으로 등장합니다. 대화체인 만큼 패턴 문장이나 상황에 맞는 표현을 자연스럽게 익힐 수 있어요. 인성 동화로서 매너 있는 표현이 무엇인지도 배울 수 있습니다. "Would you like~."는 뭔가를 권할 때 사용되는 패턴 문장입니다. 다양한 단어를 넣어 반복해 읽어주세요.

- Reading + Creativity | 간식을 이용한 엄마표 영어 놀이

집에 있는 간식을 이용해서 패턴 문장을 활용해 보세요. "Would you like some cookies? | 쿠키 먹어 보겠니?" 이때 'Please~'를 붙이지 않고 "Yes, Give me some cookies."라고 대답하면 간식을 주지 않습니다. "No, you can not have some cookies."라고 분명히 거절합니다. 'Please~'라는 정중히 표현하면, 그때는 "You can have them."이라고 말하면서 쿠키를 줍니다. 마무리로 꼭 "Thank you."라고 인사하는 것도 빼먹지 않게 해주세요.

매너 있는 행동을 배우는 가장 좋은 방법은 직접 상황극으로 경험하는 것이라고 하네요. 영어 원서를 재미나게 읽고 난 뒤, 책에서 반복적

으로 등장하는 패턴 문장을 활용해 매너 표현까지 배울 수 있으니 정말 좋습니다. '미스터 판다' 시리즈의 다른 책도 매너 있는 표현이 다양하게 나오니, 상황극을 통해 영어 말하기 자극도 꼭 함께 해주세요.

### 🔵🔵🔵 Tail Back   꼬리를 무는 다른 책들

'미스터 판다(Mr. Panda)' 시리즈의 다른 책도 접하시기를 권합니다. 말풍선 스토리북은 아니지만, 모두 간결한 대화체로 되어 있고 패턴 문장이 반복되어서 아이의 발화 자극 도움이 됩니다. 판다의 사랑스러운 모습이 보고 싶어 자꾸만 읽게 만드는 힘이 있어요.

BOOK 030-1. '스티브 안토니(Steve Antony)' 작가의 판다 시리즈

# STEP 2
# 쉬운 스토리북

## •2-2•

## 인기 캐릭터 시리즈

문장이 쉽고 간결하면서 구조가 단순한 스토리북의 경우, 이해는 쉽지만 줄거리가 밋밋한 탓에 자칫 흥미를 잃을 수 있다는 단점이 있어요. 이런 단점을 보완하는 게 바로 매력적인 캐릭터입니다. 주인공의 고유한 개성이 시리즈에서 통일감 있게 유지되고, 간단한 스토리북이 계속 이어지기 때문에, 시리즈를 다 읽고 나면 호흡이 긴 스토리북 한 권을 읽은 듯한 만족감이 듭니다. 글밥이 많은 책으로 넘어가기 전 징검다리 역할을 톡톡히 해주는 것이지요. 특히 아이들에게 인기 많은 캐릭터 중심으로 시리즈를 소개합니다.

# The Little Puddle

## '핍 앤드 포지' 캐릭터 스토리북

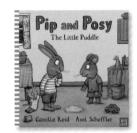

지은이 악셀 셰플러(Axel Scheffler)  출판사 Nosy Crow

**Basic Information**  일상에서 벌어질 만한 실수를 수습하는 법

'핍 앤드 포지(Pip and Posy)'가 등장합니다. 주변에서 흔히 보는 평범한 성격의 캐릭터입니다. 아이들이 공감할 만한 일상을 통해, 두 친구의 우정, 이해, 배려를 배울 수 있는 책이에요. 아무리 친한 친구라도 이해와 배려가 없으면 문제가 생기게 마련입니다. 핍이랑 포지가 처한 상황을 간접적으로나마 접하면서 '어떻게 행동해야 하는가?' 배울 수 있어요. 재미나 교육적으로나 무척 좋은 시리즈입니다.

서로 놀고 싶은 게 다를 때, 옷에 실례를 했을 때, 의도치 않게 친구한테 실수를 범했을 때 등 아이가 겪을 법한 에피소드가 많이 담겨있어요.

**Reading Point** 이럴 땐 이렇게, 올바른 방법을 알려주는 캐릭터 스토리북

시리즈 중 아이가 가장 좋아했던 책입니다. 핍과 포지는 가장 친한 친구입니다. 함께 그림을 그리거나 만들기를 하면서 재밌게 노는 걸 좋아해요. 어느 날 핍이 포지네 집에 놀러 오게 되었어요. 그런데 너무 재미나게 놀다 보니 핍은 그만 화장실 가는 걸 잊었어요. 어느새 바닥에 작은 웅덩이가 생기고 말았네요. 당황한 핍에게 포지는 '누구나 할 수 있는 실수'라며, 씻게 도와주고 옷도 빌려 줍니다. 이후로는 화장실 가는 걸 잊지 않는 핍이 되었어요.

오줌싸개라고 놀리지 않는 포지의 어른스러운 모습에 감동했다가, 젖어버린 옷을 벗고 포지의 옷 중 치마를 입고 천연덕스럽게 앉아 재미나게 놀고 있는 핍의 모습에 웃음이 빵 터집니다. 시리즈 중 한 권을 재밌게 보면, 자연스럽게 다른 책도 이어서 볼 수 있어요.

**Further Activity** 매너 있는 행동을 얘기하고 다양한 독후활동

• Basic Reading | 기본 읽기
이 시리즈는 친구들과의 일상에서 생길 수 있는 크고 작은 사건을 통해, 어떻게 행동하는 게 매너 있는 것인지 보여줍니다. 그것에 중점을

두고 읽어주세요. 책을 다 읽은 다음에는 어떤 사건이 있었는지 물어보고 대화를 나누세요. 아이가 영어로 말하는 걸 좋아한다면, "What happen? | 무슨 일이 일어난 거지?"라고 물어보셔도 좋습니다. 하지만 굳이 영어로 질문하지 않아도 됩니다.

이 단계에서 중요한 건 간단한 줄거리를 이해하는 능력, 즉 문해력을 키우는 것입니다. 우리말로 차근차근 줄거리를 정리하게 도와주세요. "책에서 핍과 포지한테 어떤 일이 있었지?", "핍이 옷에다 오줌을 쌌어요.", "그래서 어떻게 됐니?", "포지가 핍을 도와줬어요.", "어떻게 도와줬을까?", "바닥에 있는 오줌을 닦고, 핍이 씻고 옷을 갈아입게 도와줬어요." 전체 내용을 단숨에 정리하라고 강요할 필요도 없습니다. 엄마가 간단한 질문을 연이어 해줌으로써 아이 스스로 책의 내용을 정리할 수 있어요. 모범적인 행동을 자연스럽게 보고 배울 수 있게 하면 됩니다.

• Reading + Sound | 동영상과 함께 읽기

읽어주기 동영상을 참고하세요. 읽기 스타일을 익혀서 직접 읽어주거나, 동영상에 나오는 읽기 음성을 틀어 주면서 책을 보여주어도 됩니다.

• Reading + Learning | 일상 회화로 연결 짓기

책마다 좋은 표현이 많이 나옵니다. 아이가 마음에 드는 표현을 고르게 하고, 평상시에도 활용하게 해주세요. 오줌을 싸서 당황하는 핍에게 포지가 건네는 말이 저는 맘에 들더라고요. "Never mind, Pip. Everyone has accidents sometimes | 신경 쓰지 마, 핍. 누구라도 가끔 실수하는 거야." 엄마가 먼저 일상에서 이런 표현을 자주 활용한다

면, 매너 있고 남을 배려할 줄 아는 아이로 자랄 수 있겠지요?

## **Tail Back**    꼬리를 무는 다른 책들

'핍 앤드 포지(Pip and Posy)' 시리즈의 다른 책들도 이어서 보는 거 잊
지 마세요.

BOOK 031-1. '악셀 셰플러(Axel Scheffler)' 작가의《핍 앤드 포지 시리즈》

# Sitting in a tree (Five Little Monkeys)
## '파이브 리틀 몽키스' 캐릭터 스토리북

**지은이** 에일린 크리스텔로(Eileen Christelow) **출판사** Clarion Books

---

**Basic Information** 개구쟁이 악동들의 좌충우돌 모험 이야기

유명한 마더구스 'Five Little Monkeys jumping on the bed'를 가져다가 재밌는 스토리북으로 만든 '파이브 리틀 몽키스(Five Little Monkeys)' 시리즈 중 한 권입니다. 청개구리만큼이나 어른 말을 듣지 않는 개구쟁이 원숭이 형제자매 이야기지요. 말썽 가득한 행동 탓에 심장이 쫄깃쫄깃해지는 사건이 발생합니다. 이야기를 통해 아이 스스로 '무엇이 해선 안 되는 행동'이며 '무엇이 올바른 행동'인가 깨닫고 생각하게 해줍니다.

'Five Little Monkeys jumping on the bed'에서도 침대에서 뛰지

말라던 엄마 말을 무시하고 열심히 뛰다가 떨어져 다치는 장면이 나오지요. 'Sitting in a tree', 높은 나무 위에 걸터앉아 물속으로 몸을 내밀고 위험천만한 악어를 약 올리는 모습이 이 책에 나옵니다. 어떤 줄거리일지 충분히 아시겠죠?

악어 모양 퍼펫(puppet)을 이용해 재밌게 읽어주었던 책이라서, 아이가 깔깔대며 계속 읽어달라고 졸라댔던 기억이 새록새록 나네요. 별것 아닌 장치만 추가해도 아이들은 참 좋아합니다.

**Reading Point** 가족과의 피크닉에서 장난치다 벌어진 사건들

엄마랑 피크닉을 온 다섯 원숭이 형제자매. 엄마가 낮잠 자는 틈을 타 강가 나무 위에 올라갑니다. 강에는 무시무시한 악어가 사는데, 철없는 원숭이들은 나무 위에 올라가 연신 악어를 놀리네요. "Can't catch me | 날 잡을 수 없을걸요." 그러자 화가 난 악어가 큰 입을 벌려 'Snap | 철 컥!' 하고 덥썩 물어버리는데….

원숭이 하나가 나무에서 사라졌어요. "Where is she? | 어디로 사라졌을까?" 혹시 악어한테 잡아먹힌 걸까요? 그림에 숨은 원숭이를 함께

찾아보세요. 잡아먹혔을까 봐 마음을 졸이던 아이를 미소 짓게 해줄 거예요.

**Further Activity** 반복되는 패턴 문장을 익히고 다양한 독후활동

• Basic Reading | 기본 읽기

글밥이 많아 어렵다고 생각할 수도 있어요. 하지만 패턴 문장이 반복되기 때문에, 어렵지 않게 이해하고 즐길 수 있어요. "Five little monkeys, sitting in a tree, tease Mr. Crocodile, 'Can't catch me' | 다섯 원숭이 나무 위에 앉아 악어 아저씨를 놀리네. '날 잡을 수 없지요'."

"Along comes Mr. crocodile. SNAP | 악어 아저씨가 다가와, 철컥!"

"Oh, no. Where is she? | 안 돼, 원숭이가 어디 갔지?"

이 문장이 계속 반복되면서 처음 다섯 마리였던 원숭이가 하나씩 줄어듭니다. 패턴을 알면 어렵지 않으니 재미나게 즐길 수 있어요.

• Reading + Sound | 동영상과 함께 읽기

읽어주기 동영상을 참고하세요. 읽기 스타일을 익혀서 직접 읽어주거나, 동영상에 나오는 읽기 음성을 틀어 주면서 책을 보여주어도 됩니다.

• Reading + Creativity | 손 인형을 이용한 엄마표 영어 놀이

패턴 문장이 반복됩니다. 제대로 아이가 이해하고 표현하게 해줘야겠지요? 안 쓰는 양말이나 손모아장갑을 준비해 악어 입처럼 꾸며주세

요. 색종이나 펠트지로 빨간 입속과 이빨을 표현합니다. 악어가 아니라 상어나 호랑이여도 돼요. 맨손에 수성펜으로 그림을 그려서 손 인형을 만들어도 됩니다.

원숭이 그림이나 동물 피규어를 나란히 올려놓고 반복되는 문장을 외치면서 손 인형 안으로 하나씩 사라지게 만드는 거예요. 숫자나 동물 이름을 바꿔가며 역할극으로 놀아주면, 자연스럽게 패턴 문장을 습득할 수 있어요. 이렇게 재밌게 놀아준 책일수록 반복해서 읽기를 좋아하고, 시리즈의 다른 책도 기대하면서 즐겁게 보게 됩니다.

### **Tail Back** 꼬리를 무는 다른 책들

'파이브 리틀 몽키스(Five Little monkeys)' 시리즈 중 'Jumping on the bed'와 'Sitting in a tree'는 마더구스로 만든 것이에요. 시리즈가 여러 권입니다. 말썽꾼 악동이지만 절대 미워할 수 없는 캐릭터랍니다.

BOOK 032-1. '에일린 크리스텔로(Eileen Christelow)' 작가의《파이브 리틀 몽키스 시리즈》

# The Fire Engine

## '페파 피그' 캐릭터 스토리북

지은이 편집부 출판사 LADYBIRD

 **Basic Information** 애니메이션을 책으로 만든 시리즈 스토리북

'페파 피그(PeppaPig)'는 영국에서 방영한 어린이 애니메이션으로, 전 세계 어린이의 사랑을 받았습니다. 호기심 많고 에너지 넘치는 주인공 페파 피그를 중심으로, 학교와 가정에서 벌어지는 다양한 이야기를 즐겁게 다루면서 교훈을 전달합니다.

또래 아이가 공감할 수 있는 다양한 캐릭터가 등장하면서, 일상의 다양한 상황과 문제를 다룹니다. 아이는 에피소드를 공감하고 사건을 간접 체험함으로써 스스로 문제를 해결하는 방법을 배웁니다.

영상을 좋아하는데 책은 싫어하는 아이한테도 이상적인 필독서입니

194

다. 인기 있는 애니메이션을 책으로 만들어서 만화처럼 몰입해서 즐겁게 읽을 수 있거든요. 마을 곳곳이나 학교 체험 학습, 운동회 등 어린이가 공감할 만한 내용을 담고 있습니다.

**Reading Point** 직업 체험 효과까지 있는 교훈적인 스토리북

시리즈 중에서도 우리집 막내가 가장 좋아했던 책입니다. 아마 다른 아이들도 좋아할 거예요. 마미 피그(Mommy Pig)가 소방 훈련을 받기로 한 날, 대디 피그(Daddy Pig)는 축구팀과 경기 후 바비큐 파티를 할 거라 함께할 수 없습니다. 어쩔 수 없이 페파와 조지가 엄마랑 소방서에 갑니다. 처음 보는 소방서 곳곳을 둘러보는데, 갑자기 전화벨이 울립니다. 대디 피그한테 온 긴급 전화였습니다. 바비큐 파티 중에 불이 났다는 거예요.

즉시 출동한 엄마 소방대원들이 불을 진압하고 아빠들을 구해냅니다. 바비큐는 할 수 없었지만, 진흙탕에서 놀 기회가 생겨 더욱 행복한 페파 가족! 가족, 친구, 일상에서 벌어지는 재밌는 이야기를 통해 교훈을 전달합니다. 무엇보다 가족 내 성 역할이 고정되어 있지 않다는 게 장점이네요.

- Basic Reading | 기본 읽기

'페파 피그' 시리즈는 애니메이션을 그대로 글로 옮겼어요. 대사가 워낙 단순하고 쉬워서, 영상을 보여준 다음 책을 보면서 연계하기 좋습니다. 책을 읽으면 아이와 대화하면서 좋은 대사를 몇 번이고 반복해 곱씹을 수 있어 좋습니다. 아이가 글자를 부담스러워하거나 집중력이 짧다면, 페이지당 한두 개 대화만 읽어줘도 됩니다. 애니메이션으로 내용을 이해했으니까, 포인트가 되는 몇 마디만 읽어줘도 아이가 충분히 줄거리를 즐길 수 있어요. 표현 몇 개만 익혀도 나중에 말하기에 도움이 됩니다.

- Reading + Sound | 동영상과 함께 읽기

읽어주기 동영상을 참고하세요. 읽기 스타일을 익혀서 직접 읽어주거나, 동영상에 나오는 읽기 음성을 틀어 주면서 책을 보여주어도 됩니다.

유튜브에 'Peppa Pig'라고 검색하면 인형을 활용한 역할 놀이 동영상도 많이 찾아볼 수 있습니다. 아이와 함께 시청하면 더 즐겁게 책을 즐길 수 있어요. 또한 페파 피그 공식 동영상도 있으니 적절히 활용하세요.

- Reading + Creativity | 피규어를 이용한 엄마표 영어 놀이

아이가 책에 익숙해지면, 책 속 그림을 활용해 기억나는 대사나 문장을 공유하는 시간을 가짐으로써 말하기 능력을 키워줄 수 있습니다. 페파 피그처럼 인기 있는 캐릭터 장난감이나 피규어를 활용하는 것도 좋은

아이디어입니다. 공감 가는 캐릭터가 있다면 아이는 이미 영상이나 책으로 만나면서 자주 익혔던 표현을 반복해 사용하면서 더욱 즐겁게 학습할 수 있거든요.

### Tail Back　꼬리를 무는 다른 책들

레이디버드 출판사가 출간한 '페파 피그(PeppaPig)' 시리즈는 보드북부터 조작북까지 다양한 형태로 나와 있습니다. 흥미가 가는 주제의 책을 이어서 읽어보시기를 바랍니다.

BOOK 033-1. '레이디버드(Ladybird)' 출판사의《페파 피그 시리즈》

# Biscuit Goes to School

## '비스킷' 시리즈 캐릭터 스토리북

지은이 앨리사 사틴 카푸칠리(Alyssa Satin Capucilli) 출판사 HarperCollins

---

**Basic Information** 너무도 사랑스러운 강아지 비스킷과의 일상

강아지 '비스킷(Biscuit)'이라는 역사상 가장 인기 있는 캐릭터 중 하나가 등장하는 시리즈입니다. 하퍼콜린스 출판사의 'I Can Read' 시리즈 중에서도 'My First' 단계에 속하는데, 간단한 문장과 반복되는 단어로 쉽게 이해할 수 있어요.

호기심 많은 강아지 비스킷은 모든 게 낯설고 신기합니다. 비스킷과 주인공 소녀와의 따뜻한 우정이 주된 소재입니다. 농장에서 처음 보는 동물들과 친해지려는 모습, 마을 여러 곳에서 경험하는 사건 등으로 아이는 가족이나 친구와의 소통이 중요하다는 걸 자연스럽게 배울 수 있어요.

각각의 책은 30페이지 내외로 짧지만, 시리즈의 여러 책을 읽으면서 탄탄한 줄거리를 즐길 수 있습니다. 시리즈를 잘 활용하면 아이가 독서 습관을 형성하고 원서 읽기에 자신감을 느끼도록 도울 수 있습니다.

**Reading Point** 낯선 환경에 적응하도록 돕는 교훈적 스토리북

우리집 막내가 시리즈 중에서 제일 좋아했던 책입니다. 귀여운 강아지 비스킷은 소녀를 따라 학교에 가고 싶었어요. 하지만 어쩔 수 없이 소녀 혼자 통학버스에 타서 가버리지요. 어디론가 떠나는 비스킷. 연못에 가는 걸까요, 공원에 가는 걸까요?

비스킷이 도착한 곳은 바로 학교입니다. 비스킷은 열심히 돌아다니며 소녀를 찾죠. 이윽고 급식실에서 만난 소녀. 당황한 소녀는 얼른 비스킷을 가방에 숨겨서는 수업에 들어갑니다. 그런 소녀의 마음도 모르고 가방에서 탈출한 비스킷. 결국 선생님에게 들키고 맙니다. 다행히 모두들 비스킷을 따뜻하게 환영하며 반깁니다. 비스킷의 모험을 통해서 아이가 학교생활이 무엇인지 탐구하고 경험하게 해주는 책입니다.

**Further Activity** 의성어로 실감난 표현을 돕는 다양한 독후활동

- **Basic Reading | 기본 읽기**

패턴 문장이 반복적으로 등장합니다. 주인공이 강아지라서 의성어 'woof(왈왈)'이 반복되지요. 이것만 실감 나게 읽어줘도, 아이가 푹 빠져서 읽을 수밖에 없어요. 부모가 문장을 읽어주고 아이가 'woof'를 외치게 해도 좋아요. 더 신나서 반복해서 읽자고 조를지도 몰라요.

- **Reading + Sound | 동영상과 함께 읽기**

읽어주기 동영상을 참고하세요. 읽기 스타일을 익혀서 직접 읽어주거나, 동영상에 나오는 읽기 음성을 틀어 주면서 책을 보여주어도 됩니다.

- **Reading + Learning | 패턴 문장을 담은 미니북 만들기**

패턴 문장을 이용한 미니북 만들기도 추천합니다. 이 책에는 'Where is Biscuit going?', 'Biscuit is going to~' 패턴 문장이 반복됩니다. 그걸 활용해서 또 다른 문장을 만들어보아요.

'Where is Biscuit going? | 비스킷은 어디에 가는 걸까?'

'He is going to the playground | 비스킷은 놀이터로 가고 있어.'

'Where is Biscuit going? | 비스킷은 어디에 가는 걸까?'

'He is going to the market | 비스킷은 시장에 가고 있어.'

문장에 해당하는 그림도 그려 넣으세요. 패턴 문장 미니북은 직접 만든 것이라 아이들이 정말 소중하게 생각합니다. 책을 더 좋아하게 되기도 하고요. 책을 읽고 말하고, 쓰는 데까지 도움이 되도록 활용 범위를 넓혀주세요.

**Tail Back**   꼬리를 무는 다른 책들

'비스킷(Biscuit)' 시리즈에는 책이 많아요. 아이가 좋아할 만한 주제를 찾아서 두루 읽혀주세요.

BOOK 034-1. '앨리사 사틴 카푸칠리(Alyssa Satin Capucilli)' 작가의 《비스킷 시리즈》

# Five Puptacular Tales!

## '포 페트롤' 시리즈 캐릭터 스토리북

지은이 다수(Various) 출판사 Random House

**Basic Information** 인기 애니메이션으로 유명한 캐릭터 스토리북

'강아지 구조대'로 유명한 애니메이션 '포 페트롤(Paw Patrol)' 스토리북 시리즈입니다. 강아지가 저마다 임무를 수행하며 다양한 미션을 해결하는 영웅물이기도 하지요. 슈퍼맨이나 원더우먼처럼 엄청난 힘을 가진 영웅은 아니지만, 적절한 도구를 활용해 문제를 해결하는 모습이 오히려 공감을 자아냅니다.

훈련사 라이더가 지휘하며 강아지들을 돕습니다. 소방견 마샬, 경찰견 체이스, 조종사 스카이, 건설 작업에 능한 러블, 수중작업이 가능한 줌마, 재활용을 통한 환경보호에 앞장서는 로키…. 저마다의 장기를 가진 강아지가 팀워크로 사건을 해결하지요. 우리집 아이들도 캐릭터에 푹 빠져서 장난감을 열심히 모았었죠. 여전히 아이들의 사랑을 받는 캐릭터입니다.

**Reading Point** 단권과 합본 중 원하는 스타일을 선택

글밥이 더 많은 스토리북도 많지만, 지금 징검다리 단계에선 아이가 읽기 쉬운 책이 좋습니다. 랜덤하우스의 'STEP into reading' 시리즈에 포함된 책으로 골랐습니다. 제가 아이랑 잘 보았던 책은 여러 권 합본 버전입니다. 《Chase's Space Case》, 《Rubble to the Rescue》, 《Chase Is On the Case》, 《Pit Crew Pups》, 《King for the Day!》 총 다섯 편이 들어 있어요. 쉬운 스토리북은 글밥이 적어서 한 권 한 권 꺼내 읽는 게 조금 불편한데, 한 권에 여러 편이 있어서 읽어주는 저도 편하고 아이도 좋아했던 기억이 있네요.

조카도 이 캐릭터를 너무 좋아해서 물려준 책이기도 합니다. 항상 사건이 생기고 그걸 해결하기 위해 포 페트롤이 등장합니다. 뻔한 전개지만, 아이들은 그런 전형성에 오히려 열광한다는 거 잘 아시죠?

- Basic Reading | 기본 읽기

인기 많은 캐릭터라서 다양한 장난감과 피규어를 활용하면 영어 발화에 도움을 줄 수 있습니다. 리딩을 돕는 시리즈 'STEP into Reading' 중에서도 1~2단계에 해당하는 수준이며, 한 페이지에 한두 문장 정도 들어 있습니다. 단어 역시 어렵지 않아 반복해서 읽어주다 보면 아이가 금세 외워서 자기 힘으로 읽어보려고 합니다.

- Reading + Sound | 동영상과 함께 읽기

포 페트롤 시리즈를 읽어주는 동영상 채널이 있어서 소개합니다. 이 필독서에 있는 에피소드들을 찾아서 읽기 스타일을 익혀서 직접 읽어주거나, 동영상에 나오는 읽기 음성을 틀어 주면서 책을 보여주어도 됩니다.

**Tail Back** 꼬리를 무는 다른 책들

시리즈의 다른 책들도 함께 보면 좋습니다.《My Busy Books》는 스토리북과 피규어가 함께 들어가 있는 시리즈인데, 역할 놀이를 하면 영어 발화에 도움이 됩니다.

BOOK 035-1. '랜덤하우스(Random House)' 출판사의《포 페트롤 시리즈》
BOOK 035-2. 스토리북과 함께 피규어가 들어간《My Busy Books 시리즈》

# STEP 2
# 쉬운 스토리북

## ·2-3·
## 인기 작가 시리즈

엄마표 영어를 할 때 가장 어려운 점 중 하나가 아이가 좋아할 만한 영어책을 찾는 것입니다. 제 경험에 의하면 아이가 좋아하는 주제나 장르를 고르는 것보다 가장 확실한 방법은 바로 아이가 좋아하는 작가의 책을 고르는 것입니다. 아이 어렸을 때는 한글 그림책으로도 영미권 작가 것을 읽어주게 되지요. 개성 넘치는 작가의 책은 묻지도 따지지도 않고 믿고 보게 됩니다. 아이가 좋아하는 작가가 생기면 책 골라주기가 훨씬 수월해집니다. 아이가 한글 번역본으로 좋아했던 책을 원서로 한번 찾아보세요. 여기 소개하는 필독서 작가에도 관심 가져 보시고요. 앞에서 이미 소개한 작가도 있지만, 전체 작품을 조망하는 의미에서 다시 한번 소개합니다.

# The Very Hungry Caterpillar

## 어린이 동화의 거장 에릭 칼

지은이 에릭 칼(Eric Carle)  출판사 World of Eric Carle

**Basic Information** 어린이책의 현대적 패러다임을 세운 주인공

세계적 반열에 오른 미국의 동화 작가입니다. 독특하고 아름다운 그림과 이야기로 아이와 어른 모두가 사랑하는 작가이며, 아동문학계에 뚜렷한 발자취를 남겼습니다. 1929년 6월 25일 독일에서 태어난 작가는 어릴 때부터 예술적 재능이 두드러졌다고 해요. 6세 때 첫 그림을 그린 이래 줄곧 예술에 대한 열정을 품게 되었답니다. 어린 시절의 경험과 그림 실력을 바탕으로 동화 작가로 성장했고요.

작가의 작품은 한눈에 알아볼 수 있을 정도로 독특한 스타일을 갖고 있는데, 글과 그림이 잘 조화를 이루는 어린이책 출판의 현대적인 패러다임을 세우는 데도 중요한 역할을 했다고 합니다. 예술적 표현과 교육적 가치를 조화롭게 결합한 작품으로 아동문학 발전에도 이바지했습니다. 그의 책은 아이들의 상상력과 창의력을 자극하고, 동시에 기본적인 학습 개념을 가르쳐줍니다.

**Reading Point** 애벌레가 태어나 나비가 되기까지

새끼 애벌레가 알을 깨고 태어났네요. 무지무지 배가 고픈 애벌레. 무엇이든 닥치는 대로 먹기 시작합니다. 월요일엔 사과, 화요일엔 배, 수요일엔 딸기, 목요일엔 오렌지, 금요일엔 케이크⋯. 주말에도 쉬지 않고 먹습니다. 계속 먹으면서 쑥쑥 자라는 애벌레. 어느새 점점 몸이 무거워져서 번데기가 될 준비를 마쳤습니다. 애벌레는 번데기 안에서 조용히 휴식을 취하며 어른이 될 준비를 하고 있네요.

**Further Activity** 주제별 심화 학습과 다양한 독후활동

• Basic Reading l 기본 읽기

숫자, 색깔, 음식, 요일, 변화, 자연의 신비 등 다양한 개념을 가르치면

서, 동시에 동물과 곤충의 한살이 주제도 활용하기 좋은 책입니다. 한 번에 모든 주제를 다 포괄하려 하지 말고, 아이가 쉽게 이해할 수 있는 주제부터 한 번에 하나씩 바꿔서 강조해 주세요. 아이가 너무 익숙해서 쉬운 주제가 되었다면, 다음부턴 생략해도 됩니다.

• Reading + Sound | 동영상과 함께 읽기

읽어주기 동영상을 참고하세요. 읽기 스타일을 익혀서 직접 읽어주거나, 동영상에 나오는 읽기 음성을 틀어 주면서 책을 보여주어도 됩니다.

• Reading + Learning | 숫자, 색깔 읽기

책에 등장하는 과일 그림을 활용해 숫자와 컬러 관련 어휘를 익히도록 하면 좋습니다.

"How many plums? | 자두가 몇 개지?" 'One, two, three…' 손가락으로 가리키며 세어가면서 숫자를 반복해서 이해하도록 해주세요.

"What color is this plum? | 이 자두는 무슨 색깔이지?", "Purple | 보라색이요." 이런 식으로 과일 색깔도 함께 묻고 답하면 좋겠지요?

요일 개념은 유튜브에서 '7 Days of the week' 노래를 찾아서 들려주며 익히도록 해 주세요. 'Date and Time(날짜와 시간)'이라는 주제로도 활동을 확장할 수 있습니다.

그중 가장 좋아하는 음식과 가장 싫어하는 음식을 주제로 대화를 해볼 수도 있습니다. "What's your favorite food? | 가장 좋아하는 음식이 뭐니?", "What do you dislike the most? | 가장 싫어하는 건 뭐니?"

• Reading + Creativity | 나비의 한살이 주제의 엄마표 영어 놀이

'나비의 한살이'라는 주제 탐구로도 활용할 수 있습니다. 책  을 다 읽고 나서 시간 순서에 따라 이야기를 다시 정리하면 서 'Life Cycle' 개념을 이해하게 도와주세요. 인터넷에 찾  아보면 다양한 워크시트가 있으므로, 컬러링, 오리기 등 다 채롭게 활용하세요. 에릭 칼 홈페이지도 방문해 보세요.

### Tail Back   꼬리를 무는 다른 책들

에릭 칼 작가의 작품은 다양합니다. 인기작 위주로 고르는 것도 좋지 만, 아이가 호기심 갖고 재밌어할 만한 주제의 책을 골라보세요. 작가 의 작품은 대개 유아용 그림책이지만 글밥이 조금 많은 것도 있으니, 아이 수준을 고려해서 고르시면 됩니다.

BOOK 036-1. 《Brown Bear, Brown Bear, What Do You See?》 동물과 색깔 이름 익히기
BOOK 036-2. 《Pancakes, Pancakes!》 팬케이크가 만들어지기까지 과정 그림책
BOOK 036-3. 《The Tiny Seed》 꽃의 한살이를 다룬 그림책
BOOK 036-4. 《Does a Kangaroo Have a Mother, Too?》 동물도 엄마가 있을까 그림책
BOOK 036-5. 《The Secret Birthday Message》 보물찾기에 나선 소년을 다룬 그림책
BOOK 036-6. 《The Mixed-Up Chameleon》 다양한 동물의 특징과 색깔을 다룬 그림책

# Shark in the Park

## 유머러스한 그림책 작가 닉 샤라트

지은이 닉 샤라트(Nick Sharratt)  출판사 Doubleday

---

**Basic Information** 유머와 위트가 넘치는 영국의 동화 작가

라임을 활용한 유머와 위트를 담은 책을 많이 출간한 작가입니다. 어렸을 때 집안 형편이 어려웠다고 해요. 하지만 놀라운 미술 재능으로 자기만의 작품 세계를 구축했습니다. 다양한 주제와 스타일의 동화를 만들었고, 개성 넘치는 스타일로 아이들의 인기를 독차지하고 있답니다.

'Shark in the Park' 시리즈, 'Pants' 시리즈 등 유머와 상상력을 자극하면서, 읽기의 즐거움을 선사하고 창의력을 자극하는 책을 많이 쓰고 있습니다. 다른 유명 작가와의 협업으로 책을 출간하기도 했고, 다양한 언어로 번역되어서 전 세계 어린이들에게 사랑받고 있습니다.

주인공 티모시가 선물 받은 장난감 망원경을 테스트 하기 위해 공원에 놀러 갔습니다. 공원 여기저기를 망원경으로 구경하는 티모시. 그런데 망원경 렌즈 안으로 보이는 건, 무시무시한 상어의 지느러미네요. "공원에 상어가 나타났어요!" 티모시가 깜짝 놀라 큰소리로 외칩니다. 그런데 망원경 렌즈 너머로 상어 지느러미처럼 보였던 것이 알고 보니 검정고양이 귀였네요.

티모시는 망원경으로 둘러보기를 멈출 수가 없습니다. 그런데 자꾸만 망원경 렌즈에 상어 지느러미만 나타납니다. 하지만 렌즈에서 눈을 떼서 바라보면, 전혀 엉뚱한 대상입니다. 상어가 없다는 걸 확인하고 아빠 손에 이끌려 집으로 돌아가는 티모시. 그런데 뒤로 보이는 건…, 진짜 상어?

**Further Activity** 라임을 살려 맛깔나게 읽어주고 다양한 독후활동

• Basic Reading | 기본 읽기

닉 샤라트의 책에는 라임이 신명 나게 담겨있습니다. 'Timothy Pope-

Telescope', 'Shark-Park', 'Surprise-Cries'…. 페이지마다 라임이 가득해서, 그것만 강조해서 읽어줘도 리듬감 덕택에 아이가 더 귀를 기울이며 몰입해서 책을 볼 수 있어요.

아이들이 따라 하기 좋은 재미난 패턴 문장이 반복해 등장하는 것도 이 책의 장점입니다. 'He looks at the sky-He looks at the ground-He looks left and right-He looks all around.'

• Reading + Sound | 동영상과 함께 읽기

읽어주기 동영상을 참고해서 읽기 스타일을 익혀서 직접 읽어주거나, 동영상에 나오는 읽기 음성을 틀어 주면서 책을 보여주어도 됩니다. 아울러 노래로 불러주는 동영상도 있어 소개합니다. 음악과 함께 읽으면 더욱 리듬을 살릴 수 있어요.

• Reading + Creativity | 몸짓과 소리로 재밌는 엄마표 영어 놀이

만약 망원경이 있다면 활용해도 좋고요. 다 쓴 휴지 심으로 망원경을 만들어 보세요. 그것도 귀찮으면 두 손을 이용해 망원경 모양을 만들어 위, 아래, 좌우, 원을 그리면서 열심히 둘러보는 모습을 하면서 읽어주면 아이가 무척 좋아합니다.

특히 중요한 것은 티모시가 상어를 발견하고 외치는 "There's a shark in the park." 이 문장을 아주 큰소리로 외치는 거예요. 아이도 즐거워하며 함께 외칠 정도로 아주 재밌게 읽어주세요. 'Shark' 대신 다른 동물이나 유령 등 으스스한 분위기의 단어를 집어넣어도 좋아요. 라임을 살린 그림책, 패턴 그림책을 활용할 때처럼 다양한 방법으로 놀

아주고 미니북도 만들면서 다채롭게 활용하세요.

아울러 닉 샤라트 홈페이지도 방문해 보세요. 다양한 책도 만나고 그림 그리는 재밌는 아이디어도 얻을 수 있습니다. 아이와 컬러링에 활용해도 좋습니다.

**Tail Back** 꼬리를 무는 다른 책들

라임으로 가득한 재밌는 스토리북과 조작북까지 작가의 작품은 다양합니다. 아이가 좋아할 만한 주제의 책을 골라 읽혀주시기를 권합니다.

BOOK 037-1. 《Shark in the Dark》 어둠 속에 숨은 상어 라임 그림책
BOOK 037-2. 《Shark in the Park in a windy day!》 바람 부는 공원의 상어 라임 그림책
BOOK 037-3. 《Oh No, Shark in the Snow!》 눈 내리는 곳에 나타난 상어 라임 그림책
BOOK 037-4. 《What's in the witch's kitchen?》 마녀의 부엌을 들여다보는 라임 그림책
BOOK 037-5. 《The Foggy, Foggy Forest》 안개 자욱한 숲속 탐험 라임 그림책
BOOK 037-6. 《Pirate Pete》 해적 피트의 모험이 담긴 조작 스토리북
BOOK 037-7. 《Once Upon a Time》 익숙한 옛날이야기들이 담긴 조작 스토리북

# Tooth Fairy

## 따뜻한 감성의 명작 제조기 오드리 우드

지은이 오드리 우드(Audrey Wood)  출판사 Childs Play Int'l Ltd

**Basic Information** 따뜻하고 감성적인 그림책 작가

그림책 세계에서 빼놓을 수 없는 작가 중 하나로, 아이들에게 오랫동안 큰 인기를 얻고 있습니다. 1948년 8월 12일 미국의 예술가 집안에서 태어난 작가는 학창 시절부터 그림과 이야기를 좋아했다고 해요. 같이 공부하던 지금의 남편 돈 우드(Don Wood)를 만나서 아이와 가족을 위한 이야기를 함께 구상하면서 본격적으로 다양한 그림책을 출간했습니다.

감동적인 이야기에 따뜻하고 아름다운 그림으로 밝고 생동감 넘치는 작품을 쓰는 작가는 아이들에게 교훈과 감동을 주는 이야기를 펴냈

습니다. 남편과의 공동 작업으로도 여러 권을 만들었고 함께 상도 많이
받았습니다.

**Reading Point** 빠진 유치를 가져가는 치아 요정 이야기

매튜의 유치가 빠졌습니다. 신이 난 매튜한테 엄마가 이빨 요정 이야기
를 들려줍니다. 아직 이가 빠져본 적 없는 쌍둥이 동생 제시카는 질투
심을 느끼지요. 이빨 요정한테 선물을 받고 싶은 마음에 옥수수로 가짜
이를 만들어서 이빨 요정을 속입니다. 결국 남매는 모두 이빨 나라로
모험을 떠나게 되지요.

　하지만 언제까지 속일 순 없었어요. 제시카의 이가 가짜라는 걸 그만
이빨 청소 로봇한테 들키고 맙니다. 아이들은 이빨 요정의 안내에 따라
로봇을 피해 도망을 갑니다.

　속상해하는 제시카에게 언젠간 이가 빠지게 될 거라고, 그때는 진짜
로 선물을 주겠다고 말하는 이빨 요정. 매튜와 함께 무사히 집으로 돌
아온 제시카는 사과를 먹다가 이가 흔들거리는 걸 알게 됐어요. 이제
제시카도 이빨 요정한테서 멋진 선물을 받을 수 있겠지요?

- Basic Reading | 기본 읽기

영미권 특유의 문화인 이빨 요정(tooth fairy)에 대해 배울 수 있는 책입니다. 그림책을 검색해 보면 단골 소재로 등장한다는 것을 알 수 있어요. 우리 어렸을 때는 이가 빠지면 지붕 위로 던지면서 노래를 부르곤 했지요. "까치야, 까치야. 헌 이 줄게 새 이 다오~."

   요즘 아이들은 핼러윈처럼 이빨 요정도 어느새 익숙한 문화가 되어 버렸어요. 영미권에선 유치가 빠진 게 잘 성장하는 상징이라고 여겨 '축하'해줍니다. 우리 아이들도 이빨 요정을 알게 되곤, 빠진 이를 베개 아래 두고 잠에 들곤 했어요. 이빨 요정이 주는 선물을 받고 싶은 마음에 말이지요. 아이들이 깨지 않게 유치를 500원 동전으로 바꿔놓는 것이 007작전을 방불케 할 만큼 조마조마했답니다.

- Reading + Sound | 동영상과 함께 읽기

읽어주기 동영상을 참고하세요. 읽기 스타일을 익혀서 직접 읽어주거나, 동영상에 나오는 읽기 음성을 틀어 주면서 책 을 보여주어도 됩니다.

- Reading + Creativity | 건치 습관 키우는 엄마표 영어 놀이

이빨 요정은 건강한 이만 가져갑니다. 그걸 활용해서 건치 습관에 관해 아이와 이야기를 나눠보는 것도 좋습니다. 이에 좋은 음식과 나쁜 음식, 건강한 이를 위한 실천 등 다양한 주제로 연계해 활동해 주세요. 지식에 더욱 흥미를 느끼는 아이라면 과학적으로 접근해서, 치아를 구성하는 여러 부위의 명칭과 역할을 알아보는 것도 재미있습니다.

작가 홈페이지에도 방문해 보세요. 다양한 책 관련 활용 자료도 받을 수 있습니다.

### **Tail Back**　꼬리를 무는 다른 책들

오드리 우드 작가의 책 중에는 유아를 위한 패턴 문장 그림책도 많습니다. 이 필독서와 비슷한 수준의 스토리북만 골라 소개합니다.

BOOK 038-1. 《Magic Shoelaces》 절대 풀리지 않는 마법의 신발끈 스토리북
BOOK 038-2. 《Scaredy Cats》 엄마 심부름하고 싶은 겁많은 고양이 스토리북
BOOK 038-3. 《The Princess and the Dragon》 용과 역할을 바꾼 말괄량이 공주 스토리북
BOOK 038-4. 《Balloonia》 풍선이 되어버린 제시카의 모험 스토리북
BOOK 038-5. 《Presto Change-o》 마술 실력을 뽐내는 매튜와 제시카 스토리북
BOOK 038-6. 《Merry Christmas, Big Hungry Bear!》 성탄 선물 배달하는 쥐 스토리북
BOOK 038-7. 《The Little Mouse, the Red Ripe Strawberry》 딸기 따는 배고픈 쥐 스토리북

# Knuffle Bunny

## 말풍선 그림책 대가 모 윌렘스

지은이 모 윌렘스(Mo Willems)  출판사 Hyperion

**Basic Information** 실사와 만화를 결합한 독특한 스토리북

미국의 동화, 그림작가이자 애니메이터 모 윌렘스의 작품입니다. 작가는 어린이에게 매력적이고 교훈적인 동화책을 써서 큰 인기를 끌고 있습니다. 1968년 2월 11일 일본에서 태어났으며, 어린 시절부터 예술적 열정이 대단했다고 해요. 뉴올리언스 아트 센터에서 예술을 전공했고, 그림과 캐릭터 디자인 역량을 키우기 시작했습니다.

그림과 실사를 활용한 실감 나는 상황의 그림책, 말풍선에 담긴 한두 마디로 아이들에게 웃음을 선사하는 재치와 유머까지 겸비했습니다. 간결하면서도 감동적인 이야기는 아이를 대상으로 하지만, 어른이 보아도 재밌고 감동적입니다. 모든 세대에게 두루 사랑받는 이유입니다.

**Reading Point** 사랑하던 애착 인형을 잃어버리게 된다면?

아직 말을 잘 못하는 트릭시. 늘 갖고 다니는 애착 인형 너플버니(크너플버니)를 안고 아빠와 함께 빨래방에 갔어요. 아빠가 세탁기에 빨래 넣는 걸 돕고 집으로 돌아가는데, 트릭시는 그만 애착 인형을 빨래방에 두고 왔다는 걸 깨닫죠.

아빠에게 열심히 알리려 하지만, 서투른 트릭시의 말을 아빠는 못 알아듣습니다. 하지만 집에 도착한 트릭시를 보고, 엄마는 즉각 애착 인형을 두고 왔다는 걸 눈치채죠. 서둘러 빨래방으로 가보는데, 수많은 빨랫감 속에서 너플버니(크너플버니)를 찾는 게 쉽지 않네요.

아빠가 책임을 맡았을 때 벌어지는 현실적이고 기발한 이야기, 흑백 사진을 배경으로 개성 있는 일러스트를 얹어 멋진 작품이 완성되었습니다. 우리집 막내도 애착 인형이 토끼였기 때문에, 무척 공감하며 보았던 책이랍니다.

## Further Activity  아이의 발달에 맞춰 읽어주고 다양한 독후활동

- Basic Reading | 기본 읽기

Knuffle Bunny에서 K는 묵음이므로, 너플버니로 읽어야 한다고 여기기 쉬워요. 사실 작가가 의도적으로 만든 이름입니다. 아직 파닉스 개념이 없는 아이를 대상으로 하는 그림책이라서, 그냥 철자대로 크너플버니라고 읽어야 한다네요. 파닉스 개념이 정확히 인지된 아이한텐 너플버니라고 읽어줘도 됩니다.

- Reading + Sound | 동영상과 함께 읽기

읽어주기 동영상을 참고하세요. 읽기 스타일을 익혀서 직접 읽어주거나, 동영상에 나오는 읽기 음성을 틀어 주면서 책을 보여주어도 됩니다.

- Reading + Creativity | 애착 인형 관련 엄마표 영어 놀이

크너플버니 시리즈는 애착 인형이 소재입니다. 총 세 권인데, 트릭시가 커가면서 애착 인형과 건강하게 이별하기까지의 과정을 담았습니다. 저는 이 책을 읽어줄 때 막내의 애착 인형 이름인 '토순이'로 바꿔 읽어줬답니다. 아이가 자기 얘기처럼 공감하며 몰입해 읽을 수밖에 없었죠.

　시리즈 마지막엔 트릭시가 실수로 잃어버린 애착 인형을 자기보다 더 필요한 아이한테 양보하면서 행복한 이별을 하는 성장 이야기가 담겨있어요. 막내한테 이젠 빨아도 때가 지워지지 않을 만큼 낡은 토순이를 집으로 돌려보내자고 했지만, 아직 마음의 준비가 안 되었다고 하더군요. 언젠간 분명 행복한 이별을 할 수 있을 때가 오겠지요. 애착 인형 외에도 다양한 애착 물건을 가진 친구들이 많을 거예요. 아이의 애착

물건을 책에 투영시켜서 행복한 이별을 준비해 보는 건 어떨까요?

　아울러 작가의 홈페이지에 방문하면 여러 활동에 사용할
자료가 많이 있습니다. 좋아하는 시리즈가 있다면 찾아서
활용해 보세요.

**Tail Back**　꼬리를 무는 다른 책들

모 윌렘스 작가의 작품은 '크너플버니(Knuffle Bunny)' 시리즈 외에도 말
풍선 그림책이 여럿 있습니다. '엘레펀트 앤드 피기(Elephant & Piggie)'
시리즈는 앞에서 소개했으므로 다른 시리즈 위주로 소개합니다.

BOOK 039-1.《Knuffle Bunny Two, Three》크너플버니 시리즈 2, 3권
BOOK 039-2.《Pigeon 시리즈》비둘기 피죤이 등장하는 말풍선 그림책
BOOK 039-3.《Cat 시리즈》고양이 캣이 등장하는 말풍선 그림책

# Bear Hunt

## 창의적 이야기의 마술사 앤서니 브라운

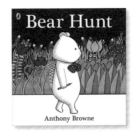

지은이 앤서니 브라운(Anthony Browne)　출판사 Square Fish

**Basic Information** 독특한 그림 스타일로 사랑받는 최고의 작가

영국의 대표적인 동화 작가이자 일러스트레이터로, 한국에서도 여러 차례 원화전을 열 만큼 인기가 많은 작가입니다. 어린이와 어른 모두에게 사랑받는 아름다운 이야기와 그림으로 많은 작품을 출간했습니다.

　1946년 9월 21일 영국에서 태어나 런던 명문 슬레이드 스쿨 오브 파인 아트에서 미술을 공부하면서 그림과 미술에 대한 역량을 키웠습니다. 그의 작품은 그림만 봐도 누구 것인지 알 정도로 고유한 그림체와 상상력이 돋보입니다. 그림뿐 아니라 텍스트를 통해 이야기를 전달하는 데 능숙하며, 여러 작품이 아동문학상을 받았습니다.

**Reading Point** 마법 연필로 사냥꾼을 물리치는 통쾌한 이야기

어느날 곰이 마법 연필을 갖고 산책을 갑니다. 그 뒤로 사냥꾼 둘이 조심조심 따라가고 있어요. 곰을 잡기 위해서죠. 사냥꾼 하나가 그물로 곰을 잡으려 하자, 곰은 마법 연필로 사냥꾼을 골탕 먹입니다. 사냥꾼들은 그에 굴하지 않고 계속 횡포를 부립니다. 하지만 그때마다 마법 연필과 순발력으로 절대 잡히지 않고 빠져나가는 곰. 사이다처럼 통쾌한 이야기가 펼쳐집니다.

간단한 문장으로 된 책이지만, 그림으로 모든 상황을 이해할 수 있어 재미나게 볼 수 있어요.

**Further Activity** 마법 연필로 물리치고 다양한 독후활동

• Basic Reading | 기본 읽기

앤서니 브라운의 곰 시리즈에는 '마법 연필'이 나와서 흥미롭게 전개됩니다. 나쁜 사냥꾼을 어떻게 물리치느냐가 포인트입니다. 먼저 답을 보여주지 말고, 어떤 방법이 있을지 아이 스스로 생각할 수 있게 조금 기다려주면서 읽어주세요.

사냥꾼이 곰을 잡으려고 올가미를 던집니다. 그때 곰이 마법 연필로

무언가를 그려요. 바로 넘겨서 책 내용을 보여주기보다는 '곰이 그리고 있는 게 뭘까?, 사냥꾼한테서 어떻게 빠져나갈까?' 등 아이가 상상할 시간을 주세요. 아이 생각을 물어봐도 좋습니다. 그런 다음 책장을 넘겨서 작가 생각과 같은지 확인해 봅니다. 훨씬 더 재밌게 책을 즐길 수 있어요.

- Reading + Sound | 동영상과 함께 읽기

읽어주기 동영상을 참고하세요. 읽기 스타일을 익혀서 직접 읽어주거나, 동영상에 나오는 읽기 음성을 틀어 주면서 책 을 보여주어도 됩니다.

- Reading + Creativity | 마법 연필로 엄마표 영어 놀이

마법 연필로 찾은 나만의 해결책으로 새로운 이야기를 만들어보세요. 책에는 도움을 주기 위해 곰에게 외치는 문장이 여럿 있습니다. 아이 역시 응원하게 돼죠. "Look out | 조심해.", "Well done | 잘했어.", "Run, Bear, run | 달려 곰아 달려.", "Look up | 위를 봐." 직접 아이가 소리칠 수 있게 분위기를 만들어서 주고받으며 읽어주세요. 이렇게 익힌 명령어를 평상시 아이와의 활동에서도 활용해 반복하면 좋습니다.

아울러 작가 홈페이지에도 방문해 보세요. 여러 독후활동 아이디어를 얻을 수 있습니다.

### Tail Back 꼬리를 무는 다른 책들

가족을 주제로 다양하게 풀어낸 그림책도 있으므로, 함께 보시기를 권합니다. 앤서니 브라운 작가의 그림책은 어느 걸 고를지 몰라 오히려

당황스러울 정도로 재미나고 좋은 책이 많습니다.

BOOK 040-1. 《A bear-y Tale》 마법 연필을 갖고 숲속 상대를 골려주는 곰 그림책
BOOK 040-2. 《The little bear book》 마법 연필로 필요한 걸 선물하는 곰 그림책
BOOK 040-3. 《My Brother》 남동생의 여러 모습을 재밌게 소개한 그림책
BOOK 040-4. 《Our Girl》 소녀의 다양한 모습을 재밌게 소개한 그림책
BOOK 040-5. 《My Mum》 엄마의 신기하고도 다양한 매력을 소개한 그림책
BOOK 040-6. 《My Dad》 아빠의 익살스럽고 재밌는 능력을 소개한 그림책

# STEP 2
# 쉬운 스토리북

## ·2-4·

## 단계별 리더스북 시리즈

읽기뿐만 아니라 말하고 쓰는 기초를 튼튼히 하는 단계에 효과가 있는 리더스북 시리즈를 소개합니다. 단계별로 구성되다 보니, 줄거리가 빈약하고 재미없다는 게 단점이에요. 그러므로 반드시 재밌는 영어책을 병행해 읽어주는 걸 잊지 마세요. 모든 시리즈의 모든 책을 다 읽힐 필요는 없습니다. 아이가 영어 원서 읽기를 숙제처럼 생각해선 곤란하니까요. 다른 책을 잘 읽는다면, 여기 소개한 책들은 생략하셔도 무관합니다. 각각 리더스북의 특징을 소개하고 어떻게 활용하면 좋을지 간략히 안내하니, 취사선택하기를 바랍니다.

# • book 041 •

# Oxford
# Reading
# Tree

## 그림책처럼 읽는
## 단계별 리더스북

 지은이 알렉스 브리츠타(Alex Brychta) 외  출판사 Oxford University Press

**Basic Information**  일관된 스토리로 이어지는 재밌는 리더스북

'ORT(Oxford Reading Tree)'로 알려진 리더스북 시리즈입니다. 리딩을 위한 책은 단계별 어휘와 문장 수준을 철저히 통제해 만들기 때문에, 줄거리가 재미없고 학습처럼 느껴진다는 단점이 있습니다. 하지만 ORT는 키퍼 가족과 이웃 이야기가 계속 이어져 점점 흥미로워집니다. 처음엔 쉽고 짧은 텍스트로 시작해서 5단계부터는 본격적인 모험 이야기가 시작되거든요. 그림책만큼이나 흥미를 갖고 즐겁게 읽을 수 있게 구성된 리더스북 시리즈입니다.

국내 보급된 것은 한솔교육이 구성해서 판매하는 기관용 ORT와 인북스가 판매하는 ORT가 있습니다. 개인적 견해지만, 본격적 줄거리가 시작되는 4~5단계부터 읽혀도 충분하므로 선택 옵션이 많은 인북스 ORT가 낫지 않나 합니다. 1~12단계 전체를 다 읽히기보다 4~9단계 정도만 활용해도 충분하기 때문입니다.

본격적인 모험 이야기가 시작되는 5단계부터 줄거리가 탄탄해지고, 9단계까지는 어느 정도 수준으로도 편하게 읽을 수 있어요. 그 이상의 실력과 흥미라면, 굳이 리더스북 시리즈가 아닌 재밌고 다양한 챕터북으로 넘어가면 됩니다. 그러니 굳이 ORT만 고집하진 마세요. 아이가 취향과 관심사에 맞춰 얼마든지 책을 선택할 수 있게 되면, 뒤에 소개할 다양한 장르와 소재의 원서를 맛볼 수 있게 해주세요.

**Tail Back** 꼬리를 무는 다른 책들

이 장에서는 비슷한 효과를 내는 대체 가능한 시리즈를 소개합니다. 'NIR' 시리즈는 파닉스에 기반을 두고 음가를 훈련할 수 있도록 구성되었습니다. 단계별 수준에 맞춘 단어와 문장을 익힐 수 있고 한국 보급판의 경우 플래시카드, 음원 CD 등 부록도 들어 있습니다.

BOOK 041-1. 《Now I'm Reading 시리즈》 NIR 단계별 리더스북 시리즈

## • book 042 •

# Buddy Readers
## 리딩 준비에 좋은
## 부담 없는 리더스북

**지은이** 리자 찰스워스(Liza Charlesworth)  **출판사** Scholastic Teaching Resources

---

**Basic Information**  리딩 시작 단계에서 도움을 주는 리더스북 시리즈

배경 어휘가 잘 자리 잡았다면, 책에서 자주 보는 사이트 워드(sight word)로 된 패턴 문장을 활용해 읽기 준비할 단계입니다. 이제 막 리딩을 시작하는 단계에서 '학습' 느낌이 덜 드는 리더스북 시리즈입니다.

패턴 문장으로 사이트 워드와 배경 어휘를 습득하고, 캐릭터별로 다섯 권씩 단계별 총 20권 혹은 16권(A, B, C, D, E&F 단계) 시리즈로 되어 있어서 이야기까지 즐길 수 있습니다. 단계별 리더스북 시리즈로 'Guided Reading Level' 단계로 구분되어 있어 아이 수준에 맞는 책들과 연계해 읽히기 편리합니다.

F 레벨까지 아이 스스로 읽을 수 있으면, 기본적인 사이트 워드는 충분히 인지된 것으로 보아도 됩니다. 단어 하나하나 꼼꼼하고 정확하게 읽기를 강요하지는 마시고, 패턴을 이해하고 그걸 활용해서 다음에 올 문장을 그림으로 예측하는 데 초점을 맞추세요. 이제까지 듣기 중심으로 영어 원서를 읽었다면, 이젠 자연스럽게 글자에 호기심을 가지면서 자꾸만 문자로 눈이 가도록 해주는 겁니다. 이렇듯 통으로 된 문자로 인지한 단어를 하나둘씩 늘려가는 게 바로 리딩의 시작입니다.

### Tail Back  꼬리를 무는 다른 책들

비슷한 효과를 내는 대체 가능한 시리즈로 이야기로 사이트 워드를 익히도록 해주는 '사이트 워드 스토리' 시리즈와 처음 리딩을 시작하는 아이를 위한 '퍼스트 리틀 리더스' 시리즈가 있습니다. 모두 '버디 리더스' 시리즈의 저자인 리자 찰스워스가 만들었습니다.

BOOK 042-1. 《Sight Word Stories》 사이트 워드를 익히도록 고안된 리더스북 시리즈
BOOK 042-2. 《First Little Readers》 조금 더 어린아이 친화적인 리더스북 시리즈

## book 043

# JY First Readers
## 말하기와 쓰기를 동시에 익히는 리더스북

**지은이** 미키 다론코(Mickey Daronco) **출판사** Benchmark Education

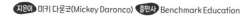

**Basic Information** 듣기에서 문자로 넘어갈 때 유용한 리더스북 시리즈

아이에게 다양한 영어 원서 그림책을 읽어주다 보면, 드디어 문자 민감기가 왔다는 느낌이 들 때가 옵니다. 하나둘씩 인지한 통으로 된 문자(단어를 하나의 그림처럼 인지)가 늘어나면서, 스스로 읽어보려고 신호를 보냅니다. 이때가 바로 본격적으로 아이와 함께 리딩을 시작하는 게 효과적인 단계입니다.

간단한 패턴과 기초 리딩을 위한 배경지식이 담긴 교재로 'JFR(JY First Readers)'을 추천합니다. 미국에서 2000년대 초반에 나왔던 책을 수입해 음원과 함께 만든 시리즈인데요. 그래서인지 좀 오래된 느낌이 있지만 무엇보다 그림이 아닌 실사로 되어 있어 생활감 있게 단어와 패턴 문장을 익힐 수 있습니다.

노부영, 즉 음원으로 아이가 패턴을 익히도록 구성되어 있어 진입하기는 쉽습니다. 하지만 너무 음원에 의존해 듣고 따라 말하게 하는 데 치중하지 않도록 유의하세요. 어디까지나 아이 스스로 글자를 보면서 읽어나가도록 하는 게 주된 목적이니까요. 음원에만 의존해 외워 읽는 식이 되면 정작 리딩에는 도움이 안 되는 경우가 많아요.

패턴 단어는 다른 책에서도 자주 마주칠 사이트 워드이고, 그걸 자꾸 눈으로 보고 스스로 소리내보아야 진짜로 아이의 자산이 됩니다. 진짜 자기 것인 단어가 하나둘씩 쌓여야 책에서 그 단어를 만났을 때 반가워지고, 계속 책을 읽고 싶은 주도적 리딩 환경이 만들어집니다.

### Tail Back  꼬리를 무는 다른 책들

비슷한 효과를 내는 대체 가능한 책으로 'JY 런투리드' 시리즈가 있습니다. JFR처럼 음원과 함께 사이트 워드와 패턴 문장을 익힐 수 있도록 되어 있습니다.

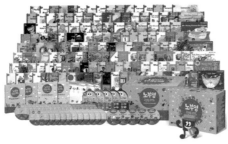

BOOK 043-1. 《Learn to Read 시리즈》 제이와이북스가 구성한 단계별 리더스북 시리즈

## • book 044 •

# Brain Bank

## 논픽션 좋아하는 아이를 위한 리더스북

**지은이** 윌든 오웬 에듀케이션(Weldon Owen Education) **출판사** Scholastic

---

**Basic Information** 미국 교과과정에 충실한 논픽션 리더스북 시리즈

아이에 따라 정보와 지식을 얻는 데 더 흥미를 느끼는 경우가 있습니다. 그런 아이라면 이야기책을 재미없다고 거부하기 쉽습니다. 문장이 단순하고 반복적이지만, 지식이 풍부한 배경 어휘를 익힐 수 있는 논픽션 리더스북을 활용해서 리딩을 시작하게 해주는 것도 좋습니다. 논픽션 기초 단계 리더스북은 다양하지만, 대부분 과학 분야에만 집중된 경우가 많습니다. 하지만 '브레인 뱅크' 리더스북 시리즈는 사회, 과학 전 분야를 골고루 잘 다루고 있어서 맘에 들더라고요.

특히 K레벨 책은 사이트 워드 중심의 패턴 문장과 논픽션 주제가 잘 어우러져 다양한 영역의 어휘를 두루 습득할 수 있으므로 특히 추천합니다. 책마다 주제가 명확해서 영상과 연계해 활용할 수 있다는 것도 장점입니다.

대부분 논픽션 리더스북은 설명 문장이 많아서 아이가 특정 주제에 대해 말이나 글로 설명할 때 필요한 기초 문장을 익히고 기본 소양을 쌓는 데 유익합니다. 리딩에 도움이 되는 교재는 많지만, 그중 내 아이가 흥미를 보일 만한 게 무엇인지 잘 파악해서 적합한 교재를 찾도록 노력할 필요가 있습니다.

### Tail Back 꼬리를 무는 다른 책들

비슷한 효과를 내는 대체 가능한 논픽션 시리즈로 '렛츠 파인드 아웃' 시리즈와 '가이디드 사이언스 리더스' 시리즈 등이 있습니다.

BOOK 044-1. 《Let's Find Out Readers》 논픽션 주제에 따른 단계별 리더스북 시리즈
BOOK 044-2. 《Guided Science Readers》 '버디 리더스' 작가 리자 찰스워스의 논픽션 리더스북 시리즈

# Decodable Readers
## 음가 조합에 대한
## 이해를 돕는 리더스북

**지은이** 와일러 블레빈스(Wiley Blevins) **출판사** Scholastic

**Basic Information** 영어 음가의 규칙성을 이해하기 쉽게 하는 책

앞에서 소개한 리더스북을 소리내서 읽으면서 통으로 된 문자를 익히고, 규칙성을 이해하면서 자연스럽게 리딩이 되는 아이도 있습니다. 그런데 규칙성을 이해하고 읽기에 적용하기 어려워하는 아이도 많습니다. 그때 파닉스 교재를 활용해도 되지만, 스스로 규칙을 적용해 읽는 경험을 통해 읽기의 즐거움을 쌓이게 하는 것이 중요합니다. '디코더블(Decodable)'은 풀 수 있다는 의미로, 단어에 들어 있는 개별 음소를 익힘으로써 음가의 규칙성을 이해하게 해줍니다.

예를 들어볼까요? 장모음 a가 들어간, 즉 'cake, ate, make, bake,

rake, late…' 이런 단어가 들어 있는, 즉 'a 디코더블' 단어가 많이 포함된 문장만으로 이야기가 진행됩니다. 반복되는 단어에서 아이는 장모음 a를 읽는 여러 방법을 터득하고, 결과적으로 규칙을 완벽하게 이해하기까지 반복해 습득할 수 있습니다. 더 발전하면 단어로 된 문자를 소리내서 읽고 단어의 소리를 듣고 문자로 옮길 수 있게 되는 것입니다.

  디코더블 리더스는 어쩔 수 없이 단어가 작위적으로 선택되므로, 문장이 어색하고 줄거리가 엉성하다는 게 단점입니다. 그러므로 반드시 문장이 아름답고 줄거리가 재밌는 다른 책을 함께 노출해 주어야 합니다.

**Tail Back**  **꼬리를 무는 다른 책들**

비슷한 효과를 내는 대체 가능한 시리즈로는 '밥 북스' 시리즈와 '아이 캔 리드 파닉스', '파닉스 스텝 인투 리딩' 시리즈 등이 있습니다.

BOOK 045-1. 《Bob Books 시리즈》 4세부터 익히는 파닉스 리더스북 시리즈
BOOK 045-2. 《I can read Phonics 시리즈》 다양한 캐릭터를 활용한 리더스북 시리즈
BOOK 045-3. 《Phonics STEP into reading 시리즈》 포 패트롤 등 단계별 리더스북 시리즈

# PART III

# · STEP 3 ·

# 탄탄한 스토리북
# : 영어 원서 재미 붙이기
## SUBSTANTIAL STORY-BOOK

그림과 텍스트가 어우러진
영어 원서의 마지막 단계입니다.
그림 없이 글자만 있는
본격 리딩북으로 넘어가기 전,
영어 원서 읽기의 재미를
배가해 주는 책들을 만납니다.
여기선 독후활동으로 아이와의
독서 대화를 넣었습니다.

# STEP 3
# 탄탄한 스토리북

## ·3·1·

## 일상과 가족

STEP 1에서 배경 어휘를 차곡차곡 쌓았고, STEP 2에서 리딩 시작 단계에 도달했다면, 이젠 제대로 줄거리에 몰입해 읽는 즐거움을 맛볼 차례입니다. 아이가 좋아하는 주제와 장르를 찾을 수 있도록, 주제별 필독서를 소개합니다. 이제 아이에게 직접 책을 읽어주며 놀아주는 단계를 넘었습니다. 아이 스스로 몰입하고 책을 즐길 수 있게, 다양한 대화로 흥미를 높일 차례입니다. 표지를 보고 줄거리를 유추하거나 책을 읽으며 자기 경험에 대입하고, 읽고 나서는 느낀 점과 생각을 나누는 '엄마표 영어 대화'로 아이가 깊이 있게 원서를 읽게 도와주세요. 대화 독서록을 만들면, 아이의 발달을 담는 훌륭한 기록이 됩니다.

# Peter's chair

## 소년 피터의 성장을 그린 가족 스토리북

**지은이** 에즈라 잭 키츠(Ezra Jack Keats)  **출판사** Puffin Books

**Basic Information**  세계적 걸작 그림책으로 꼽히는 '피터의 의자' 원서

미국 뉴욕 브루클린 태생의 유명한 작가 에즈라 잭 키츠의 책입니다. 작가는 1960년《눈 오는 날(The Snowy Day)》로 그림책 분야의 노벨상이라고 불리는 칼데콧 메달을 받았습니다. 원래 다른 작가 책의 그림만 그리다가, 처음으로 쓰고 그린 책으로 상을 받게 된 것이지요. 당시 흑인이 주인공인 그림책은 처음이었다고 합니다.

그의 책에는 대부분 흑인 아이 등 유색 인종이 나오는데, 작가는 백인입니다. 어린 시절 가난한 슬럼가에서 자란 그는 흑인과 지내는 게 익숙했고 자연스레 옛 모습을 떠올리며 주인공 모습을 그리곤 했다고 합니다. "아이는 누구나 자신을 중요한 존재로 느끼며 희망을 품을 수 있다는 것을 보여주고 싶다."라고 포부를 밝힌 작가는 꼬마 소년 피터의 성장과 변화 이야기를 따뜻한 시선으로 그려내고 있습니다.

**Reading Point** 동생이 생긴 피터는 자기 의자를 양보할까?

피터는 태어난 지 얼마 되지 않은 동생 수지에게 자기 물건을 물려주는 게 영 내키지 않습니다. 피터가 쓰던 침대와 가구들이 차례차례 핑크 물감으로 덧칠되고, 이제 겨우 파랑 의자 하나만 남았습니다. 자기가 가장 좋아한 파랑 의자도 곧 동생의 것이 되리란 걸 안 피터는 의자를 구하기로 합니다. 의자를 들고 도망치기로 한 것입니다.

하지만 저녁이 되어 배가 고파진 피터는 다시 집으로 몰래 숨어듭니다. 아무 일 없었다는 듯 따뜻하게 안아주는 엄마의 포옹에 도주하려던

생각이 슬그머니 사라지고…. 다시 앉으려고 보니 파랑 의자가 이젠 자기한테 너무 작은 것도 같네요. 피터는 과연 동생에게 의자를 양보할까요? 멋진 오빠가 될 수 있을까요? 동생이 생겨 부모의 관심에서 밀려난 것처럼 느끼는 소년의 솔직한 심리가 재밌게 그려진 책입니다.

### **Further Activity** 책 한 권에 쌓이는 추억과 감성

• Reading + Sound | 동영상과 함께 읽기

읽어주기 동영상을 참고하세요. 동영상을 본 다음 아이 스 스로 읽게 하거나, 읽기 음성을 틀어 주면서 책을 읽게 해도 좋습니다. 아직 어리다면 엄마가 계속 읽어줘도 됩니다.

• Reading + Memory | 아이와 추억 찰칵!

우리집엔 아이가 셋이에요. 2년 터울의 형제, 그리고 큰아이와 10년 차이가 나는 막내딸…. 둘째가 태어났을 때 첫째는 멀찍이 서서 집에 가자는 말만 되풀이했어요. 혼자 모든 사랑을 독차지하다가 관심이 동생한테 쏠리니까 이상했던 모양입니다. 그런데 그때는 아이 마음을 잘 헤아리지 못했어요. 심술을 부리는 첫째를 혼내기만 했습니다. "형답게 굴어야지!" 혼나면 동생이 더 미워지고…. 악순환이더군요.

그 와중에 만난 책입니다. 아이한테 읽어주면서, 비로소 아이 마음이 보이기 시작했어요. 첫째의 허전한 마음을 채워주자고 다짐하며, 둘째가 없는 틈틈이 아이와 둘만의 소소한 추억을 만들었어요. 카페에 가서 맛있는 디저트도 먹고 아이가 보고 싶어 하는 영화도 보고 귓속말로 "엄마는 우리 큰아들이 제일 좋아."하고 표현도 했어요. 그랬더니 거짓

말처럼 동생에 대한 아이의 태도가 변하더라고요. 아이의 심리를 잘 들여다보며 읽으면, 재미가 더욱 배가됩니다.

- Reading + Conversation | 엄마표 독서 대화

다양한 엄마표 대화로 책에 대한 관심을 높이고 아이의 생각을 끌어내 주세요. 아직은 영어로 대화하지 않아도 괜찮습니다. 책 읽기에 더 몰입할 수 있도록 여러 질문을 하고 답을 하면 공감하고 칭찬해 주세요.

표지를 보면서 "피터는 지금 뭘 바라보고 있을까?"

읽는 도중에 "아빠가 피터의 침대를 핑크로 칠한 이유가 뭘까?", "피터는 왜 다시 집으로 돌아갔을까?"

다 읽고 난 뒤에 "피터는 왜 심술이 났을까?", "너는 동생이 생기면 어떤 기분이 들 것 같아?", "엄마가 피터에게 어떻게 해주면 좋을까?"

### Tail Back 꼬리를 무는 다른 책들

작가의 다른 작품도 소개합니다. 독특한 표현의 그림과 재밌는 줄거리가 몰입감을 높입니다. 같은 등장인물이 나오면 시리즈 느낌이 있어 리더스북 역할을 톡톡히 해줍니다.

BOOK 046-1. 《The Snowy Day》 눈 오는 날의 피터가 나오는 칼데콧 수상작 스토리북
BOOK 046-2. 《Whistle for Willie》 어른처럼 휘슬을 불고 싶은 피터의 스토리북
BOOK 046-3. 《A Letter to Amy》 생일파티 초대장을 보내러 간 피터의 스토리북
BOOK 046-4. 《Pet Show!》 펫쇼가 애완동물 자랑하는 곳인 줄 안 아이들의 스토리북
BOOK 046-5. 《Jennie's Hat》 평범한 모자가 싫었던 제니의 기상천외 모자 스토리북
BOOK 046-6. 《Hi, Cat!》 사람들에게 뽐내고 싶은 피터와 훼방꾼 고양이 스토리북

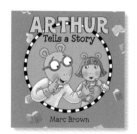

# Arthur tells a story
## '아서 스타터' 스토리북 시리즈

**지은이** 마크 브라운(Marc Brown) **출판사** Marc Brown Studios

**Basic Information** TV 시리즈와 유·초등 시리즈로 유명한 작품

아동 작가 마크 브라운이 쓴 '아서 스타터' 시리즈 중 한 권입니다. 생쥐 캐릭터인 아서와 가족들, 친구들 사이에서 벌어지는 유쾌한 에피소드를 담았습니다. 짧은 분량의 재밌는 이야기로 입문 단계의 스토리북으로 적합합니다. 국내에는 여러 패키지로 소개되어 있어요. 입문 단계 스타터를 읽고 나면, 다음 단계인 어드벤처 시리즈와 챕터북까지 같은 캐릭터가 계속 이어서 나오니까 몰입감을 높이는 데 도움이 됩니다.

작가 마크 브라운은 '아서의 모험'을 담은 시리즈를 펴내고 PBS 방송국에도 동명의 어린이 시리즈를 방영해서 에미상을 받았습니다.

아서가 편하게 소파에 누워 쉬고 있는데, 심심한 동생 D.W가 놀아달라 조릅니다. 놀아주기 귀찮은 아서는 강아지 산책 핑계를 대고, 아주 높은 산으로 갈 거라 말하지만…. 절대 포기하지 않는 동생. 자기는 등산을 좋아하니까 재밌을 것 같으니 따라가겠다고 합니다.

아서는 동생과 놀아주기 싫어서 폭발하는 화산섬, 맹수들이 사는 정글, 무인도 등 산책길에 나올 험난한 사건을 과장해 들려줍니다. 그런데 동생은 겁은커녕 오히려 점점 더 신이 납니다. 결국 아서는 자신도 모르게 동생과 모험 이야기를 나누며 즐겁게 보냈음을 깨닫고 맙니다.

주거니 받거니 동생과 나눈 대화만으로 탄생한 멋진 이야기. 아이와 함께 상상하며 '스토리 이어 만들기'를 해봐도 좋은 책입니다.

**Further Activity** 책 한 권에 쌓이는 추억과 감성

- Reading + Sound ㅣ 동영상과 함께 읽기

읽어주기 동영상을 참고하세요. 동영상을 본 다음 아이 스 스로 읽게 하거나, 읽기 음성을 틀어 주면서 책을 읽게 해도 좋습니다.

- Reading + Memory ㅣ 아이와 추억 찰칵!

영어를 너무 사랑하고 지금은 꿈을 이루기 위해 혼자 타국에서 고군분 투하는 둘째가 가장 좋아했고, 자주 반복해서 읽었던 책입니다. 영어에 꾸준히 노출했더니 일찍부터 리딩에 관심을 가진 첫째와 달리, 둘째는 듣고 외우는 걸 더 좋아했죠. 똑같은 원서를 읽어줘도 첫째는 글자만 들여다보는데, 둘째는 그림과 소리를 열심히 듣고 외워서 그림에 맞춰 읽는 시늉을 하곤 했어요.

워낙 오디오도 재밌어서, 제가 읽어주고 오디오도 수시로 틀어줬지 요. 그렇게 반복해서 듣더니 저절로 외워서 글자도 모르던 아이가 책을 가져와 제 앞에서 재미나게 읽어주는 게 아니에요? 아직 아기였던 그 때의 둘째 모습이 생생합니다.

너무나 실감 나게 읽기에 역할극도 좋을 것 같아서 택배 상자를 이용 해 인형극 무대를 만들고 캐릭터 종이 인형도 만들어줬지요. 그랬더니 책에서 익힌 다양한 표현을 가져다 상황에 맞게 새롭게 이야기를 만들 더라고요. 재밌어서 반복해서 들으니 외워지고, 외워져서 그림책과 함 께 반복해서 읽으니 그 표현을 정확하게 이해하게 되고, 이해한 표현을 적재적소에 활용할 수 있게 되는… 바람직한 사이클을 타게 된 것이죠.

그때부터 아이가 영어로 말하는 게 훨씬 더 편하고 즐거워졌던 모양입니다. 이런 홈런 책을 만나는 게 참 중요하다는 의미겠지요? 다른 아이에게도 꼭 홈런 북이 되기를 바랍니다.

• Reading + Conversation | 엄마표 독서 대화

다양한 엄마표 대화로 책에 관한 관심을 높이고 아이의 생각을 끌어내주세요. 아직은 영어로 대화하지 않아도 괜찮습니다. 책 읽기에 더 몰입할 수 있도록 여러 질문을 하고 답을 하면 공감하고 칭찬해 주세요.

표지를 보면서 "표지에 보이는 캐릭터는 무엇을 하는 걸까?"

읽으면서 "아서는 왜 자꾸 이야기를 지어내는 걸까?", "너라면 어떤 이야기를 지어낼 것 같아?"

책을 다 읽고 나서 "동생이랑 놀아주기 싫을 땐 어떻게 하는 게 좋을까?", "동생은 오빠(형)랑 놀고 싶은데 놀아주지 않으면 기분이 어떨까?", "동생이랑 무얼 하고 놀면 재밌을까?"

**Tail Back** 꼬리를 무는 다른 책들

아서 스타터 시리즈의 다른 책도 함께 보시면 좋습니다.

BOOK 047-1. 《Arthur Starter》 아서와 가족 이야기를 담은 아서 스타터 시리즈

# Daisy: You Do

## 말대답하는 데이지와 엄마의 스토리북

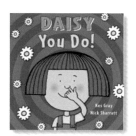

지은이 케스 그레이(Kes Gray) 출판사 Random house

---

**Basic Information** 케스 그레이와 닉 샤라트가 합작한 시리즈

'Oi(오이)!' 시리즈로도 유명한 영국의 동화 작가 케스 그레이의 '데이지' 시리즈 중 한 권입니다. 작가는 영국의 첼름스포드에서 태어나 켄트 대학교에서 영문학을 전공했습니다. 이후 영국을 대표하는 어린이 책 작가로 주목을 받기 시작하지요. 닉 샤라트가 그림을 그리고, 케스 그레이가 글을 쓴 이 '데이지' 시리즈로 인기 작가 반열에 올랐습니다.

영국 특유의 위트와 유머로 어린이에게 통쾌한 감정 해소의 기회를 제공하며, 문학적으로도 재밌고 다채로운 표현력을 자랑합니다. 버릇없고 말괄량이지만 절대 미워할 수 없는 데이지 캐릭터가 매력적입니다.

"코 파지 마!" 엄마가 잔소리합니다. 그랬더니 대답이 가관입니다. "You do | 엄마도 그러잖아." 꼬박꼬박 지지 않고 말대답하는 데이지. 당황한 엄마는 그런 적 없다고 딱 잡아 떼지만, 구체적 시기와 장면까지 묘사하는 데이지 앞에선 더 이상 할말이 없습니다.

"쩝쩝 소리 내면서 먹지 마!" 엄마의 잔소리가 쏟아지자, 토요일에 닭고기 국수 먹을 때 엄마도 소리내며 먹었다며 당당하게 쩝쩝대며 먹는 데이지. 아무 데나 벗어놓은 옷을 보고 엄마가 잔소리하자, 엄마도 파티에 가기 전 엉망으로 옷을 벗어놨다고 공격하는 데이지. 엄마 말에 꿈쩍도 하지 않고 씨알도 안 먹힙니다. 과연 데이지와 엄마의 말싸움 대결은 누구의 승리로 끝나게 될까요?

- Reading + Sound | 동영상과 함께 읽기

읽어주기 동영상을 참고하세요. 동영상을 본 다음 아이 스
스로 읽게 하거나, 읽기 음성을 틀어 주면서 책을 읽게 해도
좋습니다.

- Reading + Memory | 아이와 추억 찰칵!

아이를 기르다 보면 '하지 마!'라는 말을 입에 달고 살게 되지요. 주로
어떤 잔소리를 하시나요? "다리 떨지 마.", "누워서 보지 마.", "골라 먹지
마.", "물 좀 잠가.", "밥 먹을 땐 책 보지 마."… 다들 한 번쯤 해본 잔소리
지요?

아이가 네댓 살까지만 해도 그냥 듣기만 하더니, 머리가 굵어지니까
엄마의 모습을 줄곧 보아온 통계가 쌓여서 불만을 표하기 시작합니다.
주된 레퍼토리가 바로 이거지요. "엄마도 그랬잖아."

속으론 뜨끔했지만 뻔뻔하게 평계를 대곤 했어요. 책 속 엄마의 모습
이 나랑 어찌나 비슷하던지, 정말 공감하며 읽었네요. 엄마만큼이나 아
이도 공감하게 되니까, 이 책을 읽은 후론 한동안 "You Do | 엄마도 그
러잖아."를 외치곤 했어요. 무엇보다 이 책 하나로 "You Do!"라는 표현
은 확실하게 깨우치게 됐네요.

- Reading + Conversation | 엄마표 독서 대화

다양한 엄마표 대화로 책에 관한 관심을 높이고 아이의 생각을 끌어내
주세요. 책 읽기에 더 몰입하게, 여러 질문을 하고 답을 하면 공감하고
칭찬해 주세요.

표지를 보면서 "데이지가 뭘 하고 있을까?"

책을 읽으면서 "데이지 엄마처럼 엄마도 옷을 아무 데다 막 벗어놓은 적 있어?", "데이지처럼 엄마에게 'You Do.'라고 말하는 것은 괜찮은 행동일까?"

책을 다 읽고 나서 "엄마가 제일 자주 하는 잔소리는 뭐야?", "엄마는 왜 잔소리하는 걸까?", "잔소리 대신 어떻게 말하면 좋을까?"

### Tail Back 꼬리를 무는 다른 책들

'데이지(Daisy)' 시리즈의 다른 책들도 꼭 함께 보시기를 권합니다.

BOOK 048-1. 《Daisy》 발랄 상큼한 데이지가 펼치는 일상 '데이지' 시리즈

## book 049

# Froggy eats out

## 매너 지키는 가족 해프닝을 담은 스토리북

**지은이** 조너선 런던(Jonathan London), 프랭크 렘키위츠(Frank Remkiewicz) **출판사** Puffin Books

---

**Basic Information** 개구리 가족 '프로기'가 벌이는 흥미진진한 일상

작가 조너선 런던은 '프로기(Froggy)' 시리즈로 잘 알려진 미국의 어린이책 작가입니다. 미국 뉴욕 브루클린 태생으로 산호세 주립대학교에서 역사와 사회학을 전공했습니다. 처음 어린이책을 쓰게 된 것은 두 아들에게 읽힐 글을 쓰기 시작하면서라고 하네요.

작가는 특히 환경 문제에 관심이 많아서, 동물을 주제로 한 책도 쓰고 자연 서식지에서 동물을 관찰하는 것도 좋아한다고 합니다. 프로기 시리즈는 개구리 캐릭터를 이용해서 아이들이 쉽게 공감할 수 있는 이야기를 아주 유머러스하게 담았습니다.

너무도 배가 고픈 프로기. 부모님 결혼기념일이라서 깨끗하게 씻고 멋진 옷으로 근사하게 차려입고 시간 맞춰 레스토랑에 도착했습니다. 장소가 장소이니만큼 부모님은 레스토랑에서 지켜야 할 규칙을 알려줍니다. 깔끔하고 조용하게 먹어야 하고, 테이블에 발도 올려놓으면 안 돼요.

멋진 레스토랑이 처음인 프로기, 연거푸 실수를 저지르고 맙니다. 물을 엎지르고 숟가락으로 장난을 치고, 급기야 레스토랑 곳곳을 뛰어다니며 소란을 피웁니다. 결국 가족은 엉망이 된 음식 때문에 쫄쫄 굶고 레스토랑에서 나올 수밖에 없었어요. 하지만 프로기는 자기가 제일 좋아하는 파리버거로 맛있는 저녁을 먹을 수 있게 됐죠.

아이들과 식당에 가면 마음을 졸이게 되는데요. 프로기의 행동을 보면서 아이 스스로 공공장소에서 지켜야 할 예절에 대해 배울 수 있습니다. 독특한 의성어와 의태어도 많이 나와 읽는 재미를 더합니다.

• Reading + Sound | 동영상과 함께 읽기

읽어주기 동영상을 참고하세요. 동영상을 본 다음 아이 스
스로 읽게 하거나, 읽기 음성을 틀어 주면서 책을 읽게 해도
좋습니다.

• Reading + Memory | 아이와 추억 찰칵!

좀 재수 없다고 느끼실지 모르지만, 솔직히 고백하자면 아들 둘을 키우
면서 식당 가기 힘들었던 적은 없었어요. 오히려 식당에서 얌전히 차분
하게 앉아 밥을 먹는 아이들 모습이 신기한지 모두 한마디씩 하고 가
곤 했거든요. 스마트폰도 휴대용 단말기도 없던 때라 음식 나오기까지
아이들이 얌전히 기다리는 게 쉽지 않았어요. 음식이 나와도 아이 단속
하느라 밥이 입으로 들어가는지 코로 들어가는지 모를 상황이 되고, 외
식하러 나갔다 오히려 더 지쳐 돌아오는 일이 다반사였죠. 그런데 저희
아이들은 그렇지 않으니 신기했던 모양입니다.

'프로기' 시리즈 중에서도 특히 이 책을 좋아했던 이유는 아이 마음
을 들여다볼 수 있기 때문입니다. 미리 식당에서 지킬 예절을 차분히
설명하면, 아이는 지키려 노력합니다. 그런데 오히려 잘하려다가 긴장
해서 실수를 연발하게 되지요. 가만히 앉아있기도 힘든 어린아이와 고
급 레스토랑에 간다는 건 아이에게도 부모에게도 쉽지 않은 일입니다.

책의 마지막에 프로기와 가족은 햄버거 식당에 갑니다. 우리도 고급

레스토랑 같은 곳엔 별로 가지 않았어요. 주말마다 여행 대신 도서관에 갔는데, 근처 패스트푸드 식당에서 햄버거를 먹으며 빌린 책을 읽곤 했어요. 그래서인지 큰맘 먹고 데려갔던 고급 레스토랑보다 오히려 패스트푸드 식당이 아이와의 추억이 더 많이 쌓인 곳이 되었네요.

- Reading + Conversation ㅣ 엄마표 독서 대화

다양한 엄마표 대화로 책에 관한 관심을 높이고 아이의 생각을 끌어내 주세요.

표지를 보면서 "프로기가 있는 곳이 어디일까?"

책을 읽으면서 "엄마가 프로기에게 말해준 '레스토랑에서 지켜야 할 세 가지 규칙'이 뭐였니?", "프로기가 식당에서 어떤 실수를 저질렀니?"

책을 다 읽고 나서 "식당에서 지켜야 할 매너로 무엇이 있을까?", "특별한 날에 어디에서 외식하고 싶어?", "외식할 때 가장 편했던 곳은 어디지?"

### Tail Back 꼬리를 무는 다른 책들

'프로기(Froggy)' 시리즈의 다른 책들도 함께 보시기를 권합니다.

BOOK 049-1. 《Froggy》 개구쟁이 프로기와 함께 하는 즐거운 일상 '프로기' 시리즈

## • book 050 •

# Interrupting Chicken

## 잠자리 동화를 활용한 독특한 스토리북

**지은이** 데이비드 에즈라 스타인(David Ezra Stein)  **출판사** Random house

**Basic Information**  TV 시리즈로도 방영된 세 권짜리 시리즈 스토리북

작가는 미국 뉴욕 브루클린 태생으로 파슨스 스쿨 오브 디자인에서 일러스트를 공부했습니다. 어린이책을 쓰고 〈뉴욕타임스〉, 〈뉴요커〉 등에 그림도 그리는 아티스트랍니다. 참견쟁이 꼬마 닭이 나오는 '인터럽팅 치킨(Interrupting Chicken)' 시리즈는 2022년 애플TV에서 애니메이션으로 각색되어 방영되었습니다. 또한 어린이 그림책 최고의 영예인 칼데콧 상을 받기도 했습니다.

우스꽝스럽고 재밌게 부모와 아이의 입장을 역전시키는 특유의 구성이 또래 아이로 하여금 감정이입 하면서 푹 빠져들게 만듭니다.

아빠의 옛날이야기에 자꾸만 끼어드는 참견쟁이 꼬마 닭

잠자리에 들 시간이 되었어요. 꼭 해야 할 것이 있지요. 바로 아빠가 잠자리 동화를 들려주는 거죠. 아빠는 꼬마 닭에게 동화를 읽는 동안엔 절대 방해하지 말라고 신신당부합니다. 아마도 방해받은 기억이 있던 모양이에요.

첫째 이야기는 바로 헨젤과 그레텔입니다. 부모에게 버려져 숲속에서 길을 헤매던 남매는 과자로 만든 집을 발견하곤 들어가려 합니다. 그 순간 꼬꼬댁! 꼬마 닭이 책 속으로 뛰어들고 맙니다. 아이들에게 "저 할머니는 마녀야!" 하고 동화책 내용을 폭로해 버리죠. 아빠가 왜 끼어들었냐고 묻자 꼬마 닭은 "저 할머니는 진짜 마녀니까요!" 하고 항변합니다.

또 한 번 절대 방해하지 말라고 부탁한 다음, 아빠는 '빨간 망토 소녀'를 읽기 시작합니다. 빨간 망토 소녀가 숲을 걸어가고 있는데 늑대가

말을 겁니다. 그때, 또다시 꼬꼬댁! 꼬마 닭이 다시 책 속으로 뛰어듭니다. "낯선 사람이랑 얘기하면 안 돼!" 이번에도 김이 새고 말았어요.

계속 끼어드는 꼬마 닭 탓에 전부 다 망치고, 급기야 꼬마 닭은 자기가 만든 동화책을 읽어주겠다며 아빠를 침대에 눕히는데…. 잠자리 동화 시간은 무사히 마무리될 수 있을까요?

### **Further Activity** 책 한 권에 쌓이는 추억과 감성

• Reading + Sound l 동영상과 함께 읽기

읽어주기 동영상을 참고하세요. 동영상을 본 다음 아이 스스로 읽게 하거나, 읽기 음성을 틀어 주면서 책을 읽게 해도 좋습니다.

• Reading + Memory l 아이와 추억 찰칵!

아이에게 잠자리 동화 많이 읽어주시죠? 잠이 온다고 침대에 누워서는 책을 읽어달라는 아이. 그런데 책을 읽어주다 보면 오히려 정신이 더 말똥말똥해지는 마법의 시간이 찾아오곤 하죠. 낮에 책을 읽어줄 땐 이런저런 걸 물어도 시큰둥하던 아이. 일찍 좀 잠들었으면 하는 마음으로 책을 읽어주면, 오히려 아이의 이야기보따리가 풀어집니다. 조용히 듣기만 하면 좋으련만, 책 한 장 넘기기 힘들 정도로 수다가 이어지고…. 결국 제가 먼저 꾸벅꾸벅 졸던 기억이 납니다.

아이는 처음엔 웃다가 나중엔 짜증 내면서 옆구리를 쿡쿡 찌르곤 했는데, 그게 어찌나 아프던지. 육아에 지친 탓에 다시금 졸기 시작하고, 그런 엄마 옆에서 아이 혼자 책 수다를 떨다가 지쳐서 잠들고….

주인공 꼬마 닭이 아빠가 읽어주는 동화에 난입하는 모습을 아이들은 너무 재밌어서 깔깔대고 웃었지만, 전 아빠한테 감정이입이 되어 슬슬 짜증이 나기도 했지요. 아이가 즐거워하니, 책을 다 읽으면 미안해져서 반성의 시간을 갖기도 했어요. '진짜 책 수다는 아이가 이야기에 푹 빠져야만 가능한 거구나….'

- Reading + Conversation | 엄마표 독서 대화

다양한 엄마표 대화로 아이의 생각을 끌어내 주세요.

표지를 보고서 "아빠와 꼬마 닭은 지금 무얼 하고 있니?"

책을 읽으면서 "꼬마 닭이 아빠가 읽어주는 잠자리 동화를 어떻게 방해하고 있니?", "그때 아빠 기분은 어떨까?", "꼬마 닭이 만든 이야기가 네 마음에 드니?"

책을 다 읽고 나서 "잠자리 동화로 읽어주면 좋은 책으로 뭐가 있을까?", "잠자리 동화 읽어줄 때 꼬마 닭이 방해하지 않게 할 방법이 있을까?", "결말을 다 알아도 재밌게 동화를 즐길 방법이 없을까?"

**Tail Back** 꼬리를 무는 다른 책들

'인터럽팅 치킨(Interrupting Chicken)' 시리즈의 다른 책도 보세요.

BOOK 050-1. 《Interrupting Chicken》 아빠의 잠자리 동화를 방해하는 꼬마 닭 시리즈

# STEP 3
# 탄탄한 스토리북

## 학교와 친구

아이가 좀 더 짜임새 있는 책을 읽을 수준이 되면, 아마도 유치원이나 초등학교에 가서 친구 관계도 넓어졌을 것입니다. 학교에서 여러 경험을 하면서 성숙한 고민도 늘어갈 거예요. 영어 원서는 다양한 성장 고민의 상담 역할도 해줍니다. 엄마표 영어 역시 아이가 입 밖으로 내기 힘든 자기 이야기를 꺼내도록 돕는 것에 초점을 맞출 필요가 있습니다. 책을 읽으며 아이가 자기 경험과 비교해 보거나 읽고 나서 느낀 점과 생각을 나누는 '엄마표 영어 대화'에 초점을 맞춰보세요. 영어 실력이 느는 동시에 아이와의 소통에도 도움이 될 것입니다.

# Penguin and the Pinecone

## 아기 펭귄과 솔방울의 우정 스토리북

지은이 살리나 윤(Salina Yoon)  출판사 Bloomsbury

---

**Basic Information** 함께 할 수 없어도 서로 아끼는 관계에 관한 책

한국계 미국 작가 살리나 윤의 따뜻하고 아름다운 동화입니다. 작가는 1972년 부산에서 태어났습니다. 작가의 기억에는 텔레비전도 없던 두메산골에서 할머니와 살았던 기억이 있대요. 지붕에 쌓인 눈을 먹고 돌멩이와 나무 막대기를 갖고 놀았다네요. 그러다 네 살 때 미국으로 가게 되었다고 합니다.

작가는 아트 센터 칼리지 오브 디자인에서 미술을 공부하고 작가, 일러스트레이터, 디자이너로 활동 중입니다. 200종이 넘는 어린이책을 냈으며, 지금은 캘리포니아주 샌디에이고에서 남편과 두 아들과 스튜디오에서 작업하며 행복하게 지낸다고 합니다. 뉴욕 공공도서관 최고의 어린이책 상 등 여러 상을 받았습니다.

어린 펭귄과 솔방울의 엉뚱하고도 사랑스러운 우정 이야기를 담은 그림책입니다. 비교적 어린 유아를 대상으로 쓰였지만, 라임을 충분히 살린 아름다운 문장과 단어로 되어 있어요. 작가의 펭귄 시리즈 중 한 권으로, 추운 곳에 사는 펭귄과 활엽수지만 너무 추운 곳에선 살 수 없는 소나무의 생태까지 엿볼 수 있는 책입니다.

**Reading Point** 솔방울이 좋은 펭귄, 그러나 함께 할 순 없는 둘

호기심 많은 꼬마 펭귄이 눈 속에서 솔방울을 찾아냈어요. 솔방울을 처음 본 꼬마 펭귄은 그게 뭘까 한참을 이리저리 궁리해요. 결국 길을 잃은 친구라 생각하고 추위에 떨지 말라고 커플 목도리도 만들어주고, 같이 재미나게 놀아줍니다. 하지만 추위에 계속 떨고 있는 솔방울을 어쩔 수 없이 원래 살던 고향으로 데려다주기로 결심합니다.

썰매를 끌고 먼 길을 떠나요. 마침내 솔방울들이 사는 곳에 도착했습니다. 따뜻한 곳에서 안전하게 있기를 바라며, 머물 곳을 잘 만들어준 후 떨어지지 않는 발걸음을 겨우 돌려 펭귄은 집으로 돌아옵니다.

꼬마 펭귄은 상상합니다. 솔방울은 자라서 덩치가 많이 커졌을까? 걱정된 펭귄은 새 목도리를 만들어서, 다시 열심히 썰매를 끌고 솔방울을 만나러 솔숲으로 갑니다. 그런데 솔방울을 찾을 수가 없네요. 그런데 펭귄이 짜준 목도리를 맨 전혀 다른 친구가 있어요. 펭귄은 모습이 변한 새 친구와 신나게 놉니다. 하지만 솔숲에는 펭귄이 살 곳이 없었기에, 아쉬움을 뒤로 하고 돌아올 수밖에 없었지요. '누군가를 아낌없이 사랑하면, 그 사랑은 무엇이 될까요?' 책은 따스한 여운을 남기며 끝을 맺습니다.

### Further Activity 책 한 권에 쌓이는 추억과 감성

• Reading + Sound | 동영상과 함께 읽기

읽어주기 동영상을 참고하세요. 동영상을 본 다음 아이 스스로 읽게 하거나, 읽기 음성을 틀어 주면서 책을 읽게 해도 좋습니다.

• Reading + Memory | 아이와 추억 찰칵!

아이들이 어렸을 때 추억의 물건 중에는 정말 별것 아닌 것이 많아요. 첫째는 '까슬까슬 타올', 둘째는 모든 장난감, 셋째는 애착 인형 '토순

이'가 그랬습니다.

막내가 토순이와 운명적으로 만난 건 15개월 무렵이었어요. 벼룩시장에 나온 3천 원짜리 인형 앞을 한참 서성이며 바라보던 아이. 보다 못한 외할머니가 사서 아이 손에 쥐어주셨죠. 그 후론 24시간 한시도 떨어지지 않는 친구가 되었어요. 엄마랑 떨어져야 하는 몇 안 되는 시간엔 토순이 덕분에 수월하게 보낼 수 있었죠. 밥 먹을 땐 소꿉놀이 과일채소 모형으로 토순이한테 같이 먹이고, 너무 더러워져 빨아야 했을 때도 놓지 않으려 해서 애를 먹었답니다.

어쩌다 손에서 떨어지면 후다닥 빨아서 깨끗해진 토순이. 그러면 아이는 저를 째려보면서 '토순이 냄새가 안 난다.'라며 불평하곤 했어요. 지금도 잘 땐 토순이를 꼭 껴안고 잡니다. 토순이를 엄마 곁으로 보내주자고 아무리 설득해도 눈물까지 글썽이며 힘들어하네요.

생명이 있건 없건, 마음을 나눌 수 있는 대상이 있다는 건 좋은 것 같습니다. 토순이 덕에 막내가 심리적으로 안정감 있게 자란 것 같기도 하고요. 펭귄한테 솔방울이 그랬을까요? 힘들어도 다 내어주고 지켜주고 싶고 곁에서 아껴주고 싶은 존재…. 이야기 속 펭귄의 마음을 느끼며 읽어보면 좋겠습니다.

• Reading + Conversation | 엄마표 독서 대화

다양한 엄마표 대화로 책에 관한 관심을 높이고 아이의 생각을 끌어내주세요. 책 읽기에 더 몰입할 수 있도록 여러 질문을 하고 답을 하면 공감하고 칭찬해 주세요.

표지를 보면서 "펭귄이 뭘 찾았지?"

책을 읽으면서 "펭귄은 왜 솔방울을 친구로 생각했을까?", "펭귄이 솔방울을 집으로 데려다준 이유는 뭘까?"

책을 읽고 나서 "친구랑 뭐 하면서 노는 게 제일 재밌어?", "친구를 위해서 내가 할 수 있는 것이 무엇일까?", "너도 펭귄의 솔방울 같은 누군가가 있니?"

### Tail Back 꼬리를 무는 다른 책들

아이에게 따뜻한 감성을 선사하는 살리나 윤 작가 '펭귄(Penguin)' 시리즈의 다른 책도 보시기를 바랄게요.

BOOK 051-1. 《Penguin 시리즈》 아기 펭귄의 다양한 일상과 친구 이야기

# My Kite is Stuck

## 노력할수록 꼬이는 세 친구의 일상 스토리북

**지은이** 살리나 윤(Salina Yoon) **출판사** Bloomsbury

---

**Basic Information** 세 친구의 우정과 일상을 다룬 말풍선 스토리북

살리나 윤 작가의 또 다른 시리즈인 '덕, 덕, 포큐파인 북(A Duck, Duck, Porcupine Book)' 시리즈 세 권 중 하나입니다. 목소리가 크고 대장 노릇을 하고 싶어 하는 큰 오리, 조용하고 영리한 작은 오리, 친구들을 배려하고 신사적인 고슴도치. 세 친구가 만드는 일상과 우정을 그렸습니다. '펭귄 시리즈'보다 좀 더 높은 연령대를 위해 쓰였고, 만화적 상상력과 위트가 넘칩니다. '나무에 걸린 연', '고슴도치의 새 친구들', '레모네이드 판매대를 만든 세 친구' 세 이야기가 한 권에 담겨있습니다.

큰 오리가 연을 날리다가 그만 나무에 연이 걸려 버렸어요. 큰 오리는 아직 그리 높이까지는 날 수 없고, 다른 친구들 역시 별 방법이 없어 보입니다. 작은 오리와 고슴도치도 각자 아이디어를 내서 연을 떨어뜨리려고 애씁니다. 하지만 애를 쓰면 쓸수록 상황은 더 엉망진창이 되고….

결국 연을 떨어뜨리려 던진 갖가지 물건이 전부 나무에 걸리고 맙니다. 급기야 큰 오리는 전부 다 떨어뜨릴 수 있다고 큰소리치면서, 고슴도치마저 나무 위로 던져버리고 마는데…. 도대체 세 친구는 어떻게 수습할까요?

반전에 반전을 거듭하는 줄거리가 무척 매력적인 시리즈입니다. 아이 특유의 낙천적이면서도 대책 없고 상황 자체를 즐기는 태도, 서로 다른 친구의 성격과 성향을 존중하는 자세가 재밌고도 교훈적입니다.

## **Further Activity** 책 한 권에 쌓이는 추억과 감성

• Reading + Sound | 동영상과 함께 읽기

읽어주기 동영상을 참고하세요. 동영상을 본 다음 아이 스 스로 읽게 하거나, 읽기 음성을 틀어 주면서 책을 읽게 해도 좋습니다.

• Reading + Memory | 아이와 추억 찰칵!

유머의 요소 중 하나인 슬랩스틱의 묘미가 살아 있는 책입니다. 각자 최선을 다하려 하지만 일이 엉뚱하게 흘러가는 재미가 있어요. 꼭 우리 아이들 모습 같습니다. 설거지를 도와준다고 여기저기 물만 튀고 온통 얼룩져 제대로 닦이지 않죠. 빨래 좀 개달라고 부탁하면, 이건 뭐 갠 건지 돌돌 만 건지 구분이 안 되고…. 틈새에 물건이 끼어 뭔가 도구를 찾으러 간 사이, 제 딴에는 돕겠다고 꺼내려다가 더 깊이 집어넣어 버리고.

그래도 짜증 낼 수 없는 건, 그 마음이 예쁘기 때문이에요. 이 책을 읽어주면서 조금 미안한 마음도 들었습니다. 좋은 의도로 한 행동인데, 마음을 헤아리지 못하고 감정적으로 대했던 제 모습을 생각하며 반성도 했지요. 아이를 위한 책이지만, 저 역시 많은 걸 배웁니다.

• Reading + Conversation | 엄마표 독서 대화

다양한 엄마표 대화로 책에 관한 관심을 높이고 아이의 생각을 끌어내 주세요.

표지를 보면서 "이 책에선 과연 어떤 이야기가 펼쳐질까?"

책을 읽으면서 "작은 오리가 가져온 사다리로 어떻게 하려는 걸까?", "연이 나무에 걸렸다면 어떻게 하는 편이 좋을까?"

책을 읽고 나서 "가장 재밌었던 이야기는 무엇이었니?", "엄마 아빠한테 도움이 필요할 때 어떻게 도와줄 수 있을까?", "레모네이드 말고 만들어서 팔고 싶은 것이 있니?"

### Tail Back 꼬리를 무는 다른 책들

살리나 윤 작가가 쓴 '덕, 덕, 포큐파인 북(A Duck, Duck, Porcupine Book)' 시리즈의 다른 책들, 그리고 비슷한 수준의 '베어(Bear)' 시리즈도 추천해 드립니다.

BOOK 052-1.《A Duck, Duck, Porcupine Book 시리즈》세 친구의 우정을 그린 스토리북
BOOK 052-2.《Bear 시리즈》꼬마 곰과 애착 인형 버니의 일상을 다룬 스토리북

# I don't want to go to school

## 반항심 담은
## 발칙한 스토리북

(지은이) 스테파니 블레이크(STEPhanie Blake) (출판사) Random house

**Basic Information** 미운 짓만 골라 하는 개구쟁이 시몽

"싫어!"가 입에 붙은 프랑스판 뽀로로, 국민 캐릭터이며 한국어 번역판
에는 '까까똥꼬 시몽'이라 소개된 '사이먼(Simon)' 시리즈 중 한 권입니
다. 시몽은 아이들이 할 법한 모든 종류의 장난, 반항, 공포, 허세 등을
솔직하게 담아서 아이들의 공감을 크게 얻는 캐릭터입니다. 하지만 동
생 에드몽과 사이좋은 모습을 보이기도 하지요.

작가 스테파니 블레이크는 어렸을 때부터 그림책 그리기를 좋아해
서 생일이면 언니 오빠에게 자기가 직접 만든 책을 선물하곤 했대요.
어른이 되어서도 별다른 미술 전공 없이도 직접 그림책을 쓰고 그리게

되었습니다. 그래서인지 그림은 투박하지만, 솔직하고 가식 없는 등장 인물 모습과 감정을 잘 담아냈습니다. 시몽은 오늘날 프랑스 아이들이 가장 사랑하는 그림책 주인공 중 하나라고 해요.

**Reading Point** **아이도 자기 마음이 왜 그런지 모를 때가 있다**

내일은 처음 학교에 가는 날. 시몽은 잠이 오질 않아요. 떼를 써보지만, 먹힐 리가 없지요. 부모님은 학교는 알파벳도 배우고 친구들과 재미나게 놀 수 있는 신나는 곳이라고 용기를 가지라고 시몽을 설득합니다.

다음날 아빠는 시몽을 학교에 데려다줍니다. 헤어지는 순간까지도 시몽은 학교가 무척 싫습니다. 그래서 외치죠. "No way! I 싫어요!" 겨우 들어간 교실. 처음엔 무서워서 눈물을 훌쩍이기도 하지만, 어느새 그림도 그리고 공놀이도 하고 간식도 먹고 낮잠도 자고 악기도 연주하며 엄청나게 많은 걸 하는 시몽.

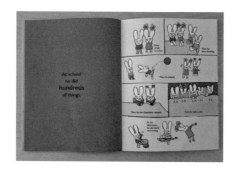

마침내 수업이 끝났습니다. 아빠는 시몽이 걱정돼서 부랴부랴 데리러 왔어요. "힘들었지? 이제 집에 가자." 위로하는 아빠에게 시몽이 외칩니다. "No way | 싫어요!"

### **Further Activity**  책 한 권에 쌓이는 추억과 감성

• Reading + Sound | 동영상과 함께 읽기

읽어주기 동영상을 참고하세요. 동영상을 본 다음 아이 스스로 읽게 하거나, 읽기 음성을 틀어 주면서 책을 읽게 해도 좋습니다. 프랑스어를 영어로 번역한 것이기 때문에, 주인공 Simon을 사이먼이라고 읽는 걸 알 수 있어요. 프랑스어에서 Simon이 시몽, Henry가 앙리, Edmond가 에드몽이 되는 이유에 대해서 간략히 설명해 줘도 좋을 듯합니다. 번역기를 이용해 각각의 발음을 들어봐도 좋겠죠?

• Reading + Memory | 아이와 추억 찰칵!

수줍음 많고 조용한 첫째는 엄마와 잠시도 떨어진 적 없던 다섯 살에 처음 어린이집 갈 때도 의젓하게 웃으며 등원 차량에 올라타더군요. 그

런데 의외로 활발하고 장난기 많은 둘째가 오히려 복병이었습니다. 사교성이 좋아 큰 걱정을 안 했거든요. 그런데 차에 태워 보내는 게 얼마나 힘든지 처음 알았습니다. 형보다 어린 나이이기도 했지만, 근 일 년을 아침마다 눈물의 생이별을 해야 했답니다.

막내딸은 어땠을까요? 당시는 제가 워킹맘이고 친정 부모님이 아이를 돌봐주셨기에, 더 이상 부탁할 면목이 없어서 세 살부터 어린이집에 보내기 시작했어요. 워낙 겁이 많고 낯을 가려서 걱정을 많이 했는데, 일주일 정도 애를 태우고 다음부턴 잘 지냈습니다.

초등학교 입학을 앞두고는 아이보다 오히려 제 걱정이 더 컸어요. '학교라는 큰 단체에서 아이가 잘 적응할까?' 막연히 걱정했죠. 그래서 입학 전에 '학교' 관련 책을 정말 많이 읽어줬습니다. 그중 제일 좋아한 게 이 책이었어요. 무엇보다 캐릭터가 귀여워요. 학교에 가야 하는 현실을 아무리 부정해 봐야 소용이 없지요. 온갖 생각을 하며 잠까지 설치는 아이 심리가 정말 잘 표현되어 있습니다. 그래서인지 아이도 감정이입 하면서 푹 빠져 읽었어요.

책으로 학교를 미리 경험해서일까요? 세 아이 모두 입학 날엔 설레어 등교했어요. 아이는 부모가 생각한 것보다 훨씬 더 일찍 훌쩍 자라있는 것 같습니다. 아이의 첫 등교, 첫 등원 풍경은 어땠나요?

- Reading + Conversation | 엄마표 독서 대화

다양한 엄마표 대화로 책에 관한 관심을 높이고 아이의 생각을 끌어내 주세요. 아직은 영어로 대화하지 않아도 괜찮습니다. 책 읽기에 더 몰입할 수 있도록 여러 질문을 하고 답을 하면 공감하고 칭찬해 주세요.

표지를 보면서 "시몽의 기분이 어떤 것 같아?"

책을 읽으면서 "시몽은 왜 학교에 가기 싫었을까?", "시몽은 학교에서 무얼 했니?"

책을 읽고 나서 "학교에 처음 갈 때 기분이 어땠어?", "가장 걱정되었던 건 뭐였어?", "학교에서 뭘 할 때 가장 재밌어?"

### **Tail Back**  꼬리를 무는 다른 책들

'사이먼(Simon)' 시리즈의 다른 책들도 보시기를 바랄게요.

BOOK 053-1. 《Simon 시리즈》 개구쟁이 토끼 시몽의 좌충우돌 스토리북

# George and Martha

## 이성 단짝 친구의 우정 스토리북

지은이 제임스 마샬(James Marshall) 출판사 Clarion Books

**Basic Information** 클래식 동화책 중 하나인 단짝 조지와 마사 이야기

1942년에 태어나 1992년에 타계한 제임스 마샬의 대표작이자 꾸준히 사랑받는 스토리북입니다. 작가가 탄생시킨 독특하면서도 유머 감각 넘치며 너그러운 주인공의 우정은 많은 아이에게 아직도 큰 울림을 줍니다. 작가는 대학에서 역사와 불문학을 전공하고 프랑스에 건너가 비올라를 공부하기도 했으며, 미국으로 돌아와 트리니티 칼리지에서 인문학 박사학위를 받았습니다. '조지와 마사' 캐릭터는 20세기 탄생한 가장 위대한 동화 캐릭터로 꼽히며, 작가는 2007년 공로를 평가받아 아동문학 최고의 영예인 로라 잉걸스 와일더 메달을 받았습니다.

제법 글밥이 많은 책입니다. 다섯 개의 에피소드로 구성되었어요. 첫째 이야기 '완두콩 수프'를 소개할게요. 마사는 완두콩 수프 만드는 걸 좋아합니다. 하루 종일 완두콩 수프를 만든 마사는 친구 조지를 초대해 대접하지만, 사실 조지는 완두콩 수프를 제일 싫어해요. 하지만 열심히 만든 마사가 상처받을까 봐 이러지도 저러지도 못하죠. 결국 마사가 보지 않는 틈을 타서 조지는 완두콩 수프를 자기 신발에 부어 버리고 맙니다. 하지만 마사는 그 모습을 부엌에서 보고 말았어요.

마사는 조지에게 진정한 우정이란 서로 솔직한 거라고 말합니다. 둘은 가장 좋아하는 초콜릿 칩 쿠키를 나누어 먹으며, 우정이 더 깊어집니다. 조지와 마사는 늘 미묘한 대립을 벌이지만 유쾌하게 화해하고, 그럴수록 둘의 우정은 더욱 단단해집니다.

• Reading + Sound | 동영상과 함께 읽기

읽어주기 동영상을 참고하세요. 동영상을 본 다음 아이 스 스로 읽게 하거나, 읽기 음성을 틀어 주면서 책을 읽게 해도 좋습니다.

• Reading + Memory | 아이와 추억 찰칵!

첫째는 두루두루 친구와 잘 지내는 편이었지만, 단짝이라고 할 만한 친구는 딱히 없었어요. 가장 친한 친구가 누구냐고 물어보면 "다 친해요." 하고 대답하더라고요. 둘째도 친구와 잘 지냈고 가리지 않았지만, 그래도 학년 올라갈 때마다 제일 친한 친구가 있었죠.

재밌는 건 셋째는 뭐든 첫째와 둘째를 반반 섞은 것 같다는 겁니다. 친구를 너무 좋아하고 성별 구분 없이 잘 지냅니다. 오빠 둘이랑 지내서인지 성격도 원만해서 남자아이랑 놀아도 웬만해선 삐치거나 하질 않아요. 유치원이나 학교 상담에서도 교우관계가 좋다는 말을 듣곤 했습니다. 단짝 친구가 생기면 매년 바뀌지 않고 몇 년을 이어가더군요. 지금은 농촌으로 유학 와서 예전 친구와 연락이 뜸하긴 하지만 단짝 친구가 있는 걸 선호하는 것 같습니다.

첫째와 둘째도 이 책을 좋아했지만, 막내는 정말 마르고 닳도록 봤습니다. 조지의 엉뚱한 모습이 정말 귀엽다고 느낀 것 같아요. 스토리마다 매번 편드는 쪽이 바뀌는 것도 너무 재밌더군요. 일기를 훔쳐보는 조지가 얄미웠다가, 조지를 무시하는 마사가 얄미웠다가…. 결국 따뜻한 결말로 마무리되니 아이도 기분 좋게 책을 읽을 수 있었어요. 단짝

친구라고 늘 사이가 좋은 건 아니죠. 싸우고 이해하고 배려하면서 단단해지는 게 진정한 우정이니까요. 우정이 생기려면 양보하고 배려하는 마음이 있어야 한다는 걸 아이에게 전하고 싶을 때, 적합한 책입니다.

• Reading + Conversation I 엄마표 독서 대화

다양한 엄마표 대화로 책에 관한 관심을 높이고 아이의 생각을 끌어내 주세요.

표지를 보면서 "표지에서 무엇을 볼 수 있니?"

책을 읽으면서 "조지는 왜 완두콩 수프를 자기 신발에 부었을까?", "마사가 만든 완두콩 수프가 먹기 싫다면 어떻게 하는 게 좋을까?"

책을 읽고 나서 "네가 가장 싫어하는 음식은 뭐야?", "친구가 네가 싫어하는 음식을 대접하면 넌 어떻게 할래?", "진정한 우정이란 뭐라고 생각하니?"

**Tail Back**  **꼬리를 무는 다른 책들**

'조지와 마사(George and Martha)' 시리즈의 다른 책들도 살펴보시기를 권합니다.

BOOK 054-1. 《George and Martha 시리즈》 조지와 마사의 우정을 다룬 스토리북

# Bob goes Pop
## 우정과 자존감에 대한 독특한 스토리북

**지은이** 마리온 되카스(Marion Deuchars) **출판사** Laurence King Publishing

---

**Basic Information** 현대미술에 대한 이해를 담은 아동 문학

스코틀랜드 출신의 일러스트레이터이자 손 글씨 작가인 마리온 되카스의 책입니다. 작가는 특히 예술성이 풍부한 아동 서적을 창조하는 것으로 유명한데요. 작가는 로열 칼리지 오브 아트를 졸업하자마자 디자인 스튜디오를 공동 설립해서 다양한 프로젝트를 진행했어요. 기업 홍보나 패키지, 브랜드 로고 등도 디자인했다고 해요. 그래서인지 작가의 책은 이전 어린이책에서 찾아보기 힘든 독특한 미적 감각이 특징입니다.

지금까지 여러 권의 아동 서적을 썼는데, 이 책이 포함된 '밥(Bob)' 시리즈가 그중 하나입니다. 밥이라는 까마귀가 등장하는 이 독특한 그림책은 세계 22개국에 번역되어 출간되었다고 해요.

**Reading Point** 예술가 솜씨를 겨루는 주인공의 우정과 경쟁 이야기

올빼미 소식통에 의하면 마을에 밥(Bob)보다 뛰어난 새 예술가 로이 (Roy)가 나타났대요. 전에 볼 수 없던 새로운 예술을 선보이며 친구들의 이목을 끌고 있다 합니다. 밥은 질투심에 불타오르게 되었어요. 밥과 로이는 서로 이기려고 끝도 없는 예술 경쟁을 벌이게 됩니다.

친구들이 로이의 작품에 관심을 더 보이자, 조금씩 자신감을 잃어가는 밥. 급기야 몰래 로이의 작업실을 훔쳐봅니다. 다음날 밥과 로이가 작품을 공개하는데, 똑같은 강아지 풍선이네요. 화가 난 로이는 밥과

다투고, 그 와중에 그만 풍선 예술품이 'Pop(빵)!'하고 터져버립니다. 슬퍼하는 로이와 미안한 밥. 밥은 로이에게 사과하고, 둘은 서로의 예술을 콜라보 해서 더 멋진 작품을 만들 수 있게 됩니다.

예술품의 특징을 활용한 라임 말장난, 제프 쿤스, 플로렌타인 호프만, 마우리치오 카텔란 등 현대 유명 미술작가 작품을 연상시키는 그림으로 더욱 재밌는 책입니다.

## **Further Activity** 책 한 권에 쌓이는 추억과 감성

• Reading + Sound | 동영상과 함께 읽기

읽어주기 동영상을 참고하세요. 동영상을 본 다음 아이 스스로 읽게 하거나, 읽기 음성을 틀어 주면서 책을 읽게 해도 좋습니다. 책에 나오는 예술품이 실제 어떤 작품과 비슷한지 찾아보는 것도 재밌을 듯합니다.

• Reading + Memory | 아이와 추억 찰칵!

시기 질투는 누구라도 느끼는 감정입니다. 반드시 나쁘다고 할 순 없지만, 부정적으로 변질되면 위험하기도 하지요. 자연스러운 감정이지만 어떻게 표현하고 해결하는 게 좋을지 조언해 주세요.

감정을 다룬 영어 원서는 많습니다. 대부분 가족 이야기로 감정을 그려내죠. 하지만 많은 감정이 가족뿐 아니라 친구 관계에서 일어납니다. 시기 질투는 왜 생길까요? 나보다 더 잘하고 능력 있는 누군가를 봤을 때 생깁니다. 자존감이 충만하다면 상대가 뛰어남을 인정하고 더 노력하겠지만, 자존감이 약하거나 감정을 숨기려고만 하면 오히려 잘못된

방법으로 표출될 수도 있지요.

이 책을 읽기 전까지는 시기 질투가 자존감이랑 관련 있다는 생각을 못 했어요. 이 책은 까마귀 밥이 자존감을 찾아가는 과정을 그립니다. 시리즈의 다른 책도 자존감을 소재로 하고요. '내가 최고라고 생각했는데, 나보다 더 뛰어난 누군가가 나타난다면?' 아이한테 물어보세요. "내가 제일 그림을 잘 그렸는데 나보다 더 잘 그리는 친구가 나타나면 기분이 어떨까?", "뭔가를 잘하면 나보다 더 뛰어난 사람인 걸까?", "그런 감정이 생길 때 어떻게 하면 좋을까?"

세상을 살아가면서 마주할 다양한 감정 중에서 '관계를 통해 겪게 되는 감정'을 다루기가 가장 어려운 것 같아요. 다행히 책을 통해 여러 감정을 이해하고 대화할 수 있으니 너무나 좋습니다. 그뿐인가요? 영어 실력까지 덤으로 얻으니, 마법의 시간임이 틀림없어요.

• Reading + Conversation l 엄마표 독서 대화

다양한 엄마표 대화로 책에 관한 관심을 높이고 아이의 생각을 끌어내주세요.

표지를 보면서 "까마귀 밥은 지금 뭘 하는 걸까?"

책을 읽으면서 "밥과 로이 작품 중에 어느 게 더 멋있는 것 같아?", "밥은 로이보다 실력이 모자란 걸까, 밥은 뭘 잘할 수 있을까?"

책을 읽고 나서 "내가 잘하던 걸 누군가가 더 잘하게 되면 기분이 어떨까?", "친구한테 질투가 나면 어떻게 해야 할까?"

'밥(Bob)' 시리즈의 다른 책도 살펴보시기를 바랍니다. 다양한 미술 작품과 작가, 미술 기법 등에 대해서도 얘기할 수 있는 책이므로 다양하게 활용할 수 있습니다.

BOOK 055-1. 《Bob the artist》 외모 때문에 받은 놀림을 예술로 승화하는 스토리북
BOOK 055-2. 《Bob's blue period》 친구가 떠나 우울하지만 이내 활기를 찾는 스토리북

# STEP 3
# 탄탄한 스토리북

## ·3-3·
## 유머와 재미

구성이 탄탄하고 읽고 싶어지는 영어 원서를 골라 읽힐 때, 아이들의 관심을 끌고 주목도를 높이는 요소 중 중요한 것이 유머와 재미입니다. 재미 요소가 없다면 동기 부여 하기가 쉽지 않지요. 물론 너무 재미 요소만 두드러져 메시지 전달에 소홀하거나, 저급하거나 정보 가치가 없다면 도움이 되지 않을 것입니다. 웃고 즐겁게 읽는 동안 저절로 영어와 친해지고, 자기 생각과 감정을 발견하는 데 도움을 주는 책이 좋습니다. 학습 효과가 높은 책과 더불어 재밌게 읽어주고 읽히시길 바랍니다.

## • book 056 •

# Hi!
# Fly Guy
## 반려동물이 된 파리와의
## 우정을 다룬 스토리북

지은이 테드 아놀드(Tedd Arnold)  출판사 Cartwheel Books

**Basic Information** 가장 익살스러운 캐릭터를 탄생시킨 그림책

작가는 1949년 미국 뉴욕 태생으로 어린이책 작가이자 일러스트레이터입니다. '플라이 가이(Fly Guy)' 시리즈와 뒤에 소개할 '누들헤즈(Noodleheads)' 시리즈 등 독창적이며 기발한 발상으로 어린이들의 인기를 끌고 있죠. 처음엔 상업용 일러스트를 주로 그렸는데, 유치원 교사였던 아내의 권유로 처음 그림책을 쓰고 그렸다고 합니다. 두 아들 월터와 윌리엄이 책의 소재를 많이 주었다고 하네요.

먹을 것을 찾아 나선 파리가 우연히 주인공 소년 버즈의 반려동물이 되면서 벌어지는 재밌는 이야기를 유머 넘치는 그림과 함께 잘 구성했습니다. 글밥이 조금 있는 편이지만, 여러 챕터로 나뉘어 부담스럽지 않습니다. 첫째에게 줄곧 미담이 담긴 영어 그림책만 읽어주다가, 빵빵 터지는 웃긴 시리즈를 만나서 무한 반복해 읽었던 책이기도 합니다.

### Reading Point 소리와 이름, 라임을 살린 재밌는 표현들

소년이 'The Amazing Pet Show'에 출전하려 똑똑하고 특별한 애완 동물을 찾습니다. 그러다 먹을 걸 찾아 헤매던 파리 한 마리를 만나게 되었어요. 소년에게 잡힌 파리가 짜증이 나서 발을 구르며 화를 내죠. "Buzz(버즈즈즈)!"그러자 소년은 천재 파리라며 깜짝 놀랍니다. 소년의 이름이 바로 버즈(Buzz)였거든요. 버즈는 천재 파리를 데리고 펫쇼에 나가기로 결심합니다.

부모님은 파리를 보자마자 해충이라며 파리채로 잡으려고 하죠. 그 런데 파리는 피하면서 다시 한번 놀라서 외칩니다. "Buzz(버즈즈즈)!" 부 모님도 깜짝 놀라 대단한 파리라고 칭찬합니다. 그러곤 이름을 '플라이 가이'라고 짓자고 합니다. 그러자 파리가 답합니다. "Buzz(버즈즈즈)!"

소년 버즈와 "Buzz(버즈즈즈)!" 소리를 정말 잘 내는 파리는 펫쇼에
나가지만, 심사위원들은 비웃고 맙니다. 상처 입은 소년 버즈를 본 파
리는 보란 듯 멋진 비행 솜씨를 뽐내며 말합니다. "Buzz(버즈즈즈)!"

과연 둘은 상을 받을 수 있을까요?

### Further Activity   책 한 권에 쌓이는 추억과 감성

• Reading + Sound | 동영상과 함께 읽기

읽어주기 동영상을 참고하세요. 동영상을 본 다음 아이 스
스로 읽게 하거나, 읽기 음성을 틀어 주면서 책을 읽게 해도
좋습니다.

• Reading + Memory | 아이와 추억 찰칵!

첫째나 둘째와 엄마표 영어를 하면서 한두 줄의 쉽고 재밌는 원서를 열
심히 읽어줬습니다. 그런데 아이가 영어책에 재미를 붙이고 보니, 좀
더 글밥이 있는 책을 읽어주고 싶더라고요. 하지만 너무 글이 빼곡하면
아이가 부담을 갖기에, 글밥이 조금 있으면서 어렵지 않게 읽을 수 있

을 책을 찾다가 만난 게 바로 이 시리즈입니다.

반려동물 하면 고양이, 강아지, 햄스터 정도인데, 파리라니? 그거 하나로도 얼마든지 웃긴 설정입니다. 첫째가 영어 그림책에 어느 정도 싫증이 났을 무렵이라서, 어떻게든 웃기겠노라 마음먹고 읽어준 책입니다. 웃기는 방법은 간단합니다. 플라이 가이(Fly Guy)가 주인공 이름 버즈(Buzz)를 부를 때 z를 거의 무한대로 붙여서 강조하며 읽어주고, 파리의 대사인 버즈 역시 최대한 부르르 떠는 느낌이 날 정도로 z를 길게 강조해서 읽어주면 됩니다. 과한 액션 덕에 아이는 그때마다 자지러지게 웃고, 아이가 스스로 소리내서 읽을 때도 z를 얼마나 잘 살려서 읽었는지 몰라요.

모든 책이 다 그렇지만, 영어 원서 읽을 땐 원칙이 있어요. 단어 하나 더 아는 것보다 중요한 건 '영어책 너무 재밌어!'하고 온몸으로 느끼는 거예요. 성인이 된 지금도 책장에 꽂힌 영어 그림책을 보면서 좋았던 기억을 떠올리더라고요. 그것만으로도 영어책 열심히 읽어주길 참 잘했다는 생각이 듭니다.

• Reading + Conversation l 엄마표 독서 대화

다양한 엄마표 대화로 책에 관한 관심을 높이고 아이의 생각을 끌어내 주세요.

표지를 보면서 "표지에 누가 있니? 어떤 기분일 것 같니?"

책을 읽으면서 "소년은 뭘 찾고 있니?", "파리가 멋진 반려동물이 될 수 있을까?", "파리는 무슨 상을 받았지?"

책을 다 읽고 나서 "진짜로 파리를 반려동물로 키운다면 무슨 일이

벌어질까?", "너는 어떤 반려동물을 키우고 싶어?", "반려동물을 키우려면 뭐가 필요할까?"

**Tail Back** 꼬리를 무는 다른 책들

아이가 재밌어하면 '플라이 가이(Fly Guy)' 시리즈의 다른 책도 찾아서 읽혀주세요.

BOOK 056-1. 《Fly Guy 시리즈》 웃픈 상황, 의성어와 의태어, 재치 만점의 스토리북

# I don't want to be a frog

## 정체성 혼란이 온 개구리 스토리북

지은이 데브 페티(Dev Petty), 마이크 볼트(Mike Boldt)  출판사 Dragonfly Books

---

**Basic Information**   지금의 내 모습이 싫은 점과 좋은 점

데보라 페티, 일명 데브 페티 작가의 작품입니다. 작가는 원래 영화 특수효과 분야에서 일을 했다고 해요. 영화 '매트릭스'에도 참여했다고 합니다. 어린이책은 전혀 다른 매체이지만, 작고 종이로 된 영화를 만든다는 마음으로 쓴다고 합니다. 자신이 나고 자란 캘리포니아 버클리에서 남편, 딸들, 강아지, 고양이, '부츠'라는 이름의 애완 뱀과 같이 살고 있습니다.

주인공 개구리는 자기가 개구리인 게 싫어요. 아빠한테 연신 되고 싶은 동물에 관해 얘기합니다. 그때마다 아빠는 왜 그 동물이 될 수 없는지 일러주지만, 개구리는 여간해서 설득되지를 않네요.

**Reading Point** **개구리인 게 얼마나 좋은지 알려줄게!**

책을 읽다가 갑자기 고양이가 되고 싶다고 조르는 꼬마 개구리. 아빠는
넌 고양이가 될 수 없다고 말해요. 꼬마 개구리는 왜냐고 따지죠. 아빠
가 말합니다. "넌 개구리니까." 하지만 개구리는 자기가 개구리인 게 싫
어요. 축축하고 젖어 있고 흐물거리는 게 싫습니다. 개구리는 뭔가 귀
엽고 따뜻하고 축축하지 않은 동물이 되고 싶습니다. 그때 꼬마 개구리
앞에 늑대 아저씨가 나타납니다. 그러곤 개구리인 게 좋은 이유에 관한
비밀을 털어놓는데….

　늑대 아저씨는 말합니다. "고양이, 토끼, 돼지 같은 동물을 잡아먹지
만, 절대 안 잡아먹는 게 하나 있지." 그게 뭘까요? 늑대 아저씨의 말을
들은 개구리는 자신이 개구리라는 게 다행이라고 마음을 고쳐먹습니
다. 늑대 아저씨가 뭐라고 했기에 개구리가 마음을 고쳐먹었을까요?

　개구리가 되고 싶어 하는 여러 동물 명사와 특징을 나타내는 형용사
를 익힐 수 있고, 의성어와 의태어와 라임의 묘미도 잘 살아 있습니다.
말풍선으로 아이와 주거니 받거니, 읽을 수 있어서 몰입도가 높습니다.

아이가 영어책을 읽을 수 있게 되었다면, 역할을 정해서 읽어보세요.

## Further Activity  책 한 권에 쌓이는 추억과 감성

• Reading + Sound ㅣ 동영상과 함께 읽기

읽어주기 동영상을 참고하세요. 동영상을 본 다음 아이 스 스로 읽게 하거나, 읽기 음성을 틀어 주면서 책을 읽게 해도 좋습니다.

• Reading + Memory ㅣ 아이와 추억 찰칵!

미운 다섯 살이라고 하던가요. 말을 좀 잘하나 싶더니, 말끝마다 이럽니다. "왜?" 처음엔 정성껏 답하다가도 계속 반복되니 짜증을 내게 되죠. 그러곤 후회도 하고요. 그런데 이 책을 읽어줬더니 아이가 오히려 개구리를 답답해하더군요. 다른 동물이 될 수 없는데 왜 자꾸 아빠에게 조르냐고 말이죠. 아빠가 힘들어하는 게 느껴졌나 봐요. 그런 아이 모습이 어찌나 귀엽던지. 자기가 나한테 했던 건 생각도 안 하고 말이죠.

저 역시 이 책이 재밌으면서도 한편 아빠 처지가 공감이 되어서 한숨이 났습니다. 개구리 아빠는 저처럼 짜증도 안 내고 개구리 말을 끝까지 들어주고 최대한 아이가 이해하도록 차분히 설명합니다. 하지만 그 와중에 슬슬 아빠의 분노 게이지가 상승하는 것도 느낄 수 있습니다. '나만 이렇게 힘든가?' 싶다가도 영어 원서를 읽으면서 '모두 똑같구나!' 하는 위안을 받기도 합니다.

• Reading + Conversation ㅣ 엄마표 독서 대화

다양한 엄마표 대화로 책에 관한 관심을 높이고 아이의 생각을 끌어내

주세요.

표지를 보면서 "개구리는 왜 개구리인 게 싫다고 하는 걸까?"

책을 읽으면서 "개구리가 토끼가 될 수 있다고 생각한 이유가 뭐지?", "개구리는 무엇이 되고 싶어 했니?", "개구리가 부엉이가 되고 싶은 이유는 뭐였니?"

책을 읽고 나서 "너는 혹시 되고 싶은 동물이 있니? 이유가 뭐야?", "너는 너 자신이 가장 자랑스러울 때가 언제야?"

**Tail Back** **꼬리를 무는 다른 책들**

같은 작가의 협업으로 만들어진 꼬마 개구리 '프로그(Frog)' 시리즈의 다른 책들도 한 번 접해보세요.

BOOK 057-1. 《Frog 시리즈》 시키는 것이나 주어진 게 싫은 개구리 스토리북

294

## book 058

# Dragon Gets By

## 엉망진창 난장판 꼬마 드래곤 스토리북

(지은이) 로이스 (출판사) HarperCollins

---

**Basic Information**  익살스러운 주인공의 재미난 일상 이야기

'도그 맨(Dog Man)' 시리즈와 '캡틴 언더팬츠(Captain Underpants)' 시리즈로 알려진 대브 필키 작가의 '드래곤(Dragon)' 시리즈 중 하나입니다. 작가는 어렸을 때 집중력 장애와 문맹으로 학업에 어려움이 많았다고 해요. 학교에서도 말썽을 피우다가 복도로 쫓겨나기 일쑤였다고 하네요. 그런 경험 덕택인지 영웅이 되는 어린이 이야기를 담은 만화를 비롯해 여러 작품을 쓰게 되었습니다.

엉뚱하고 순수한 주인공 드래곤이 일상에서 겪는 재미난 이야기와 모험을 유머러스하게 담은 책입니다. 비교적 글밥이 많지만, 다섯 개의 챕터로 나뉜 줄거리가 연결되어 접근하기 쉽습니다. 열심히 하지만 계속 상황을 꼬이게 하는 드래곤의 행동이 웃음을 자아냅니다.

따뜻하고 화창한 아침. 하지만 드래곤은 몸이 노곤해요. 그런 날이면 드래곤의 하루는 아주 엉망입니다. 달걀을 읽고 아침 신문을 구우면서 시작합니다. 찻잔에 버터를 바르고 토스트를 한 입 들이켭니다. '날씨가 좋은가?' 창문 대신 옷장을 연 드래곤. 태양, 나무, 하늘은 보이질 않고 온통 캄캄합니다. '아직 밤이군.' 드래곤은 다시 침대로 돌아가 잠을 청합니다.

다음 날. 오늘은 몸이 가뿐하네요. 드래곤은 거실 바닥 흙먼지를 청소하기 시작합니다. 그런데 아무리 쓸어도 계속 먼지가 나와요. 어느새 자기 몸집만 한 구덩이를 파고 만 드래곤. 우체부 생쥐가 방문합니다. "이게 뭔 일이야?", "응, 거실을 쓸고 있었어." 생쥐는 말해줍니다. "너희 집 거실은 원래 흙바닥이잖아!" 드래곤은 낙천적으로 답합니다. "그런가? 그럼 지하를 팠다고 생각하지, 뭐."

### **Further Activity**  책 한 권에 쌓이는 추억과 감성

- Reading + Sound | 동영상과 함께 읽기

읽어주기 동영상을 참고하세요. 동영상을 본 다음 아이 스스로 읽게 하거나, 읽기 음성을 틀어 주면서 책을 읽게 해도 좋습니다.

- Reading + Memory | 아이와 추억 찰칵!

아이들은 엉뚱한 짓만 골라 하는 캐릭터한테 매력을 잘 느끼곤 합니다. 우리집 아이들 셋 모두 너무 좋아했던 책입니다. 아침에 정신이 없어 뒤죽박죽 일이 꼬이는데, 이걸 셋째한테 읽어줄 땐 큰오빠 얘기를 곁들이곤 했어요. 첫째는 가끔 낮잠을 자다가 깨우면 아침인 줄 화들짝 놀라서 지각했다며 허둥지둥 댔어요.

빈틈없고 까칠한 큰오빠한테 그런 모습이 있었다는 걸 셋째는 신기하고 재밌어했답니다. 우리도 살면서 바보 같은 짓을 많이 하죠. 중요한 걸 사러 마트에 갔는데 정작 그것만 빼고 엉뚱한 것만 사서 오기도 하고…. 코미디 같은 재밌는 줄거리로 읽는 재미가 있는 책입니다.

- Reading + Conversation | 엄마표 독서 대화

다양한 엄마표 대화로 책에 관한 관심을 높이고 아이의 생각을 끌어내 주세요. 책 읽기에 더 몰입할 수 있도록 여러 질문을 하고 답을 하면 공감하고 칭찬해 주세요.

표지를 보면서 "이 책에선 무슨 이야기가 펼쳐질까?"

책을 읽으면서 "드래곤은 아침 식사로 뭘 먹었니?", "드래곤은 왜 쇼핑을 갔지?"

책을 읽고 나서 "가장 재밌었던 부분은 어디야? 왜 재밌었어?", "드래곤처럼 너도 엉뚱한 짓을 한 적이 있니?", "드래곤이 하루 종일 엉뚱한 짓을 한 이유가 뭘까?"

### Tail Back 꼬리를 무는 다른 책들

익살스러운 캐릭터 '드래곤(Dragon)' 시리즈의 다른 책들도 살펴보시기를 권합니다.

BOOK 058-1. 《Dragon 시리즈》 드래곤의 좌충우돌 뒤죽박죽 일상을 다룬 스토리북

## • book 059 •

# There are cats in this book
# 세 마리 고양이와 놀며 읽는 스토리북

**지은이** 비비안 슈바르츠(Viviane Schwarz) **출판사** Walker Books

**Basic Information** 당기고 열고 묻고 답하는 고양이 스토리북

독일 태생이며 영국 런던에서 활동하는 어린이책 작가이자 게임 디자이너인 비비안 슈바르츠의 '더 캣(The Cat)' 시리즈 세 권 중 하나입니다. 독자와 상호작용하며 플랩을 들추고 조작하면서 즐길 수 있는 '인터랙티브 북'이기도 합니다.

막내가 한글 폭발 시기가 오면서, 영어를 거부했었어요. 뭘 읽어주려 해도 손을 내저었죠. 영어 권태기를 극복하고, 다시 영어책에 흥미를 갖게 해준 게 바로 이 책입니다. 학습에만 초점을 맞추기보다, 적극적으로 몰입하고 재미를 느끼는 책을 수시로 병행해서 접하게 해주세요.

표지에 제목 위 눈만 삐죽 보이는 고양이 세 마리가 흥미를 당깁니다. 그런데 페이지를 넘기니 고양이는 없고 문구만 나옵니다. '여기엔 고양이가 나오지 않아요.' 또 책장을 넘겼더니 고양이 밥그릇 셋이 덜렁 놓여 있어요. '문파이(Moonpie), 타이니(Tiny), 앙드레(Andre)' 이름이 쓰인 크기와 색이 다른 그릇이네요. '여기도 고양이는 나오지 않아요, 다음 페이지에 나오죠. 그 고양이들은 친화력이 좋아서 당신과 놀고 싶어 합니다.'

이렇듯 책은 독자에게 말을 걸듯, 해설을 해줍니다. 다음 페이지엔 이불이 보이고 그 밑에서 '갸르릉(Purrrr)' 소리만 나요. 플랩을 여니 이제 막 잠에서 깬 고양이들이 차례로 나옵니다. 고양이는 말풍선으로 독자에게 부탁하고, 그대로 해주면 좋아서 계속 놀아줍니다.

실뭉치 놀이, 베개 싸움, 상자 속 숨바꼭질하며 신나게 놀다 보면, 어느새 물고기로 가득한 바닷물이 밀려와서 세 마리 고양이가 물에 빠지고 맙니다.

재빨리 페이지를 넘겨야 얼른 고양이를 구할 수 있어요…. 어떻게 될까요?

### Further Activity  책 한 권에 쌓이는 추억과 감성

• Reading + Sound | 동영상과 함께 읽기

읽어주기 동영상을 참고하세요. 읽기 음성을 틀어 주면서 책을 읽게 해도 좋습니다.

• Reading + Memory | 아이와 추억 찰칵!

전 동물과 친하질 못해요. 만지는 것도 겁을 내고요. 그런데 셋째가 반려동물을 들이자고 조르던 때가 있었습니다. 고양이를 너무 키우고 싶어 했죠. 이 책을 반복해 읽어줄 수밖에 없었던 것도 아이가 책 속 고양이에게 푹 빠져 있었기 때문이에요. 누가 제일 귀엽다, 이런 고양이라면 키우고 싶다… 노래를 불렀죠.

팬데믹이 오고 학교도 못 갈 때 큰맘 먹고 앵무새를 데려왔어요. 앵무새가 있는 집에서 고양이를 키울 순 없죠. 그래도 아이는 여전히 고양이가 좋은가 봅니다. 자기 휴대전화뿐 아니라 제 것까지 배경 화면을

모두 고양이로 바꾸어놓았어요. 그런데 아이와 농촌 유학 오면서 길냥이 두 마리가 창고에 새끼를 낳아서, 졸지에 집사가 되고 말았어요. 그 탓에 집안에서 키우는 앵무새가 찬밥 신세가 되긴 했지만, 아이는 원하던 고양이를 매일 볼 수 있어 너무도 좋아합니다.

• Reading + Conversation | 엄마표 독서 대화

다양한 엄마표 대화로 책에 관한 관심을 높이고 아이의 생각을 끌어내 주세요. 아직은 영어로 대화하지 않아도 괜찮습니다. 책 읽기에 더 몰입할 수 있도록 여러 질문을 하고 답을 하면 공감하고 칭찬해 주세요.

표지를 보면서 "고양이가 몇 마리 있는 것 같니?"

책을 읽으면서 "흠뻑 젖은 고양이를 어떻게 말려줄 수 있을까?", "셋 중 누가 제일 귀엽니?", "책 속 고양이들은 우리한테 뭘 바라는 걸까?"

책을 읽고 나서 "고양이는 뭘 하고 노는 걸 좋아하는 것 같아?", "고양이 길러 보고 싶니?", "고양이를 기르려면 뭐가 필요할까?"

**Tail Back** 꼬리를 무는 다른 책들

비비안 슈바르츠(Viviane Schwarz) 작가의 '더 캣(The Cat)' 시리즈 나머지 두 권도 함께 보면 좋습니다.

BOOK 059-1. 《There are cats 시리즈》 고양이 세 마리와의 신나는 인터랙티브 스토리북

# Noodleheads
# See
# the Future
## 모자란 형제의 재밌는
## 일상 스토리북

(지은이) 테드 아놀드(Tedd Arnold) (출판사) Holiday House

**Basic Information**   만화책 좋아하는 아이에게 좋은 스토리북

'플라이 가이(Fly Guy)' 시리즈의 작가 테드 아놀드가 쓴 '누들헤즈 (Noodleheads)' 시리즈 중 하나입니다. 구멍이 뻥 뚫린 마카로니 누들이 주인공인 유머 넘치는 시리즈죠. 분량이 일반적인 초기 리딩북보다 조금 두껍지만(48페이지), 말풍선에 만화 같은 구성으로 되어 부담감 없이 읽을 수 있어요.

뒤에서 소개할 그래픽 노블(graphic noble)의 아동 버전이라 할 수 있어요. 바보스럽지만 순수하고 사랑스러운 마카로니 형제 '맥(Mac) 앤드 맥(Mac)'이 펼치는 우스꽝스러운 모험 이야기입니다. 마카로니 속이 빈

것처럼 머릿속이 깔끔한 형제가 벌이는 몸 개그, 반복 개그가 웃음을 자아냅니다. 세 개의 챕터로 나뉘어 접근성을 높였습니다.

**Reading Point** 관용구를 글자 그대로 받아들이는 바보 형제

지티(Ziti) 아저씨가 벽돌을 쌓고 있네요. "아저씨 뭐 하세요?" 맥 형제가 묻습니다. "응, 담을 쌓고 있어. 좀 도와주렴? l give me a hand?" 그러자 그러고 싶지만, 손을 떼어낼 수 없다고 답하는 형제. 아저씨가 다시 "쉬운 일이야 l piece of cake."라고 말하자, 자기들도 케이크 좋아한다며 초콜릿케이크로 달라는 형제.

엄마가 만드신 케이크를 먹기 위해 심부름으로 땔감을 구하러 간, 맥 앤드 맥. 이번엔 미트볼(Meatball)한테 골탕을 먹습니다. 뻔한 일을 맞힌 미트볼이 '미래를 볼 수 있다.'라고 믿은 형제는 열심히 모은 장작을 내어주고, 대신 장작으로 변신하는 씨앗이라며 미트볼이 건넨 도토리를 받아 룰루랄라 집으로 돌아옵니다.

마법의 씨앗을 마당에 심고 기다려도 나무가 솟아나질 않아요. 구덩이 파느라 생긴 흙더미를 묻으려고 자꾸만 땅을 파고…. 결국 마당 전

체를 갈아엎게 됩니다. 엄마가 부탁하고 싶던 제일 어려운 심부름을 한 것이죠. 결국 형제는 먹고 싶던 케이크를 먹을 수 있게 됩니다.

그리고 한참이 흐른 뒤… 마당은 어떻게 변했을까요?

### Further Activity   책 한 권에 쌓이는 추억과 감성

• Reading + Sound | 동영상과 함께 읽기

읽어주기 동영상을 참고하세요. 동영상을 본 다음 아이 스 스로 읽게 하거나, 읽기 음성을 틀어 주면서 책을 읽게 해도 좋습니다.

• Reading + Memory | 아이와 추억 찰칵!

맥 형제는 매번 약삭빠른 미트볼한테 당합니다. 아이들도 바보 같은 형제를 답답해하면서도 해피엔딩으로 기분 좋게 끝나는 책이라 정말 좋아한 시리즈입니다. 첫째와 둘째는 셋째 골려 먹기를 가끔 재밌어했어요. 빤히 보이는 사탕발림에 넘어가 오빠들이 시키는 대로 다 하고, 나중에 당했다는 걸 알고 셋째는 울고불고했죠. '그럴 땐 오빠들 말을 믿지 말라.'라고 당부해도 어느새 넘어가서 후회하던 셋째. 늘 잘해주는

오빠들이 어쩌다 속이면, 알면서도 속는 척 당해준 것일 수도 있겠네요.

맥 형제도 실은 늘 혼자인 미트볼이 안쓰러워 놀아주려고 속아주는 척하는 것일지 몰라요. 그렇게 읽으면 또 다른 재미가 느껴진답니다.

• Reading + Conversation | 엄마표 독서 대화

다양한 엄마표 대화로 책에 관한 관심을 높이고 아이의 생각을 끌어내 주세요. 아직은 영어로 대화하지 않아도 괜찮습니다. 책 읽기에 더 몰입할 수 있도록 여러 질문을 하고 답을 하면 공감하고 칭찬해 주세요.

표지를 보면서 "누들헤즈가 놀란 이유가 뭘까?"

책을 읽으면서 "엄마가 마당을 바라보면서 원했던 건 뭘까?", "형제는 왜 땔감을 구하는 거지?", "미트볼은 장작 대신 뭘 줬지?"

책을 읽고 나서 "엄마가 행복해한 이유가 뭘까?", "미트볼은 빼앗은 땔감으로 뭘 했을까?", "이야기가 다 끝난 뒤에 도토리에는 무슨 일이 일어날까?"

**Tail Back** **꼬리를 무는 다른 책들**

'누들헤즈(Noodleheads)' 시리즈의 다른 책들도 살펴보시기를 권합니다.

BOOK 060-1. 《Noodleheads 시리즈》 바보 같고 순진하지만 유쾌한 맥 형제 스토리북

# STEP 3
# 탄탄한 스토리북

## 모험과 상상

아이가 본격 리딩을 할 때 생각의 크기를 키워주는 주제가 있다면 바로 판타지가 아닐까요? 상상 속에서 펼쳐지는 또 다른 세계에서 모험을 벌이면서, 용기, 신념, 희망, 협동, 의지 등 여러 덕목을 배우게 됩니다. 아이는 주인공에게 이입하여 진짜 모험을 떠난 듯 자유롭게 꿈꾸면서 한 뼘 더 자랍니다. '영 어덜트(Young Adult)'라 불리는 본격 청소년 소설의 상당수가 판타지이며, 우리가 익히 알고 있는 '해리 포터'나 '눈의 여왕', '사자와 마녀와 옷장' 시리즈 등 명작 판타지는 오랜 세월 아이들의 사랑을 받습니다. 본격 리딩 단계로 넘어가기 위해 유용한 판타지 동화 필독서를 소개합니다.

## • book 061 •

# Rain

## 하루 종일 비가 내려도 얼마든지 재밌는 아이와 할아버지

지은이 샘 어셔(Sam Usher) 출판사 Templar Publishing

**Basic Information**  비가 그치기를 기다리느라 지루한 소년의 상상

작가는 영국 웨스트잉글랜드 대학교에서 일러스트를 공부하고 여러 어린이책을 썼습니다. 첫 책《Can You See SASSOON》으로 워터스톤 즈 상을 받으면서 인정을 받았고, 이 책 외에도 날씨를 주제로 한 판타 지를 여러 권 썼습니다.

**Reading Point**  비 오는 날에도 즐거운 추억은 쌓을 수 있어요!

아침에 눈을 떠보니 밖에 비가 내리네요. 밖에 나가서 놀고 싶다고 했 지만, 할아버지는 비가 멈추길 기다려보자고 하십니다. 아무리 기다려도 비가 멈추질 않네요. 소년은 비 내리는 창밖을 보며 바다 괴물, 물 위에 떠 있는 멋진 도시를 상상하며 시간을 보내요. 드디어 비가 멈추고, 할아버지는 편지도 부칠 겸 나가자고 하십니다. 그러자 문밖에서 환상의 세계가 펼쳐집니다.

아이는 선장이 되어 할아버지와 함께 모험을 시작합니다. 어느새 다시 비가 내리지만 굴하지 않고 전진! 할아버지의 편지도 무사히 우체통에 넣습니다. 흠뻑 젖어 집에 돌아와 몸을 말리고 뜨거운 코코아를 마십니다. 할아버지가 말씀하십니다. "너도 알겠지, 가장 값진 건 기다림 끝에 오는 거란다."

### Further Activity  책 한 권에 쌓이는 추억과 감성

• Reading + Sound | 동영상과 함께 읽기

읽어주기 동영상을 참고하세요. 동영상을 본 다음 아이 스스로 읽게 하거나, 읽기 음성을 틀어 주면서 책을 읽게 해도 좋습니다.

- Reading + Memory | 아이와 추억 찰칵!

비 오는 날의 추억 있으세요? 비가 많이 내리면 하수구가 빗물을 다 소화하지 못해서 맨홀 뚜껑 위로 물이 분수처럼 올라오곤 하죠. 빗물이 고인 곳에 물고기가 살 것 같고, 졸졸 흐르는 도랑에 나뭇잎 배도 띄워 보냈어요.

덩치에 비해 감성적인 둘째가 어느날 비를 쫄딱 맞고 집에 왔어요. 마중 나오라고 전화를 하지 그랬냐니까, 자기는 비 맞는 거 기분 좋다고 그러더라고요. 결국 감기에 걸려 후회했지만요. 첫째는 준비성이 철저해서 가방에 우산을 잘 챙겨요. 예보에 없이 비가 와도 녀석의 가방엔 우산이 있더라고요. 막내는 물이 묻으면 색이 알록달록 변하는 우산을 선물 받았는데, 비만 오면 그 우산을 쓰고 나가자고 조르곤 했어요. 우산 쓰고 골목마다 돌아다니면서 시냇물처럼 졸졸 흐르는 빗물을 한참 쳐다보며, 물고기가 살 수 있겠다며 호기심 어린 눈으로 바라보았지요. 아이 셋을 키우다 보니, 비 오는 날의 추억도 제각기 다르네요.

- Reading + Conversation | 엄마표 독서 대화

다양한 엄마표 대화로 책에 관한 관심을 높이고 아이의 생각을 끌어내주세요. 아직은 영어로 대화하지 않아도 괜찮습니다. 책 읽기에 더 몰입할 수 있도록 여러 질문을 하고 답을 하면 공감하고 칭찬해 주세요.

표지를 보면서 "날씨가 어떻니?"

책을 읽으면서 "비 오는 날 아이가 밖에서 하고 싶은 것이 뭐였니?", "소년은 비 오는 날 할아버지랑 나가서 뭐 했지?", "집에 돌아와서 할아버지랑 어떤 대화를 나눴지?"

책을 읽고 나서 "비 오는 날 집 안에서 노는 게 좋아, 집 밖에서 노는 게 좋아?", "비 오는 날 뭐 하고 노는 게 좋아?", "비는 왜 내리는 걸까?"

### Tail Back  꼬리를 무는 다른 책들

샘 어셔(Sam Usher) 작가의 날씨 판타지 동화 시리즈의 다른 책들도 살펴보시기를 권합니다.

BOOK 061-1. 《Sam Usher 시리즈》 날씨에 어울리는 상상력이 돋보이는 스토리북

• book 062 •

# Winnie the Witch

## 마법을 부릴수록 상황이 꼬여가는 마녀와 고양이

지은이 발레리 토머스(Valerie Thomas), 콜키 폴(Korky Paul) 출판사 Oxford University Press

**Basic Information** 모험 즐기는 작가의 마법 같은 스토리북

호주 태생의 작가는 학교 교사로 일하면서 문법 관련 교과서 연구가로도 활동했습니다. 특히 세계 곳곳을 여행하는 걸 좋아하는데 첫 글엔 프랑스에서 포도 수확을 하던 일을 썼다고 해요. 1987년 탄생시킨 '위니 더 위치(Winnie the Witch)' 시리즈로 큰 인기를 끌었으며, 위니와 마법 호박, 나는 카페트, 아기공룡 모험 등 여러 편을 썼습니다.

실수투성이에 사고뭉치인 마녀 위니와 검은 고양이 윌버(Wilbur)가 등장하는 시리즈 중 한 편입니다.

**Reading Point**  온통 까만 집에 사는 검은 고양이 윌버, 색을 바꿀까?

위니의 집은 안팎, 모든 물건이 검은색입니다. 문제는 함께 사는 고양이 윌버도 검정이라는 거죠. 검은색 의자에 앉은 윌버를 보지 못하고 깔고 앉거나, 검은색 바닥에 졸고 있는 윌버에 걸려 넘어지기도 합니다. 위니는 너무 불편해서 윌버를 초록색으로 바꿔요. 아브라카다브라! 그리고 심심하지 말라고 정원 풀밭에 내놓죠. 그런데 그만. 위니가 잔디밭을 걷다 윌버한테 걸려 장미 덩쿨로 날아가고 말았어요. 화가 난 위니는 윌버를 온통 알록달록 변신시킵니다. 아브라카다브라!

과연 모든 게 해결됐을까요? 어설픈 마녀 위니와 재미를 배가시키는 고양이 윌버. 덕택에 위니 더 위치 시리즈는 매년 할로윈 시즌이면, 꼭

찾아 읽게 되는 대표적인 책이랍니다.

## Further Activity 책 한 권에 쌓이는 추억과 감성

• Reading + Sound | 동영상과 함께 읽기

읽어주기 동영상을 참고하세요. 동영상을 본 다음 아이 스
스로 읽게 하거나, 읽기 음성을 틀어 주면서 책을 읽게 해도
좋습니다.

• Reading + Memory | 아이와 추억 찰칵!

전 무서운 걸 싫어해서, 귀신의 집도 한 번 들어간 적이 없어요. 귀신 나
오는 영화도 못 보죠. 그런데 어렸을 때 아버지가 빌려온 '호커스 포커
스'라는 영화를 보고 마녀라는 존재에 대해 처음 알았습니다. 무섭기보
다 친근한 마녀, 할로윈 문화에 대해, 세월이 흘러 엄마표 영어를 하면
서 잘 알게 되었죠.

할로윈 일주일 전부터 아이들과 함께 집안을 꾸밉니다. 거미줄도 치
고 해골도 걸고 빗자루 타고 날아가는 마녀 장식품도 걸고… 무엇보다
할로윈 관련 책을 모두 모아 장식하고 밤에는 잠자리 동화로 열심히 읽
어줬어요. 그때 많이 읽어준 게 바로 이 시리즈입니다. 아이들도 절 닮
아서 무서운 걸 싫어하는데, 위니는 전혀 무서워하질 않아요.

예전에는 할로윈 이벤트를 제대로 못 해서 아쉬웠어요. 다른 집에도
방문해 사탕도 받고 하면 좋으련만, 당시엔 대중적인 문화가 아니었거
든요. 그래도 엄마랑 집에서 호박랜턴도 만들도 사탕도 바구니에 담아
놓았던 행복한 추억을 쌓았으니 충분히 만족합니다. 다음 할로윈에는

꼭 이 책을 한 번 읽혀보세요.

- Reading + Conversation | 엄마표 독서 대화

다양한 엄마표 대화로 책에 관한 관심을 높이고 아이의 생각을 끌어내 주세요. 아직은 영어로 대화하지 않아도 괜찮습니다. 책 읽기에 더 몰입할 수 있도록 여러 질문을 하고 답을 하면 공감하고 칭찬해 주세요.

표지를 보면서 "여자의 직업은 어떤 것일까?"

책을 읽으면서 "위니한테 무슨 문제가 생긴 걸까?"

책을 읽고 나서 "네가 마법을 부릴 수 있는 마녀라면 어떤 마법을 부려보고 싶어?"

### Tail Back  꼬리를 무는 다른 책들

'위니와 윌버(Winnie and Wilbur)' 시리즈의 다른 책들도 살펴보시기를 권합니다.

BOOK 062-1. 《Winnie and Wilbur 시리즈》 마녀 위니와 검은고양이 윌버의 모험 스토리북

# • book 063 •

# There's a monster in your book
## 몬스터 쫓기 액션 스토리

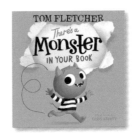

**지은이** 톰 플레처(Tom Fletcher), 그렉 애봇(Greg Abbott) **출판사** Random house

**Basic Information** 불고 소리 지르고 책을 흔들며 즐겨요

톰 플레처는 오늘날 영국을 대표하는 베스트셀러 어린이책 작가로, 이 책이 포함된 '후즈 인 유어 북(Who's in your book)' 시리즈가 큰 인기를 끌었어요. 청소년 소설도 썼고, 밴드 맥플라이의 멤버이자 리더인 유명 가수이기도 합니다.

책에 있는 캐릭터를 밖으로 쫓아 보내기 위해, 독자가 상호작용하면서 진행되는 액션 스토리북 시리즈입니다. 가만히 들고 읽기만 하는 게 아니라 책을 움직이거나 반응하면, 캐릭터가 살아있는 듯 반응하니 아이들이 더 빠져들며 볼 수 있어요.

책을 펴니까 책을 뜯어먹는 몬스터가 보여요. 책을 다 뜯어 먹기 전, 얼른 쫓아내야 합니다. 책에 쓰인 대로 해보세요. 책을 흔들고 몬스터 발을 간지럽히고 입으로 세게 후~ 하고 불고…. 하지만 몬스터는 여전히 책 여기저기를 굴러다닐 뿐 효과가 없네요.

여기서 포기할 순 없죠. 힘을 다해 책을 기울이고 돌리고 큰소리를 지릅니다. 몬스터가 놀라서 도망가 버렸어요. 책에서 나갔다면 어디로 갔죠? 그래요. 우리 방으로 나왔어요. 아차차~. 늦기 전에 몬스터를 다시 불러야 해요. 어떻게 해야 할까요?

• Reading + Sound | 동영상과 함께 읽기

작가가 직접 읽어주는 동영상이 있으니 참고하세요. 동영상  을 본 다음 아이 스스로 읽게 하거나, 읽기 음성을 틀어 주 면서 책을 읽게 해도 좋습니다.

• Reading + Memory | 아이와 추억 찰칵!

첫째와 둘째와 엄마표 영어를 할 때만 해도 읽어줄 책이 많지 않아서 오히려 선택이 쉬웠어요. 선배 엄마들이 추천한 책을 사서 열심히 읽어 주고, 아이들이 재밌어하게 독후활동에 진심을 다했어요.

반면 집안 가득 영어책이 있는 환경에서 자란 막내는 한글 폭발 시 기가 왔을 때 심한 영어책 거부가 동반되었어요. 그래도 당황하지 않 고 책 자체가 놀이가 되는 조작북, 찾기 게임 등을 찾아 꾸준히 조금이 라도 노출했습니다. 그 시기에 인터랙티브 북, 즉 독자가 참여하게 만 든 책이 많이 나왔는데, 그 덕을 크게 봤답니다. 이 책 역시 아이가 아주 좋아했고요. 책 자체가 놀이가 되어주니, 엄마의 노고도 덜어주었어요. 읽어줄 때마다 다른 반응을 보여주면, 매번 색다른 재미를 느낄 수 있 습니다.

• Reading + Conversation | 엄마표 독서 대화

다양한 엄마표 대화로 책에 관한 관심을 높이고 아이의 생각을 끌어내 주세요. 아직은 영어로 대화하지 않아도 괜찮습니다. 책 읽기에 더 몰 입할 수 있도록 여러 질문을 하고 답을 하면 공감하고 칭찬해 주세요.

표지를 보면서 "책 표지에서 무엇을 볼 수 있니?"

책을 읽으면서 "몬스터를 쫓아내기 위해서 어떤 것을 했지?", "몬스터는 책 속에 왜 나타난 걸까?"

책을 읽고 나서 "몬스터가 책 안에 있으면 좋겠니? 아니면 책 밖으로 나갔으면 좋겠니?", "몬스터 말고 어떤 캐릭터가 책에 등장했으면 좋겠니?", "몬스터를 쫓아내기 위해서 무엇을 해야 할까?"

### **Tail Back** 꼬리를 무는 다른 책들

'후즈 인 유어 북(Who's in your book)' 시리즈의 다른 책들도 살펴보시기를 권합니다.

BOOK 063-1. 《Who's in your book 시리즈》 책 속 캐릭터와 소통하는 스토리북

## book 064

# How to catch a tooth fairy

## 쫓고 쫓기는 아이와 요정 스토리북

**지은이** 아담 왈라스(Adam Wallace), 앤디 엘커튼(Andy Elkerton)  **출판사** Sourcebooks Wonderland

**Basic Information** 상상 속 캐릭터를 잡기 위한 기발한 아이디어

'하우 투 캐치(How to catch)' 시리즈 중 한 편입니다. 작가는 호주에 살고 있으며, 이 시리즈 외에도 《The Holiday Heroes Save Christmas》 같은 어린이책을 썼습니다. 아이들이 친숙한 상상 속 캐릭터를 잡기 위해 다양하고 창의적인 시도를 하도록, 재미나게 구성해 만들었습니다. 엄마표 영어를 하다 보면 영미권 문화에 대해 다양하게 알게 되는데, 이런 책 덕택에 아이들도 이빨 요정에 대해 배웠어요. 덕분에 빠진 유치를 베개 밑에 넣고 선물을 달라고 빌며 잠들곤 했답니다.

320

모두가 잠든 고요한 밤, 요란한 알람이 울리는 집이 있어요. 이빨 요정 네 집입니다. 밤마다 아무도 모르게, 많은 이빨을 가지러 가야 하니까요. 빠른 속도로 아이들이 숨겨 놓은 이빨을 몰래 갖고 가는 요정. 그런 요정을 과연 잡을 수 있을까요?

요정을 잡고 싶은 아이들은 저마다 상자, 솜사탕, 치실로 만든 거미줄, 파리지옥, 고양이 등 여러 도구를 동원합니다. 하지만 무엇도 효과가 없었죠. 그런데 산지브(Sanjeev)는 기발한 방법으로 드디어 이빨 요정을 새장에 가둬버렸답니다. 이빨 요정은 어떻게 이 위기를 뛰어넘을까요?

• Reading + Sound ｜ 동영상과 함께 읽기

읽어주기 동영상을 참고하세요. 동영상을 본 다음 아이 스스로 읽게 하거나, 읽기 음성을 틀어 주면서 책을 읽게 해도 좋습니다.

• Reading + Memory ｜ 아이와 추억 찰칵!

첫째 앞니가 흔들리기 시작하더니, 드디어 빠졌어요. 아이는 설레는 마음으로 잠들기 전 이를 베개 아래 넣고는 이빨 요정이 오는지 보겠다며 자는 척 기다렸죠. 결국 아이가 잠들 때까지 기다렸다가, 겨우 잠든 걸 확인하고 베개 밑 유치를 500원짜리 동전과 바꾸는 데 성공했어요.

아침에 일어나 동전을 발견한 첫째는 소리를 지르며 동생에게 자랑하기에 바빴죠. 그다음에도 유치가 또 빠져서 똑같은 작전을 했는데, 이번엔 아이가 실망한 표정으로 저를 부르더라고요. 유치를 휴지에 싸서 휴지통에 넣었는데, 잘못해서 밖에 떨어졌던 모양이에요. 당황했지만 둘러댔죠. '이빨 요정이 떨어뜨렸나 보다, 다시 베개 밑에 넣고 자면 500원을 또 줄 거다.'

결국 이 하나로 천원이나 얻게 된 아이가 말하더라고요. '엄마, 가끔 이빨 요정이 또 이를 떨어뜨리고 갔으면 좋겠어요.' 아이는 엄마가 이빨 요정이라는 걸 정말 모르는 걸까요? 아니면 돈을 계속 얻으려고 모른 척하는 걸까요?

• Reading + Conversation ｜ 엄마표 독서 대화

다양한 엄마표 대화로 책에 관한 관심을 높이고 아이의 생각을 끌어내

주세요. 아직은 영어로 대화하지 않아도 괜찮습니다. 책 읽기에 더 몰입할 수 있도록 여러 질문을 하고 답을 하면 공감하고 칭찬해 주세요.

표지를 보면서 "표지에 보이는 것은 누구일까?"

책을 읽으면서 "고양이를 피하려고 이빨 요정은 무엇을 사용했지?", "이빨 요정을 잡으려고 아이들은 어떤 방법을 사용했지?"

책을 읽고 나서 "너도 이빨 요정을 만나고 싶니?", "어떻게 하면 이빨 요정을 잡을 수 있을까?", "이빨 요정은 왜 이를 모으는 걸까?", "이빨 요정한테 동전 말고 뭘 받으면 좋겠어?"

### Tail Back 꼬리를 무는 다른 책들

'하우 투 캐치(How to catch)' 시리즈의 다른 책들도 살펴보시기를 권합니다.

BOOK 064-1. 《How to catch 시리즈》 잡고 도망치는 캐릭터와의 모험 스토리북

# Puff, the Magic Dragon

## 아름다운 팝송 명곡 스토리북

**지은이** 피터 야로우(Peter Yarrow), 레니 립톤(Lenny Lipton) **출판사** Union Square Kids

**Basic Information**  제목과 함께 저절로 노래가 떠오르는 스토리북

1963년 그룹 '피터 폴 앤드 메리(Peter, Paul and Mary)'가 발표한 히트 곡이자 오늘날 마더구스로 널리 불리는 노래를 바탕으로 만든 책입니다. 어린이와 어른 모두가 즐길 수 있는 판타지와 감동의 내용을 담고 있어요.

워낙 유명한 팝송이라 아이에게 책을 읽어줄 때마다 자연스럽게 흥 얼거리게 됩니다. 잠자리 동화 때 자장가처럼 불러주며 읽었던 저로선 무척이나 특별한 책입니다.

**마법 공룡 퍼프에게 과연 무슨 일이 벌어질까?**

바다에 사는 마법 용 퍼프(Puff)는 호날리(Honalee) 섬에서 신나게 놀고 있어요. 퍼프를 너무도 사랑한 소년 재키도 재미난 물건을 가득 가져와 함께 놀았죠. 왕, 해적선과 해적도 만나는 멋진 모험을 떠나기도 했어요.

하지만 영원히 사는 퍼프와 달리 재키는 나이를 먹습니다. 어느덧 퍼프를 잊고 찾아오질 않아요. 퍼프는 깊은 슬픔에 빠집니다.

그러던 어느날 소녀 하나가 찾아옵니다. 퍼프는 다시 행복해졌지요. 그 모습을 흐뭇하게 지켜보는 어른 재키.

소녀는 과연 누구였을까요? 재키도 소녀가 퍼프와 노는 모습을 보며 추억을 떠올리며 행복했겠지요?

• Reading + Sound | 동영상과 함께읽기

읽어주기 동영상을 참고하세요. 노래와 번갈아 나오기 때문에 함께 즐길 수 있습니다. 동영상을 본 다음 아이 스스로 읽게 하거나, 읽기 음성을 틀어 주면서 책을 읽게 해도 좋습니다.

• Reading + Memory | 아이와 추억 찰칵!

첫째가 여섯 살 때 엄마표 영어를 시작했습니다. 이미 한글책을 즐겨 읽을 때였죠. 처음 접하는 영어 원서를 거부하면 어떡하나 걱정이 많았어요.

당시 아이가 노래를 너무 좋아했기에, 노래로 먼저 접근해야겠다고 생각했습니다. 그 덕인지 아이는 거부감 없이 흥얼거렸고, 어느덧 노래를 외워서 책을 펴고 그림에 맞춰 읽는 시늉을 하더라고요. 많이 듣다 보니 읽을 줄 아는 단어도 늘고, 그렇게 자연스레 원서 읽기가 시작됐습니다.

그러다가 레벨을 올리려고 욕심을 냈어요. 그랬더니 영어에 대한 반감이 점점 쌓이더니, 급기야 아이가 모든 영어책을 거부하게 되었어요. 다행히도 그제야 반성하고 다시 노래가 좋은 책을 고르다 만난 게 바로 이 책입니다.

가격이 비쌌지만 큰맘 먹고 사줬는데, 역시나 아이는 너무 좋아하더라고요. 익숙한 팝송이 소재라서, 저 역시 빠져들었습니다. 나중엔 팝송으로 만든 책들을 열심히 사 모으게 되었죠. 추천도 열심히 했는데, 특히 초등생 부모님 반응이 좋았습니다. 부모도 함께 즐길 수 있는 영어 원서라 더욱 좋습니다.

• Reading + Conversation | 엄마표 독서 대화

다양한 엄마표 대화로 책에 관한 관심을 높이고 아이의 생각을 끌어내 주세요. 아직은 영어로 대화하지 않아도 괜찮습니다. 책 읽기에 더 몰입할 수 있도록 여러 질문을 하고 답을 하면 공감하고 칭찬해 주세요.

표지를 보면서 "표지에서 무엇을 볼 수 있니?"

책을 읽으면서 "소년은 용과 무엇을 하고 놀았니?", "용은 왜 슬픈 표정을 하고 있을까?", "소녀와 노는 용을 바라보는 남자는 누구일까?"

책을 읽고 나서 "책 속 배경은 실제로 있는 곳일까? 아니면 환상 속 공간일까?", "네가 작가라면 어떤 배경으로 이야기를 만들고 싶니?"

## Tail Back  꼬리를 무는 다른 책들

'Over the rainbow', 'Waking up is hard to do', 'Sunshine on my shoulder', 'Take me home, country road', 'Man give names to all the animals' 등 명곡 팝송을 스토리북으로 만든 다른 책들도 찾아보시기를 권합니다.

BOOK 065-1. 《팝송 스토리북》 아름다운 가사의 명곡으로 만든 어린이책

# STEP 3
# 탄탄한 스토리북

## •3-5•

## 전래동화

전래동화가 아이들에게 의미 있는 이유는 다양합니다. 선악, 옳고 그름이 분명해 도덕적 교훈을 얻게 하고 상상력을 자극합니다. 다양한 상황을 상상하고 해결책을 생각하는 능력도 키울 수 있습니다. 영어를 외국어로 접하는 환경에서 전래동화의 익숙한 줄거리가 친근함을 갖게 해줍니다. 아이들이 좋아하는 전래동화를 작가별로 골라서 소개합니다. 작가 스타일에 따라 같은 동화라도 다른 컬러로 각색되어 원작과 비교해 읽는 재미가 있답니다. 골든벨 퀴즈를 이용해 아이가 책의 내용을 잘 파악했는지 확인하고, 이야기 흐름과 교훈을 다시 한번 되새길 수 있도록 구성했습니다.

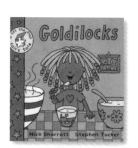

# Goldilocks

## 곰 가족의
## 빈집을 탐험하는
## 골디락스

**지은이** 닉 샤라트(Nick Sharratt), 스테판 터커(STEPhen Tucker) **출판사** Pan MacMillan

---

**Basic Information**  오랜 전래동화를 유쾌하게 재해석한 스토리북

닉 샤라트 작가가 재해석한 전래동화 '리프트 더 플랩(A Lift-the-Flap Fairy Tales)' 시리즈 중 하나입니다. 플랩을 들춰 숨어있는 그림을 찾으면서 라임 가득한 전래동화를 흥미롭게 읽을 수 있습니다.

**Reading Point**  남의 집에 들어가 여기저기 뒤지는 골디락스

갈색 눈에 금발의 펑크스타일 골디락스가 숲속에서 작은 집을 발견했어요. 아무도 없는 걸 확인한 골디락스는 주방 여기저기를 구경하다가, 식탁 위 죽을 발견해요. 배가 고픈 골디락스는 뜨겁지도 차갑지도 않은

가장 작은 그릇의 죽을 먹고 배가 불러 거실로 나가서 너무 딱딱하지도, 너무 푹신하지도 않은 의자에 앉아 쉽니다.

　침실엔 침대가 세 개 있어요. 골디락스는 크기가 알맞고 포근한 제일 작은 침대에 들어가 잠이 들었어요. 산책에서 돌아온 집주인 곰 가족이 누군가 자기 집에 침입한 걸 알아차렸습니다. 여기저기 찾던 가족은 아이 침대에서 자는 골디락스를 발견하지요. 자기를 내려다보는 곰 가족에 놀라 골디락스는 부리나케 도망칩니다.

　이 책을 읽어줄 때마다 아이들은 왜 남의 집에 들어가서 뒤지는지, 골디락스가 너무 예의가 없다고 투덜대곤 했어요. 아마 이 책의 교훈이 '절대 남의 빈집에 들어가지 마라!'라는 게 아닐까 싶습니다.

### **Further Activity** 원서 읽기와 함께 하는 생각 키우기

• Reading + Sound | 동영상과 함께 읽기

읽어주기 동영상을 참고하세요. 동영상을 본 다음 아이 스스로 읽게 하거나, 읽기 음성을 틀어 주면서 책을 읽게 해도 좋습니다.

- Reading + Conversation | 엄마표 독서 골든벨

1. Who are the main characters in the story?

   ☞ Goldilocks, Papa Bear, Mama Bear, and Baby Bear.

2. Where do the three bears live?

   ☞ In a house in the forest.

3. Why did Goldilocks go into the bears' house?

   ☞ She was curious and wanted to explore.

4. What did Goldilocks find on the kitchen table?

   ☞ Three bowls of porridge.

5. What was wrong with the first bowl of porridge Goldilocks tried?

   ☞ It was too hot.

6. What did Goldilocks say about the second bowl of porridge?

   ☞ It was too cold.

7. Which bowl of porridge did Goldilocks find 'just right'?

   ☞ Baby Bear's bowl

8. After eating the porridge, where did Goldilocks go next?

   ☞ Into the living room to sit on the chairs.

9. What happened to Baby Bear's chair?

   ☞ Goldilocks sat on it and it broke.

10. How did the story end?

☞ Goldilocks woke up when the bears found her, screamed, and ran out of the house.

Tail Back 꼬리를 무는 다른 책들

닉 샤라트(Nick Sharratt) 작가가 재해석한 전래동화 시리즈의 다른 책들도 읽어보세요.

BOOK 066-1. 《Nick Sharratt 전래동화 시리즈》 익숙한 줄거리를 재해석한 스토리북

## book 067

# Hansel and Gretel
## 통쾌함을 살린 전래동화 비틀기

**지은이** 제임스 마샬(James Marshall) **출판사** Puffin Books

---

**Basic Information** 본격 리딩북으로 탄생한 재밌는 전래동화

때로 잔혹할 수도 있는 전래동화를 작가의 개성 담긴 그림과 문체로 유쾌하게 풀어낸 시리즈 중 하나입니다. 글밥이 좀 많기는 하지만, 아이들에게 익숙한 줄거리이기 때문에 어렵지 않게 읽을 수 있습니다.

**Reading Point** 익숙한 줄거리를 바탕으로 반복해 읽기

극심한 가난에 시달리는 나무꾼 가족이 있어요. 새엄마는 남편에게 먹을 게 부족하니, 헨젤과 그레텔을 숲속에 버리고 오자고 꼬드깁니다. 몰래 얘기를 엿들은 남매는 숲으로 가는 길에 빵가루를 뿌려 표시합니다.

하지만 새들이 빵가루를 모두 먹어 치우는 바람에 숲속에서 길을 잃죠. 어둡고 무서운 숲에서 방황하던 남매는 과자로 된 집을 발견하고 기뻐하지만, 그곳은 아이들을 잡아먹기 위해 위장한 마녀의 집이었어요.

마녀는 남매를 잡아먹을 준비를 합니다. 하지만 헨젤과 그레텔은 기지를 발휘해 마녀를 퇴치하고 숲을 빠져나와 집으로 돌아갑니다. 남매를 버린 죄책감에 슬퍼하던 나무꾼은 사과하며, 새엄마가 죽었다는 사실을 알립니다.

### **Further Activity** 원서 읽기와 함께 하는 생각 키우기

• Reading + Sound | 동영상과 함께 읽기

읽어주기 동영상을 참고하세요. 노래와 함께 책을 읽어주기에 더욱 흥미롭게 볼 수 있습니다. 동영상을 본 다음 아이 스스로 읽게 하거나, 읽기 음성을 틀어 주면서 책을 읽게 해도 좋습니다.

• Reading + Conversation | 엄마표 독서 골든벨

1. Who are the main characters in 'Hansel and Gretel'?

☞ Hansel, Gretel, their parents, and the witch.

2. Why did Hansel and Gretel's parents decide to leave them in the forest?

☞ Because they were too poor to feed them.

3. How did Hansel and Gretel try to find their way back home the first time they were abandoned?

☞ Hansel left a trail of pebbles.

4. What did Hansel use for the trail the second time they were taken into the forest?

☞ Breadcrumbs.

5. What did Hansel and Gretel find in the forest after following the breadcrumb trail?

☞ A house made of candy and sweets.

6. What was the witch's plan for Hansel after capturing him?

☞ To fatten him up and eat him.

7. How did Hansel trick the witch when she checked to see if he was getting fat?

☞ He stuck out a bone instead of his finger.

8. What task was Gretel forced to do while Hansel was locked up?

☞ She was forced to cook and clean for the witch.

9. How did Gretel defeat the witch?

☞ She pushed the witch into the oven and closed the door.

10. What did Hansel and Gretel find in the witch's house after
    they defeated her?

    ☞ Treasure, including gold and gems.

**Tail Back**   꼬리를 무는 다른 책들

제임스 마샬(James Marshall)의 색채가 담긴 전래동화 시리즈의 다른 책
들도 살펴보시기를 바랍니다.

BOOK 067-1. 《James Marshall 전래동화》 작가 특유의 컬러로 재해석한 스토리북

## • book 068 •

# Three Little Pigs
## 돼지 삼 남매의 신나는 늑대 퇴치 이야기

**지은이** 수산나 데이비드슨(Susanna Davidson)  **출판사** Random house

---

**Basic Information**　형제가 아니라 남매, 설정을 비틀어 재미를 높였다

'어스본 퍼스트 리딩(Usborne First Reading)' 시리즈 중 한 편으로 아이들에게 사랑받는 전래동화 '아기 돼지 삼 형제'를 현대적인 감각으로 각색한 책입니다. 만화영화 '톰과 제리' 속 톰처럼 돼지 삼 남매한테 계속 당하기만 하며, 연신 온몸을 다치는 바보 같은 늑대의 모습이 책의 재미를 배가시킵니다. 깔깔대며 늑대만 찾게 되는 유쾌한 동화입니다.

**Reading Point**　전형적인 전래동화의 그림과 구성을 넘어선 책

슬슬 독립할 때가 된 돼지 삼 남매는 집을 떠나 살 집을 찾기로 했어요.

늑대를 조심하라는 엄마 말이 끝나기가 무섭게, 돼지들을 몰래 뒤쫓는 늑대….

첫째는 지푸라기로 집을 지어요. 짚으로 벽, 바닥, 지붕을 만들어요. 그리고 자랑스러워 말합니다. "난 정말 똑똑해." 둘째는 나뭇가지로 집을 지어요. 하지만 셋째는 다시 길을 떠납니다.

막내는 완벽한 집을 만들 벽돌을 삽니다. 그리고 열심히 집을 짓죠. 늑대가 첫째의 지푸라기 집으로 갑니다. 늑대는 손쉽게 집을 날려버렸고, 첫째는 둘째네로 도망칩니다. 하지만 나뭇가지로 만든 둘째네 집도 늑대 입김에 부서져 버리죠. 셋째네 집으로 간 두 돼지. 튼튼한 집 덕택에 돼지들은 늑대를 퇴치하고 책은 해피엔딩으로 끝납니다.

### **Further Activity** 원서 읽기와 함께 하는 생각 키우기

• Reading + Sound | 동영상과 함께 읽기

읽어주기 동영상을 참고하세요. 동영상을 본 다음 아이 스스로 읽게 하거나, 읽기 음성을 틀어 주면서 책을 읽게 해도 좋습니다.

- Reading + Conversation | 엄마표 독서 골든벨

1. Who are the main characters in this story?

☞ Three little pigs.

2. Why did the three little pigs leave their mother's house?

☞ They wanted to build their own houses.

3. What materials did each pig use to build their houses?

☞ The third Pig used bricks, second Pig used sticks, and first Pig used straw.

4. Who tried to blow down the first pig's house?

☞ The Big Bad Wolf.

5. How did the wolf try to get into the second pig's house?

☞ He huffed and puffed to blow the house down.

6. What did the wolf say to the pigs when he visited each of their houses?

☞ "Little pig, little pig, let me come in."

7. How did the pigs respond to the wolf's request to come in?

☞ "Not by the hair of my chinny chin chin."

8. Where did the second pig run to after his house blew down?

☞ He ran to his sister's house made of bricks.

9. How did the wolf try to get into the third pig's house?

☞ He huffed and puffed again, but the brick house wouldn't

blow down.

10. How did the three little pigs finally get rid of the wolf?

☞ They boiled a pot of water, and when the wolf came down the chimney, he fell into it and boiled away.

**Tail Back** 꼬리를 무는 다른 책들

'어스본 퍼스트 리딩(Usborne First Reading)' 시리즈의 다른 전래동화도 살펴보세요.

BOOK 068-1. 《Usborne First Reading 시리즈》 유머와 위트가 살아있는 전래동화 스토리북

# Little Red
## 지금까지 알던
## 빨간 망토와
## 완전히 다른 주인공

(지은이) 베산 울린(Bethan Woollin) (출판사) Peachtree

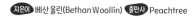

**Basic Information** 늑대의 음모를 다 꿰뚫은 빨강 망토의 사이다 스토리

작가의 개성이 듬뿍 묻어나는 단순하지만 강렬한 그림과 현대적 해석의 전래동화 시리즈 중 하나입니다.〈뉴욕타임스〉 선정한 베스트 그림책에도 선정되었네요. 상상치 못하던 전개에 속이 시원합니다. 빨간 망토 소녀가 약간 엽기적으로 느껴지기도 하지만, 항상 약자이던 모습에 비해 당당하고 강하게 느껴집니다.

**Reading Point** 당하지도 않고 도움을 청하지도 않는 빨강 망토

빨간 망토 소녀는 아픈 할머니께 드릴 케이크를 가지고 갑니다. 숲속에

서 늑대를 만나지만, 전혀 겁을 먹지 않아요. 할머니 댁에 간다는 소녀의 말에 늑대는 먼저 가서 할머니를 잡아먹고 맙니다. 그러곤 할머니로 위장해 소녀를 기다립니다. 빨간 망토 소녀는 수상함을 느끼고 창문으로 모든 걸 들여다보죠.

변장한 늑대를 보고 놀라는 척하는 빨강 망토 소녀. 늑대는 이때다 싶어 잡아먹으려 하지만…. 소녀는 남다릅니다. 손을 보면 뭔가 들고 있죠? 다음엔 무슨 일이 일어날까요?

**Further Activity** 원서 읽기와 함께 하는 생각 키우기

• Reading + Sound | 동영상과 함께 읽기

작가가 직접 읽어주는 동영상이 있으므로, 참고하세요. 동영상을 본 다음 아이 스스로 읽게 하거나, 읽기 음성을 틀어주면서 책을 읽게 해도 좋습니다.

• Reading + Conversation | 엄마표 독서 골든벨

1. What is the color of Little Red's hood in the story?

☞ Red.

2. Who did Little Red set out to visit at the beginning of the story?

☞ Her grandmother.

3. What did Little Red carry in her basket to her grandmother's house?

☞ Cake.

4. What was the wolf's plan?

☞ He wanted to eat Little Red and her grandma.

5. What disguise did the wolf use to trick Little Red and her grandmother?

☞ He put on her glasses and spare nightdress.

6. How did Little Red know that Grandma was not there?

☞ She found the door to Grandma's house was already open.

7. Is Little Red a normal girl?

☞ She is not a normal girl.

8. What kind of girl is Little Red?

☞ She is brave.

9. Who saved Grandma?

☞ Little Red saved her grandma.

10. How did you know that Little Red saved her grandma?

☞ She was wearing the wolf's skin.

베산 울린(Bethan Woollin) 작가가 유쾌하게 재해석한 다른 전래동화도
읽어보세요.

BOOK 069-1. 《Bethan Woollin 전래동화》 매운맛 캐릭터와 현대적 그림의 스토리북

# Cinder-Gorilla

## 현대적 감성으로
## 재탄생한 전래동화

**지은이** 가렛 존스(Gareth P. Jones), 로레타 샤우어(Loretta Schauer) **출판사** Farshore

---

 **Basic Information**  고릴라 신데렐라, 말맛을 살린 전래동화 스토리북

'겁 없는 이를 위한 전래동화(Fairy Tales for the Fearless)' 시리즈 중 한 편입니다. 유명한 옛날이야기 속 주인공을 동물로 바꿔서 특유의 말장난과 함께 흥미롭게 풀어낸 패러디 시리즈입니다. 신데렐라가 고릴라라는 설정으로, 이름도 신더고릴라로 바꿔 더 재밌게 이야기를 즐길 수 있습니다. 재치 있는 표현도 많이 나오므로, 아이와 함께 찾아보세요.

 **Reading Point**  캐릭터가 바뀌니 그림도 문장도 즐거워진다!

숲속에서 이모 린다, 사촌 언니 거투르트와 그레이스랑 사는 신더고릴

라(Cindergorilla)는 춤추기를 좋아해요.

이모와 언니들은 비웃으며 집안일만 시키죠. 고릴라 마을에 열리는 디스코 볼에 가고 싶지만, 이모와 언니들이 시킨 일이 너무 많아서 갈 수가 없어요.

어디선가 나타난 천사 고릴라. 마법으로 멋진 옷과 신발을 선물합니다. 디스코 볼로 가서 마음껏 춤추며 즐기다가 왕자를 만나고⋯. 아쉽게 아침이 되어 마법이 사라지며 신더고릴라는 신발 한 짝만 남겨두고 떠납니다.

신발을 갖고 신더고릴라를 찾아 나선 왕자. 드디어 만나게 된 두 사람은 춤을 추며 신나고 행복하게 살게 됩니다.

**Further Activity** 원서 읽기와 함께하는 생각 키우기

• Reading + Sound l 동영상과 함께 읽기

동영상을 참고하세요. 리딩 영상은 아니지만 노래로 재미나게 소개하는 영상이라 책에 흥미를 붙이기에 좋습니다.

- Reading + Conversation | 엄마표 독서 골든벨

1. What is the name of the main character?

☞ Cindergorilla.

2. Why is Cindergorilla treated poorly by her STEP-family?

☞ Because she is different and does things differently.

3. What event does Cindergorilla want to attend?

☞ The Jungle Dance.

4. Who helps Cindergorilla get ready for the Jungle Dance?

☞ Her friends in the jungle.

5. What does Cindergorilla wear to the Jungle Dance?

☞ A beautiful gown made of leaves and flowers.

6. What happens when Cindergorilla arrives at the Jungle Dance?

☞ Everyone is amazed by her beauty and grace.

7. Who tries to prevent Cindergorilla from going to the Jungle Dance?

☞ Her STEP-family.

8. How does Cindergorilla feel after attending the Jungle Dance?

☞ Happy and fulfilled.

9. What lesson does 'Cindergorilla' teach readers?

☞ To be true to oneself and not let others define you.

10. How does the story of 'Cindergorilla' end?

☞ Cindergorilla lives happily ever after with her friends in the jungle.

###  Tail Back | Tail Back | 꼬리를 무는 다른 책들

'겁 없는 이를 위한 전래동화(Fairy Tales for the Fearless)' 시리즈의 다른 책들도 찾아서 읽어보세요.

BOOK 070-1.《Fairy Tales for the Fearless 시리즈》동불 주인공 전래동화 스토리북

# PART IV

## •STEP 4•

# 레벨별 필독서
# : 아이 스스로 읽는 영어 원서
## MUST-READ BOOKS AS READING LEVEL

리딩 레벨 중에서도 국내에서 가장 많이 사용하는
AR(Accelerated Reader) 지수를 참고로
책의 난이도를 선택하세요.
다만 아이가 관심 가질 만한 주제를 참고해서
아이와 함께 골라 읽을 것을 추천합니다.
하지만 AR이 아이의 영어 실력 척도는 아니라는 점,
꼭 기억하세요!

# STEP 4
# 레벨별 필독서

## 얼리챕터북

그림이 거의 없으면서 글줄만 가득한 초창기 읽기 원서를 챕터북이라고 합니다. 글밥이 많지만 여러 챕터(장)로 잘게 나뉘어 있어서, 이제 막 그림책을 뗀 독자가 읽기 쉽게 만든 것이죠. 얼리챕터북은 챕터북 중에서도 좀 더 접근성을 높인 책입니다. 여러 개의 챕터로 나뉘고, 텍스트와 함께 다양한 그림이 들어 있습니다. 이야기를 시각적으로 이해할 수 있도록, 초보 독자를 위해 설계된 것이지요. 글밥과 레벨 정도를 파악해서 아이와 함께 읽고 싶은 책을 골라보세요.

# Henry and Mudge

## 우정과 관계를 다룬
## 얼리챕터북 시리즈

**지은이** 신시아 릴란트(Cynthia Rylant), 수지 스티븐슨(Suçie Stevenson) **출판사** Simon Spotlight

**리딩 레벨** AR 2.1~2.9(* AR은 미국 교육과정 기준 읽기 레벨로 2.1이라면 2학년 1개월이라는 의미입니다)

---

**Basic Information** 몸집 큰 대형견 머지와 소년 헨리의 우정

소년 헨리(Henry)와 대형견 머지(Mudge)가 나옵니다. 호기심 많고 창의적인 소년과 사랑스럽고 듬직한 반려견이 일상에서 일어나는 여러 상황에 대처하며 함께 성장합니다. 경험, 친구, 가족관계를 바탕으로 편안한 이야기가 독자에게 친근하고 따뜻한 느낌을 줍니다.

**Reading Point** 스토리가 이어지는 시리즈를 읽으며 영어와 친해진다!

헨리의 삼촌 제이크가 트리 하우스를 지어 주셨네요. 헨리가 정말 좋아합니다. 하지만 머지는 올라가기 어려워요. 절친과 함께 할 수 없다면, 트리 하우스가 과연 재미있을까요?

# • book 072 •

# Mr. Putter & Tabby

## 할아버지와 고양이가 나오는 얼리챕터북 시리즈

지은이 신시아 릴란트(Cynthia Rylant), 아서 하워드(Arthur Howard)  출판사 Clarion Books  리딩 레벨 AR 2.2~3.3

---

**Basic Information**  할아버지와 반려 고양이의 다정한 일상

다정하고 친근한 할아버지 미스터 퍼터(Mr. Putter)와 사랑스러운 고양이 태비(Tabby)가 주인공인 시리즈입니다. 둘의 일상적이면서도 특별한 순간을 다룹니다. 간단한 사건을 통해 친밀한 느낌과 특별한 우정의 순간을 전달합니다.

**Reading Point**  서로만 있으면 쓸쓸하지 않아요!

할아버지와 고양이는 추운 날씨에 그만 감기에 걸리네요. 할아버지도 태비도 기운이 없어요. 이웃 할머니 미세스 티베리(Mrs. Teaberry)가 따뜻한 수프와 쉴 곳을 마련해 주고, 두 집 동물 식구들까지 단란한 한때를 보내요.

# Bink and Gollie

## 서로 다른 두 친구의 우정을 그린 얼리챕터북 시리즈

**지은이** 케이트 디커밀로(Kate DiCamillo), 알리슨 맥기(Alison McGhee) **출판사** Candlewick **리딩 레벨** AR 2.2~2.7

---

**Basic Information**   정반대 성향의 두 친구가 벌이는 우정 이야기

쉬운 문장으로 된 재밌는 책입니다. 빙크(Bink)와 골리(Gollie)는 외모도 성격도 정반대예요. 에너지와 호기심 넘치고 규칙과 제약을 싫어하는 빙크, 진중하면서 현명하고 논리적이며 때로 소심한 골리. 두 소녀가 차이를 존중하며 어울리는 이야기입니다.

**Reading Point**   감정이 상했을 때 어떻게 화해할까?

심심해진 둘은 롤러스케이트를 타다가 형형색색
양말을 마음대로 고를 수 있는 가게를 발견해요.
빙크는 알록달록 양말을 고르고 취향이 맘에 안
든 골리는 팬케이크를 사주겠다며 자기 취향대로
고르게 하려다 서로 충돌합니다. 다투고 투덜거
리면서 단단해지는 우정을 그립니다.

• book 074 •

# Press Start

## 컴퓨터 게임처럼 즐기는 얼리챕터북 시리즈

 토머스 플린햄(Thomas Flintham)  Scholastic  AR 2.5~2.9

---

**Basic Information** 미션 클리어, 단계별로 진척되는 스토리

컴퓨터 게임이라는 역동적인 소개로 게임 그래픽 같은 일러스트와 게임 캐릭터가 말풍선 대화를 나누는 책. 미션 완수 과정을 여러 챕터로 나누어, 아이들이 즐겁게 이야기에 빠져들 수 있는 시리즈입니다.

**Reading Point** 게임 오버냐 미션 완료냐, 신나는 긴박감

동물 마을에 문제가 생겼네요. 바이킹이 로봇 군단을 동원해 재미를 없애버리려 합니다. 행복하고 재미있는 노래하는 강아지까지 훔쳤어요. 슈퍼 래빗 보이가 나설 차례! 친구들은 미션을 완료할 수 있을까요?

# • book 075 •

# Mercy Watson

## 인간 가족에게 입양된 돼지 얼리챕터북 시리즈

**지은이** 케이트 디커밀로(Kate DiCamillo), 크리스 반 두센(Chris Van Dusen) **출판사** Candlewick **리딩 레벨** AR 2.6~3.2

**Basic Information**  사람 언니 유지니아와 돼지 머시 왓슨의 우정 이야기

뚱뚱하고 사랑스러운 돼지가 왓슨네 가족이 되어 그 집 딸 유지니아와 우정과 모험을 겪는 이야기. 간단한 텍스트와 풍부한 일러스트가 어우러져, 유쾌하고 재미있는 모험과 가족의 따뜻함을 전달합니다.

**Reading Point**  장난치다가 영웅이 되어버린 돼지 머시

혼자 자기 싫어 왓슨 부부 사이로 파고들어요. 그런데 바닥이 꺼지고 맙니다. 배가 고픈 머시는 옆집 베이지 할머니네로 버터 바른 토스트를 얻어먹으러 갑니다. 머시가 눈엣가시이던 할머니가 911에 신고하는데 오히려 출동한 소방관들이 왓슨 부부를 구출합니다. 머시는 어부지리로 영웅이 되었네요.

# STEP 4
# 레벨별 필독서

## 챕터북

챕터북은 길이가 짧은 챕터로 나뉜 책을 말합니다. 각 챕터는 독립적인 에피소드가 담겼지만, 챕터들이 서로 연결되며 하나의 큰 이야기를 이룹니다. 장르와 주제가 다양하기에, 어린이에게 다양한 독서 경험을 제공합니다. 호흡이 긴 소설책으로 넘어가기 전에 책을 쉽게 읽고 이해할 수 있도록 구성된 형식입니다. 이 단계에서 아이가 좋아하는 장르와 작가를 스스로 찾아 읽어볼 수 있도록 유도하세요. 처음부터 끝까지 읽을 필요도 없어요. 아이가 집중하고 몰입할 수 있는 분량만큼 나누어 읽기부터 시작해 보세요.

# Cam Jansen

## 명탐정 캠 잰슨의 추리물 챕터북 시리즈

**지은이** 데이비드 아들러(David A. Adler) **출판사** Scholastic **리딩 레벨** AR 3.3~3.9

---

**Basic Information** 포토 그래픽 메모리를 자랑하는 탐정 캠과 친구들

사진처럼 한 번 본 걸 다 기억하는 명탐정 캠과 친구 에릭이 마을에서 일어나는 여러 사건을 해결해 가는 스토리입니다. 흥미진진한 반전과 스릴, 복선을 담은 탄탄한 구성으로 읽는 재미가 있는 시리즈에요.

**Reading Point** 장난치다가 영웅이 되어버린 돼지 머시

봄 방학 첫날, 상가에서 요란한 경보음이 울리더니 초록 넥타이의 사나이가 허겁지겁 보석상에서 뛰쳐나옵니다. 기억 카메라로 찍어두는 캠. 뒤이어 멋쟁이 부부가 분홍 요람에 싼 아기를 안고 유유히 지나가요. 경찰은 의심 가는 남자를 잡았지만, 강도가 아니었어요. 캠과 에릭은 진범을 잡을 수 있을까요?

# Magic Tree House

## 마법의 트리 하우스 모험 챕터북 시리즈

지은이 메리 포프 오스본(Mary Pope Osborne)　출판사 Random house　리딩 레벨 AR 3.2~3.9

---

 **Basic Information** 언제 어디로든 갈 수 있는 마법이 진짜 있다면?

베스트 중 베스트 챕터북입니다. 다양한 시간과 장소로 갈 수 있는 마법의 트리 하우스를 중심으로 잭과 동생 애니가 펼치는 모험을 담았습니다. 역사적 사건, 문화, 과거 동식물, 전설 등 지식까지 얻을 수 있는 스릴 있는 모험과 여행 이야기입니다.

 **Reading Point** 상상력과 진취성을 높여주는 재밌고 유용한 챕터북

7세 소녀 애니와 오빠 잭은 숲에서 트리 하우스를 발견하는데, 그곳엔 책이 가득해요. 공룡 책을 펼쳤더니 둘은 곧바로 공룡 시대로 이동합니다. 여러 공룡을 관찰하는데 티렉스가 길을 막아서네요. 결국 착한 프테라노돈의 도움으로 다시 무사히 돌아오게 되는데⋯. 세계사의 굵직한 장면에 직접 뛰어드는 재미난 모험 이야기입니다.

# Dragon Masters

## 용 마스터가 되어 모험하는 챕터북 시리즈

〈지은이〉 트레이시 웨스트(Tracey West), 매트 러버리지(Matt Loveridge) 〈출판사〉 Scholastic 〈리딩 레벨〉 AR 3.3~3.9

**Basic Information** 용의 능력을 활용해 팀워크로 문제를 해결하라!

여덟 명의 아이가 용의 주인, 즉 드래곤 마스터가 되어 함께 모험하는 이야기입니다. 왕에게 각자 다른 능력의 용을 받은 아이들은 저마다의 용과 관계를 맺으며 제대로 쓰는 법을 익혀 마스터가 됩니다. 이들의 모험, 우정, 팀워크, 협력 이야기가 펼쳐집니다.

**Reading Point** 주인공이 된 듯 맘껏 상상하며 읽는 재미까지

8세 소년 드레이크(Drake)와 그의 용 웜(Worm) 이야기가 첫 시리즈입니다. 왕은 소년을 성으로 불러 마스터로 훈련하려 합니다. 성에는 이미 아나(Ana), 로리(Rori), 보(Bo)가 선발되어 있었죠. 웜은 겁도 많고 불안한 용입니다. 하지만 소년과 친구가 되면서 능력이 점점 자랍니다. 알수 없는 힘이 성을 공격하고 드레이크와 친구들은 그걸 막아야 합니다.

# Storey Tree house

## 점점 층수가 늘어나는 나무집 챕터북 시리즈

**지은이** 앤디 그리피스(Andy Griffiths), 테리 덴톤(Terry Denton)  **출판사** Square Fish  **리딩 레벨** AR 3.2~4.3

**Basic Information** 아이들만의 상상 속 공간에서 맘껏 펼치는 모험

층마다 다양하고 특별한 공간과 시설이 가득한 트리 하우스. 거기 사는 앤디와 테리는 여러 사건을 겪으며 상상 가득한 신나는 모험을 떠납니다. 엉뚱하고 허무맹랑한 이야기지만 아이들은 엄청나게 열광합니다. 13권에서 169층이 되어 완결되어서 아이들이 많이 아쉬워했어요.

**Reading Point** 매일 재밌고 짜릿한 체험이 넘치는 트리 하우스

앤디와 테리가 사는 13층 트리 하우스에는 게임방, 수영장, 수족관, 레모네이드 분수, 덩굴 그네 등 진기한 게 가득해요. 출판사 사장은 글과 그림을 독촉하지만 둘은 노느라 정신이 없습니다. 글을 쓰고 그림을 그리면 바로 그 세계가 창조되어 사건 사고가 일어나거든요. 온갖 모험이 아이들의 창의력과 상상력을 자극합니다.

# Big Nate
## 일기 형식으로
## 여러 일상을 담은
## 챕터북 시리즈

**지은이** 링컨 피어스(Lincoln Peirce) **출판사** HarperCollins **리딩 레벨** AR 2.8~3.3

**Basic Information**  아이들이 흔히 겪는 고민과 경험을 진솔하게 담다

주인공 네이트(Nate)는 6학년으로 세상에서 자기가 제일 훌륭하다고 믿는 재치 넘치는 소년이에요. 학교생활, 친구, 선생님, 성적 등 여러 경험과 기분을 재밌게 표현합니다. 또래들이 공감할 주제와 방식으로 인기가 많은 책입니다.

**Reading Point**  오늘의 운세는 정말 맞아떨어지는 걸까?

'빅 네이트(Big Nate)' 시리즈 첫 책인 《In a Class by Himself》에서 운명의 날에 눈을 뜬 네이트. 그런데 운세를 보니 좋지 않네요. 그래도 잘 지내려 노력합니다. 그런데 일진이 사나워요. 수업 시간에 만화를 그리다 선생님께 혼나고 친구와 싸우고 여러 사건으로 곤경에 처하네요. 과연 하루를 잘 마무리할 수 있을까요?

# STEP 4
# 레벨별 필독서

## 그래픽 노블

그래픽 노블은 만화처럼 그림과 텍스트로 된 책입니다. 소리에 의존해 영어책을 읽던 아이가 간결한 텍스트와 세세히 묘사된 그림으로 부담 없이 이해하고 묵독할 수 있는 책이기도 합니다. 만화만 좋아하는 아이도 접근성이 좋으며, 생각할 주제가 많아 다른 장르로 넘어가는 디딤돌로도 좋습니다. 얼리챕터북에서 챕터북, 다시 챕터북에서 소설로 넘어가기 위한 관문으로 그래픽 노블을 활용할 수 있어요. 미국에선 그래픽 노블의 인기가 높아서 기존 챕터북이나 소설이 새롭게 그래픽 노블 버전으로 재출간되기도 합니다.

# Dogman

## 도시 히어로
## 도그맨과의 신나는 모험
## 그래픽 노블

지은이 데브 필키(Dav Pilkey)  출판사 Graphix  리딩레벨 AR 2.3~2.7

**Basic Information** 개와 인간이 결합한 도그맨의 범죄 소탕 이야기

시리즈의 첫 권에서는 개와 인간이 결합한 도그맨(Dog Man)의 탄생 배경을 들려줍니다. 착한 경찰관과 경찰견이 사고를 당해요. 경찰관은 몸, 개는 머리가 손상을 입죠. 하지만 둘의 몸을 합치면 생명을 구할 수 있다는 의사의 판단으로 도그맨이 탄생합니다. 개와 인간의 능력이 결합된 히어로는 악당과 싸우며 도시를 지킵니다.

**Tail Back** 꼬리를 무는 다른 책들

스핀오프 작품인 '캣키드(Cat Kid)'도 살펴보세요.

BOOK 081-1.《Cat Kid 시리즈》아기 개구리들의 일상과 모험 그래픽 노블

# Smile

## 사춘기 소녀의 고민과 성장을 그린 그래픽 노블

지은이 레이나 텔게마이어(Raina Telgemeier) 출판사 Graphix 리딩 레벨 AR 2.4~2.6

**Basic Information** 원치 않던 변화와 동반되는 사춘기 또래의 고민

자전적 이야기로 작가의 청소년기 경험을 담았습니다. 달리기하다 넘어져 앞니 두 개가 부러진 라이나는 자신감이 많이 떨어집니다. 중학교에서 새로운 친구를 사귀고 첫사랑도 경험하면서 성장통을 겪죠. 아이의 고민을 통해, 희망, 용기, 웃음과 위로를 줍니다.

**Tail Back** 꼬리를 무는 다른 책들

같은 작가의 다른 그래픽 노블 시리즈도 만나보세요.

BOOK 082-1. 《Smile, Drama, Sisters, Ghosts, Guts》 사춘기 감정을 다룬 그래픽 노블
BOOK 082-2. 《The Baby-sitters Club》 친구들과의 보모 알바 그래픽 노블

# Roller Girl

## 롤러 대회만이
## 인생 목표인 소녀의
## 그래픽 노블

**지은이** 빅토리아 제미슨(Victoria Jamieson) **출판사** Dial Books **리딩 레벨** AR 3.2

 **Basic Information** 열정, 우정, 도전과 가족을 다룬 재밌는 이야기

여성 롤러 더비(대회)를 다룬 책입니다. 아스트리
드는 친구 니콜과 베프죠. 여름방학 동안 아스트
리드는 롤러 더비 캠프, 니콜은 발레 교실로 가게
되면서 처음 헤어집니다. 자신감, 새 친구, 난관을
극복하는 과정을 통해 하고 싶은 것을 위해 어려
움을 딛고 자기를 사랑하게 되는 법을 배웁니다.

**Tail Back** 꼬리를 무는 다른 책들

같은 작가의 다른 그래픽 노블도 살펴보세요.

BOOK 083-1. 《All's Faire in Middle School》 중세 기사 역할 소녀의 그래픽 노블
BOOK 083-2. 《When Stars Are Scattered》 난민 캠프의 소녀들을 다룬 그래픽 노블

## book 084

# El Deafo
## 청각 장애 아이의
## 씩씩한 성장 이야기
## 그래픽 노블

**지은이** 시시 벨(Cece Bell)  **출판사** Harry N. Abrams  **리딩 레벨** AR 2.7

 **Basic Information** 최초의 그래픽 노블 뉴베리 대상 수상작

어린 시절에 병으로 청력을 잃은 작가의 경험담
을 담았어요. 시시는 보청기를 하고 다니지만, 오
히려 자신이 영웅이며 다른 친구들을 도울 수 있
다고 믿습니다. 친구와 선생님의 도움을 받으며,
서로 다름을 인정하고 협력하는 씩씩하고 따뜻한
이야기가 힘과 용기를 줍니다.

**Tail Back** 꼬리를 무는 다른 책들

장애를 앓는 주인공이 나오는 다른 그래픽 노블도 읽어보세요.

BOOK 084-1. 《Wonderstruck》 청각 장애 두 소년 소녀의 시간 여행 그래픽 노블
BOOK 084-2. 《The Dumbest Idea Ever!》 수두에 걸려 유급된 천재 소년 그래픽 노블

# Real Friends

## 친구 사귀기에
## 서툰 주인공을 다룬
## 그래픽 노블

**지은이** 섀넌 헤일(Shannon Hale), 르웬팜(LeUyen Pham) **출판사** First Second **리딩 레벨** AR 2.6~2.9

---

**Basic Information**   자기 이해와 진정한 우정에 대한 진솔한 이야기

작가의 자전적 스토리입니다. 섀넌은 따돌림을
당합니다. 스트레스와 불안을 겪죠. 지나친 완벽
주의로 가족과도 갈등합니다. 결국 자기만의 방
식으로 친구를 사귀고, 자기를 사랑하는 법도 배
웁니다. 관계와 진정한 우정에 관한 깊이 있는 통
찰을 전합니다.

**Tail Back**   꼬리를 무는 다른 책들

스토리가 이어지는 다른 시리즈도 접해보세요.

BOOK 085-1. 《Best Friends》 친구들과 유행과 취향을 나누는 섀넌 그래픽 노블
BOOK 085-2. 《Friends Forever》 연애가 시작되며 혼란한 섀넌 그래픽 노블

# STEP 4
# 레벨별 필독서

## 판타지 소설

판타지 소설은 세상의 법칙이나 제약을 넘는 상상력을 바탕으로 합니다. 마법, 초자연 생물, 가상세계, 영웅 퀘스트, 선악 대립 등이 특징이지요. 독특하고 풍부한 세계관으로 독자를 몰입시킵니다. 일상에서 벗어나 새로운 세계를 탐험하고, 캐릭터와 여러 경험을 통해 다양한 감정과 사고방식을 경험합니다. 주인공의 모험과 경험은 곧 아이의 역할모델이 되기도 하고 생각의 범주를 넓히기도 합니다. 무엇보다 흥미로운 이야기가 계속 책에 빠져들게 합니다. 영어 원서 읽기의 재미에 푹 빠지게 돕는 장르입니다.

# Matilda

## 초능력 소녀의
## 모험와 우정을 다룬
## 판타지 소설

지은이 로알드 달(Roald Dahl), 퀜틴 블레이크(Quentin Blake)  출판사 Random house  리딩 레벨 AR 5.0

---

Basic Information 영화와 함께 즐기는 재밌고 통쾌한 판타지 소설

초능력 소녀 마틸다 웜우드(Matilda Wormwood)의 이야기가 펼쳐집니다. 부모의 무관심에도 혼자 읽는 법을 배워 많은 걸 아는 마틸다. 우연히 자신의 초능력을 알게 된 마틸다는 친구들과 힘을 합쳐 악덕 교장 미스 트런치불(Miss Trunchbull)과 대결합니다.

Tail Back  꼬리를 무는 다른 책들

로알드 달(Roald Dahl) 작가의 다른 책들도 살펴보시기를 바랍니다.

BOOK 060-1. 《Roald Dahl 시리즈》 웡카를 포함한 다양한 주제의 로알드 달 판타지 소설

# • book 087 •

# Land of Stories
## 동화 속에서 환상적 모험을 하는 판타지 소설

 지은이 크리스 콜퍼(Chris Colfer), 브랜든 도만(Brandon Dorman)  출판사 Little, Brown  리딩 레벨 AR 5.0~6.1

**Basic Information**  미국 드라마 '글리'의 배우 겸 작가의 판타지 소설

알렉스(Alex), 코너(Conner) 쌍둥이 남매는 할머니께 생일선물로 동화책을 받아요. 그런데 책을 열면 동화 속 '랜드 오브 스토리즈'로 가게 됩니다. 원하는 걸 찾아야 집으로 돌아갈 수 있는 모험. 여러 동화 캐릭터와 흥미로운 이야기가 펼쳐집니다.

**Tail Back**  꼬리를 무는 다른 책들

크리스 콜퍼(Chris Colfer) 작가의 다른 시리즈도 만나보세요.

BOOK 087-1. 《A Tale of Magic 시리즈》 도서관 비밀 코너를 통한 모험 판타지 소설

# Harry Potter

## 마법 소년의 성장과 우정을 다룬 판타지 소설

지은이 J. K. 롤링(J. K. Rowling), 메리 그랜드프레(Mary GrandPré) 출판사 Random house 리딩 레벨 AR 5.5~7.2

**Basic Information** 명불허전 역사상 가장 흥미로운 판타지 소설

가장 대중적인 판타지 소설 시리즈로, 주인공 해리 포터(Harry Potter)의 모험을 중심으로 마법, 우정, 용기를 다룹니다. 부모를 잃고 자기가 누군지도 모른 채 이모네서 사는 해리. 11세 생일 호그와트 마법학교 초대장을 받으며 인생이 완전히 바뀝니다. 친구를 사귀고 마법을 배우며 흑마법사 볼드모트(Voldemort)로부터 세상을 구합니다.

**Tail Back** 꼬리를 무는 다른 책들

J. K. 롤링(J. K. Rowling) 작가의 다른 책도 찾아서 읽혀보세요.

BOOK 088-1. 《Hogwarts Library 시리즈》 마법 동물, 퀴디치, 그림동화 판타지 소설

# Percy Jackson

## 포세이돈의 아들 퍼시 잭슨의 모험 판타지 소설

지은이 릭 라이어던(Rick Riordan)  출판사 Disney Hyperion  리딩 레벨 AR 4.1~4.7

---

**Basic Information** 다양한 신화를 녹여낸 흥미진진한 판타지 시리즈

그리스 신화를 현대 세계에 녹여, 모험 이야기로 탄생시켰습니다. 문제 아 퍼시 잭슨은 바다의 신 포세이돈의 아들임을 알게 된 뒤 완전히 바 뀝니다. 반신반인 훈련소 하프 블러드(Half Blood)에 들어가 친구들과 협력해 신화 속 괴물과 싸우며 인간과 신들의 세계를 구원합니다.

**Tail Back** 꼬리를 무는 다른 책들

릭 라이어던(Rick Riordan) 작가의 다른 책도 찾아보세요.

BOOK 089-1. 《Rick Riordan 시리즈》 환상 속 모험을 그린 다양한 판타지 소설

# Wings of Fire
## 용감한 용들의 신나는 모험을 그린 판타지 소설

 투이 T. 서덜랜드(Tui T. Sutherland)  Scholastic  AR 5.0~5.6

**Basic Information**   아이들이 좋아하는 용이 주인공인 판타지

전쟁, 우정, 운명, 용기에 관한 교훈을 전합니다. 예언에 의하면 모래, 바다, 물, 밤, 불의 용이 세계를 구할 거라고 합니다. 예언 속 다섯 용 전사의 모험이 시작됩니다. 위험과 도전을 극복하고 세상을 구하기 위해. 용을 좋아하는 아이가 푹 빠져 읽기 좋은 시리즈입니다.

**Tail Back**   꼬리를 무는 다른 책들

투이 T. 서덜랜드(Tui T. Sutherland) 작가의 다른 시리즈도 찾아보세요.

BOOK 090-1. 《Spirit Animals 시리즈》 자기 영혼의 동물을 찾는 판타지 소설

# STEP 4
# 레벨별 필독서

## 청소년 소설

청소년 시기 경험과 감정을 이해하고 공감하게 하는 소설입니다. 성장, 우정, 사랑, 가족관계, 학교생활, 사회문제 등 아이들이 흥미를 느낄 여러 주제를 아우릅니다. 삶과 세상에 대한 이해, 자기 정체성 파악에 중요한 주제들이지요. 때로 인종, 성별, 성정체성, 빈곤, 학대 같은 사회적 주제도 깊이 있게 다룹니다. 앞으로 점점 더 사회에 발을 디뎌야 하는 아이에게 폭넓은 시야와 자신만의 가치관을 갖도록 도와줍니다. 영어 실력이 느는 것은 당연하고요.

# New Kid

## 신입생으로
## 낯선 세계에 들어온
## 소년의 청소년 소설

지은이 제리 크래프트(Jerry Craft) 출판사 Quill Tree Books 리딩 레벨 AR 2.9

**Basic Information** 인종 차별에 맞닥뜨린 주인공의 성장 이야기

그래픽 노블이기도 합니다. 아프리카계 미국 소년 조던 뱅크스(Jordan Banks)가 주인공이지요. 2020년 뉴베리 대상을 받기도 한 이 책은 인종, 계급, 문화적 차이를 솔직하게 다룹니다. 조던은 만화가가 꿈이지만 부모님은 최고의 명문 사립학교에 그를 입학시킵니다. 인종적 편견을 자신만의 노력으로 극복하며 자신의 정체성을 찾아갑니다.

**Tail Back** 꼬리를 무는 다른 책들

뉴키드(New Kid) 시리즈의 다른 책들도 함께 읽혀보세요.

BOOK 091-1. 《New Kid 시리즈》 리버데일 사립학교 동급생 이야기를 다룬 청소년 소설

# Sleepovers
## 현실적인 성장 스토리가
## 가슴을 두드리는
## 청소년 소설

**지은이** 재클린 윌슨(Jacqueline Wilson), 닉 샤라트(Nick Sharratt) **출판사** Doubleday **리딩 레벨** AR 4.2

---

**Basic Information** 여자아이들의 파자마 파티에선 무슨 일이 벌어질까?

데이지는 친구 에밀리, 벨라, 클로에, 앨리스와 첫 파자마 파티를 계획합니다. 그런데 참견쟁이 동생 릴리가 끼어들까 걱정되지요. 감정을 이해하고 표현하는 법, 문제를 해결하며 성장하는 법, 용기와 결단력을 알려주는 책입니다. 작가의 작품은 입양, 이혼 등 현실 주제도 가감 없이 다루는데요, 덕택에 아이들은 더욱 이야기에 몰입할 수 있습니다.

**Tail Back** 꼬리를 무는 다른 책들

아이가 이 책을 좋아한다면, 재클린 윌슨(Jacqueline Wilson)의 다른 책도 함께 읽혀보세요.

BOOK 092-1. 《Jacqueline Wilson 시리즈》 사춘기 고민을 풀어낸 청소년 소설

# Frindle

## 문제아 닉의 시끌벅적 소동을 다룬 청소년 소설

**지은이** 앤드루 클레먼츠(Andrew Clements) **출판사** Atheneum Books **리딩 레벨** AR 5.4

---

 **Basic Information** 아이디어 하나로 학교를 발칵 뒤집은 소년

문제아라 불리지만 창의적인 닉은 어느 날 자기 펜을 '프린들(frindle)'이라 부르기 시작합니다. 유행이 친구에게 퍼지더니 곧 전교로 확대됩니다. 선생님은 펜이 펜이어야 하는 이유를 강변하지만, 닉은 고집을 꺾지 않아요. 결국 논쟁은 커져서 프린들을 사전에 추가하자는 캠페인까지 시작됩니다. 언어, 창의성, 변화에 대한 교훈을 주는 책입니다.

 **Tail Back** 꼬리를 무는 다른 책들

앤드루 클레먼츠(Andrew Clements) 작가의 다른 책도 살펴보세요.

BOOK 093-1. 《Andrew Clements School Stories》 학교생활을 다룬 청소년 소설

# Star Girl
## 마음으로 세상을 보는
## 특별한 소녀를 그린
## 청소년 소설

**지은이** 제리 스피넬리(Jerry Spinelly)  **출판사** Ember  **리딩 레벨** AR 4.2

**Basic Information**  서로 다른 개성을 인정하고 받아들이는 것의 중요성

스타걸이라 불리는 수잔의 사랑과 우정 이야기. 새로 전학 온 수잔은 너무 독특한 행동으로 학교 전체를 놀라게 합니다. 우쿨렐레를 뜯으며 노래하고 생일카드를 보내주고 춤을 추며, 매일 다른 옷을 입는 수잔은 괴짜로 보이지요. 레오와 사랑에 빠진 스타걸은 자길 바꿔야 하나 고민합니다.

**Tail Back**  꼬리를 무는 다른 책들

제리 스피넬리(Jerry Spinelly) 작가의 다른 책도 찾아서 읽혀보세요.

BOOK 094-1. 《Loser》 꼴찌야말로 최고의 승자라는 걸 알려주는 청소년 소설

# Wonder

## 안면 기형 소년이 세상과 만나는 청소년 소설

**지은이** R. J. 팔라시오(R. J. Palacio) **출판사** Knopf **리딩 레벨** AR 4.8

**Basic Information**   영화로도 만들어진 어거스트의 감동적인 일 년

주인공 어거스트는 선천적 안면 기형으로 많은 수술을 받았어요. 사람들은 어거스트를 보면 깜짝 놀랍니다. 소년은 낯선 사람이 두렵지만 용기를 내서 외모가 아닌 개성과 친절함으로 사람들과 친해집니다. 여섯명의 다른 캐릭터가 자기 시점에서 본 어거스트를 그리는 방식으로 진행됩니다. 차이를 이해하고 포용하는 것의 중요성을 배우게 합니다.

**Tail Back**   꼬리를 무는 다른 책들

R. J. 팔라시오(R. J. Palacio) 작가의 다른 책도 살펴보세요.

BOOK 095-1. 《Auggie & Me: Three Wonder Stories》 원더의 후편 청소년 소설
BOOK 095-2. 《White Bird: A Wonder Story》 원더 속 줄리안의 할머니를 그린 그래픽 노블

# STEP 4
# 레벨별 필독서

## 뉴베리 수상작

뉴베리상(Newbery Medal)은 미국 아동문학에 주어지는 최고의 영예로 전미 아동
서도서관협회(Association for Library Service to Children, ALSC)에서 선정한 최
고의 아동 소설에 주어집니다. 뉴베리상 수상작은 뛰어난 문학적 작품성과 문장,
어휘로 아이의 독서 능력과 문해력, 사고력을 키우는 데 특별히 더 도움이 됩니다.
복잡한 플롯, 섬세한 캐릭터, 풍부한 언어가 담긴 최고의 책이기 때문입니다. 세
상과 다른 사람들을 이해하고, 무엇보다 자기 자신을 바라보는 데 중요한 역할을
하는 문학작품입니다.

# Bridge to Terabithia

## 진정한 용기와 자아를 그린 뉴베리 수상작

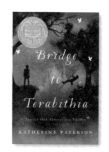

지은이 캐서린 패터슨(Katherine Paterson) 출판사 HarperCollins 리딩 레벨 AR 4.6

**Basic Information** 절망을 이기고 우정과 용기를 찾아가는 동화

제시는 달리기가 제일 좋아요. 어느 날 전학 온 여자아이 레슬리에게 달리기 시합에서 지고 맙니다. 처음엔 싫어하지만 얼마지 않아 둘도 없는 친구가 됩니다. 둘은 숲에 테라비시아(Terabithia)라는 비밀 왕국을 만들어 둘만의 모험을 즐기며 행복하게 지냅니다. 어느 날 불의의 사고로 레슬리가 죽게 되고 제시는 슬픔을 극복하고 새로운 희망을 찾아갑니다.

**Tail Back** 꼬리를 무는 다른 책들

캐서린 패터슨(Katherine Paterson) 작가의 다른 책도 읽어보세요.

BOOK 096-1. 《The Great Gilly Hopkins》 질리와 위탁모 이야기를 다룬 뉴베리 수상작
BOOK 096-2. 《Jacob Have I Loved》 쌍둥이 언니를 질투하는 동생 이야기 뉴베리 수상작

# The Tale of Despereaux

## 영웅이 된 생쥐를 다룬 뉴베리 수상작

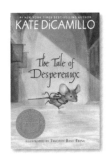

지은이 케이트 디카밀로(Kate DiCamillo)  출판사 Candlewick Press  리딩 레벨 AR 4.7

 **Basic Information** 인간 공주를 사랑하게 된 생쥐 기사의 모험

용기, 사랑, 용서를 담은 소설입니다. 주인공 데스페로는 생쥐에요. 몸집이 작고 귀가 크고 음악, 얘기, 공주님을 사랑하죠. 인간인 공주를 사랑하게 되면서, 쥐 세계에선 왕따입니다. 왕궁 지하로 간 데스페로는 악당 쥐와 하녀를 만나 운명을 바꾸는 모험을 떠나게 됩니다.

 **Tail Back** 꼬리를 무는 다른 책들

케이트 디카밀로(Kate DiCamillo)의 다른 책도 찾아보세요.

BOOK 097-1. 《Flora and Ulysses: The Illuminated Adventures》 소녀와 다람쥐의 모험
BOOK 097-2. 《The Tiger Rising》 우리에 갇힌 호랑이와 소년의 우정을 그린 소설
BOOK 097-3. 《The Miraculous Journey of Edward Tulane》 토끼의 여행을 그린 소설

# A Wrinkle in Time

## 우주 시간 여행을 다룬
## 판타지 뉴베리 수상작

**지은이** 매들렌 렝글(Madeleine L'Engle) **출판사** Square Fish **리딩 레벨** AR 4.7

**Basic Information** 디즈니플러스 드라마로 제작되어 인기

과학 판타지 소설로, 우주여행을 통한 모험과 가족애, 용기를 전합니다. 메그와 동생 찰스는 실종된 과학자 아버지를 찾기 위해 우주로 여행을 떠납니다. 신비한 세 명의 아주머니 도움을 받아서요. 비법은 테서랙트(tesseract)로 시공간을 종이처럼 주름으로 접는 것입니다. 어둠의 행성에 사로잡힌 아버지를 남매는 온갖 과학 지식과 사랑과 열정을 동원해 구출해냅니다.

**Tail Back** 꼬리를 무는 다른 책들

아이가 잘 읽었다면, 시리즈의 다른 책도 읽혀보세요.

BOOK 098-1. 《The Wrinkle in Time Quintet Boxed Set》 시간의 주름 후편 소설

# Holes
## 삼대에 걸친 약속과
## 형벌에 관한
## 뉴베리 수상작

지은이 루이스 새커(Louis Sachar) 출판사 Yearling 리딩 레벨 AR 4.6

**Basic Information** 독자들을 매력적인 이야기의 구덩이로 폭 빠뜨리는 책

주인공 스탠리는 저주받은 가문에 태어났다고 믿습니다. 저지르지도 않은 죄 때문에 소년은 교화소에 보내집니다. 그곳에서 다른 소년들과 매일 구덩이를 파야 하지요. 소년들은 교화소를 탈출해 생존을 위해 싸우면서 우정, 용기, 자기 믿음을 발견합니다. 세 개의 서로 다른 이야기가 교차되는 독특한 구성으로 읽는 재미를 더합니다.

**Tail Back** 꼬리를 무는 다른 책들

루이스 새커(Louis Sachar) 작가의 다른 작품도 한 번 살펴보세요.

BOOK 099-1. 《Small STEPs》 Holes의 독후편에 해당하는 이야기
BOOK 099-2. 《Stanley Yelnats Survival Guide to Camp Green Lake》 스탠리와 교화소
BOOK 099-3. 《The Cardturner》 백수 소년과 증조할아버지의 우정 이야기

# The Giver

## 수십 년째
## 청소년 소설 1위인
## 최고의 뉴베리 수상작

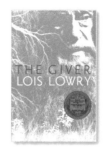

(지은이) 로이스 로리 (Lois Lowry) (출판사) Clarion Books (리딩 레벨) AR 5.7

---

 **Basic Information** 평온과 안락을 위해 기억을 빼앗겨도 괜찮을까?

조나스는 완벽한 마을에 삽니다. 편안하고 안락하지요. 모든 아이는 12
세에 자기 임무를 배정받습니다. 조나스가 받은 역할은 '기억 전달자'
예요. 기억을 받은 조나스는 깜짝 놀랍니다. 마을은 효율과 평화를 위
해 감정과 자유를 포기한 것이었죠. 감정과 사랑을 처음 느끼면서 조나
스는 갈등하고 고민에 빠집니다.

**Tail Back** 꼬리를 무는 다른 책들

시리즈의 다른 책과 작가의 다른 책도 살펴보세요.

BOOK 100-1. 《The Giver Set》 The Giver, 그리고 연관 스토리가 담긴 소설 세트
BOOK 100-2. 《Number the Stars》 나치 치하 유대인 구출 작전 뉴베리 수상작
BOOK 100-3. 《Gossamer》 행복한 꿈과 악몽을 선물하는 요정들의 이야기
BOOK 100-4. 《A Summer to Die》 언니의 죽음을 극복하는 작가의 자전적 이야기

**Epilogue**

# 당신만의 특별한
# 엄마표 영어를 응원합니다!

이 책에는 기본 필독서 100권과 '꼬리를 무는 추천서'를 합쳐 무려 500여 권의 영어 원서가 소개되어 있습니다. 영어 원서를 읽히고 싶어도 처음엔 막막하실 거예요. 하지만 이 책만 참고하면 시작이 훨씬 수월할 겁니다. 무엇보다 중요한 건 '아이와 함께 책읽는 시간' 자체를 즐기는 거예요. 웃고 이야기하고 생각을 나누는 시간이야말로 아이에게 큰 선물입니다.

엄마가 영어를 잘하면 더 좋겠지만, 꼭 그럴 필요도 없어요. 영어 실력이 부족해도 영어 환경은 얼마든지 만들어줄 수 있어요. 영어 동화책을 읽어줄 때도 정확한 발음이나 문법을 지키는 것보다 아이와 함께 즐기며 읽는 게 훨씬 더 중요합니다.

영어 원서 읽기 시간을 억지로 만들려 하지 마세요. 아이가 피곤하거나 다른 활동에 몰두하면 강요하지 말고, 자연스럽게 책을 접할 시간을 정하세요. 잠자리 독서처럼 매일 일정 시간을 정해 함께 책을 읽는 습관을 들이면 좋습니다. 그러다가 주말이나 휴일에 더 긴 시간을 할애해 다양한 책을 읽으면 됩니다. 영어 원서 읽기를 일상에 녹여내는 것이 핵심입니다.

꼭 영어 원서만 읽힐 필요도 없어요. 한글 독서력도 영어 원서 읽기와 연관이 깊답니다. 논리력이나 이해력, 문해력은 언어가 달라도 똑같이 적용되니까요. 다양한 장르와 주제의 책을 접하도록 유도하세요. 영어만 잘하는 아이보다 우리말도 탄탄한 아이가 결국 경쟁력 있습니다. 이 책을 통해 아이가 영어 원서 읽기를 자연스럽고 편안하게 받아들이면, 영어를 둘러싼 긍정적인 경험을 많이 만들어주세요. 그게 바로 엄마표 영어로 시작해서, 아이 스스로 성장하며 아이표 영어의 힘을 키우는 시간이 되어줄 것입니다.

저는 학창 시절 영어로 수능을 망치고 영어 한마디 못 하던 '영알못' 엄마였어요. 하지만 용기를 내서 아이들과 같이 시작했습니다. 발음이 좋지 않아도 아이와 함께 오디오를 많이 듣고 영어 그림책을 열심히 읽어줬더니, 제 영어 실력도 부쩍 늘었습니다. 중학교 3년, 고등학교 3년, 대학교 4년… 이렇게 무려 10년 동안 배운 영어보다 오히려 재미있게 아이에게 영어 원서 읽어준 2년 사이 제 영어 실력이 일취월장한 거예요. 열심히 외워도 돌아서면 까먹던 단어가 그림책을 읽어주면서 저절로 습득되더군요. 문법 배울 필요 없이 영어 원서에서 문장을 반복적으로 접하니, 영어 말하기도 가능해졌습니다. 영어가 즐거워 더 잘하고 싶고 공부도 하고 싶어졌어요. 그런 경험을 통해 '아이에게 영어 원서 읽히는 힘'이 얼마나 대단한지 신념이 더욱 확고해졌습니다. 다른 분도 꼭 체험하시기를 바랄게요. 아이에게도 부모에게도 좋은 방법인데, 시작하지 않을 이유가 없지요? 이 책이 영어 원서 읽기를 두려워하는 부모에게 훌륭한 첫 단추가 되기를 바랍니다.

**0세·10세 영어 원서필독서 100**

**초판 1쇄 발행** 2024년 10월 21일

**지은이** 고은영
**펴낸이** 정덕식, 김재현

**책임편집** 이은정
**디자인** Design IF
**경영지원** 임효순

**펴낸곳** (주)센시오
**출판등록** 2009년 10월 14일 제300·2009·126호
**주소** 서울특별시 마포구 성암로 189, 1707·1호
**전화** 02·734·0981
**팩스** 02·333·0081
**메일** sensio@sensiobook.com

**ISBN** 979·11·6657·170·1 (03740)